리치 씽킹

내 안에 잠든
부의 씨앗을 발견하라

부를 설계하는 사고법

RICH
THINKING

리치 씽킹

내 안에 잠든 부의 씨앗을 발견하라

최치영 지음

글로벌콘텐츠

내 안의 부를 발견하는 여정

경영 현장에서 만난 한 부자는 내게 이렇게 말했습니다.

"돈을 좇지 마세요. 당신 자신을 바꾸세요. 그러면 돈이 당신을 찾아옵니다."

처음에는 이해할 수 없었습니다. '자신을 바꾸면 돈이 따라온다고? 그게 무슨 말인가.' 하지만 10년간 리더십 개발과 경영 전략 컨설팅을 거쳐, 지난 25년간 라이프, 비즈니스, 임원 코칭에 전념하면서 나는 수많은 부자를 가까이에서 관찰하고 코칭할 기회를 얻었습니다. 그들의 사고방식과 실행방식을 하나하나 기록하고 분석하면서 깨달았습니다.

그의 말이 옳았습니다.

부자들은 정말로 달랐습니다. 그들은 생각하는 방식도, 행동하는 방식도 남달랐습니다. 그리고 그들 모두에게는 공통점이 있었습니다. 바로 부를 이끌어내는 특정한 '품성'을 지니고 있다는 것이었습니다.

사람과 사회에 대한 깊은 호기심은 나를 끊임없이 사유하게 했고, 마침내 '사람을 돕는 사람'이라는 나만의 정체성을 만들었습니다. 그러면서 계속 질문했습니다. 어떻게 하면 사람들에게 실질적인 도움을 줄 수 있을까? 특히, 어떻게 하면 원하는 부를 창출하고 경제적 자유를 누리게 도울 수 있을까?

그 답을 찾던 중, 문득 예일Yale 대학교 재학 시절의 한 장면이 떠올랐습니다. 세계적인 박물관인 예일 피바디 자연사박물관Yale Peabody Museum of Natural History의 바빌로니아 컬렉션Yale Babylonian Collection을 연구하던 교수님의 강의였습니다. 그곳에는 기원전 1800년 정도 되는 바빌로니아 유물들이 4만 5천 점이나 있습니다. 메소포타미아의 비옥한 땅에서 무역과 금융으로 번성했던 바빌론, 그곳 부자들의 점토판 기록을 해독하던 그분은 다음과 같이 말했습니다.

"바빌론의 부자들에게는 공통된 특성이 있습니다. 바로, '품성Character 은 현금 가치가 있다'는 것입니다."

마치 퍼즐의 마지막 조각이 맞춰지는 듯한 순간이었습니다. 내가 현장에서 관찰한 부자들의 공통점과 4천여 년 전 바빌론 부자들의 특성이 일치했습니다. '인간의 품성이 부의 원천이 될 수 있다니!' 그 후로 "부자의 품성이란 무엇인가?"라는 질문은 나의 연구의 핵심이 되었습니다.

더 나은 삶을 위해서는 돈이라는 수단이 필요합니다. 하지만 사람들이 진정으로 알고 싶어 하는 것은 '왜'가 아니라 '어떻게'입니다. 어떻게 하면 부자가 될 수 있을까? 나는 바로 이 '어떻게'에 대한 실질적인 답을 제시하고자 했습니다. 그리고 더 많은 이가 가난의 굴레에서 벗어나 경제적 자유를 누릴 수 있도록 돕고 싶었습니다. 그렇게 '실천 가능한 부의 가이드이자 매뉴얼'인 이 책을 만들게 되었습니다.

수많은 코칭 현장에서 얻은 나의 결론은 명확합니다.

"모든 사람은 이미 내면에 부의 잠재력을 지니고 있다."

그 부자가 말했던 "당신 자신을 바꾸라"라는 조언의 진짜 의미와 같습니다. 부는 단순히 외부에서 오는 것이 아닙니다. 나의 해석과 태도, 습관과 선택, 관계와 실행 속에서 현실로 만들어집니다. 다만, 아직 그 잠재력을 발굴하지 못했을 뿐입니다. 마치 금광이 있는 땅에 채굴이 필요한 것처럼 말이죠. 나는 이것을 '**무한한 부의 잠재력**'이라고 부릅니다. 품성은 태도의 뿌리가 되고, 태도는 행동을, 행동은 자산의 흐름을 바꿉니다. 결국 "품성이 현금 흐름을 만든다"라는 말은 단순한 은유가 아니라, 아주 구체적인 성공 전략입니다.

이 책의 목적은 부에 대한 깊은 연구나 경험이 없어도 누구나 따라 할 수 있는 '부의 작동 방법'을 제공하는 것입니다. 각 장마다 사고의 전환, 실행의 설계, 습관의 구축, 관계의 재정렬을 통해 내면의 금광을 현실의 현금 흐름으로 바꾸는 과정을 단계별로 안내했습니다. 때로는 반복을 통해 독자의 인식 흐름에 깊이 흐르고자 했습니다.

읽고 나서 책꽂이에 꽂아두는 책이 아니라, 당신의 삶에서 실제로 수익을 만들어내는 책. 스스로 부자임을 확신하고, 마침내 경제적 자유를 향해 나아갈 수 있도록 돕는 책. 이것이 내가 독자 여러분께 전하고자 하는 '리치 씽킹'의 핵심입니다.

이 책이 세상에 나오기까지 많은 분의 도움이 있었습니다. 늦은 밤까지 원고를 쓰는 나에게 따뜻한 차 한 잔으로 묵묵한 지지를 보내준 오랜 벗 아내에게 사랑과 감사를 드립니다. 특히, 귀중한 통찰을 나눠 주신 웰스 코치 이계옥 교수님, 그리고 첫 책을 만들 듯 정성을 다해 제작에 임해 주신 ㈜글로벌콘텐츠출판그룹에 마음 깊이 감사드립니다.

이제, 당신 안의 잠재된 부를 깨울 시간입니다.

차례

프롤로그 • 04

부의 잠재력과 철학

1. 당신 안에 잠든 부의 씨앗 • 17
2. 무한한 부의 잠재력 • 20
3. 4단계 RICH 시스템 • 30
4. 잠재력에 대한 주요 이론들 • 33
5. 부의 잠재력을 깨우는 내면의 힘 • 36
6. 부의 철학 • 45

RICH 시스템의 기반이 되는 씽킹(Thinking)

1. 제1원리 씽킹(First Principles Thinking) • 51
2. 데이 원 씽킹(Day 1 Thinking) • 72

3. 디자인 씽킹(Design Thinking) • 82

웰스 디자인 씽킹
(Wealth Design Thinking, WDT)

1. 웰스 디자인 씽킹(Wealth Design Thinking, WDT)의 개념 • 95
2. RICH 시스템은 부를 설계하는 로드맵 • 104
3. 잠재의식과 뇌과학으로 연결하는 부의 원리 • 111
4. 웰스 디자인 씽킹의 기능과 힘 • 117

1단계: R 인식(Recognize)
– 내 안의 부의 근원 알기

1. 내면의 부의 씨앗 발견하기 • 129
2. 심리학적, 철학적 이론들 • 140
3. 내 안에 부의 근원이 있다 • 145
4. 내면의 부자가 되어야 하는 논리적 근거 • 148
5. 인적 자본가 • 159
6. 자신의 재정 상황과 니즈 인식 • 170

2단계: I 발상(Ideate)
– 당신의 황금 열쇠 찾기

1. 수익 창출 대안 • 187
2. 셀프 브레인스토밍과 테크닉 • 194
3. 두뇌의 부의 창조 아이디어 도출 • 208
4. 인지 심리학자들이 말하는 메타인지 • 218
5. 독창적 아이디어를 찾는 융합적 사고 • 224
6. 2단계 발상 정리 • 234

3단계: C 설계(Canvas)
– 아이디어를 돈으로 바꾸는 공식

1. 가치와 수익 • 241
2. 웰스 디자인 캔버스(Wealth Design Canvas, WDC) • 243
3. 타깃 고객 • 250
4. 레버리지 활용법 • 257
5. 수익 모델 설계 • 262
6. 고대 바빌론 부자들의 부의 설계 • 269

4단계: H 습관(Habit)
- 실행 습관 만들기

1. 실천 행동 프로세스 • 279
2. 부의 성과 달성하기 • 291
3. 존재방식, 사고방식, 행동방식 변혁 • 304
4. 부를 만드는 실행 습관 • 316

RICH 시스템 체화하기
- RICH 씽킹

1. 4단계 RICH 시스템 리뷰 • 323
2. RICH 전사 스토리 • 326
3. K-pop RICH Maker • 337
4. 취업, 무자본 창업, 돈 벌기에 RICH 적용 • 341
5. RICH 시스템으로 분석하는 부자들의 사례 • 346
6. RICH를 내재화하는 쉬운 방법 • 350
7. 돈을 버는 RICH 분석 • 353

부록
    1. 종합 사례 • 356
    2. RICH 씽킹 자가 진단(Rich Quotient, RQ) • 360

에필로그 • 363
참고문헌 • 366

이 책을 여는 특별한 열쇠!

책의 흐름을 거꾸로 시작해 보세요.

326~336쪽의 '빈곤의 데몬(Demon)과
RICH 전사의 이야기'를 먼저 읽은 뒤,
처음으로 돌아와 읽기 시작해 보세요.

당신의 독서 여정이 훨씬 더 입체적이고
생생하게 펼쳐질 것입니다.

1장

부의 잠재력과 철학

'잠재력'Potential의 개념은 인간 개발, 교육, 조직 성과, 자기계발, 심리학 등 다양한 분야에서 중심이 되는 주제입니다. 이 책에서 참고로 한 잠재력의 주요 이론을 소개합니다.

> **잠재력의 정의**
> 잠재력은 아직 실현되지 않았지만 발휘될 수 있는 가능성과 역량의 총합이라고 정의할 수 있습니다. 물론 다양한 정의가 있습니다. 주요 이론을 살펴볼 것입니다. 또한 잠재력은 타고난 능력, 습득한 역량, 동기, 기회 등의 상호작용 속에서 발현됩니다.

1. 당신 안에 잠든 부의 씨앗

　사람들은 흔히 부를 이야기할 때, 외부의 재산이나 운에 초점을 맞춥니다. 로또 당첨, 우연히 얻은 투자 기회, 혹은 금수저로 태어난 배경처럼 말이죠. 그러나 진정한 부자들은 운이나 외부 환경에 의존하지 않습니다. 그들은 이미 자기 안에 무한한 부를 창출할 수 있는 잠재력이 있음을 알고, 그것을 꾸준히 개발하고 활용합니다.

　이 책은 당신이 오랫동안 몰랐던 내면의 부를 발견하도록 돕는 안내서이자 매뉴얼입니다. 단순히 돈 버는 기술을 가르치는 것이 아니라, 인적 자본을 키우고, 성장형 사고방식을 내면화하며, 관계의 자본을 쌓는 방법을 제시합니다. 이 여정을 통해 당신은 돈을 넘어 시간과 자유, 의미를 얻는 풍요로운 삶을 시작하게 될 것입니다.

당신의 삶을 바꾸는 '부의 설계도'

이 책을 펼친 당신은 아마 '더 나은 삶'을 꿈꾸고 있을 것입니다. 월급에만 얽매이지 않고, 사랑하는 사람들과 더 많은 시간을 보내고 싶은 마음. 통장 잔고를 보며 불안해하는 대신, 미래를 향한 설렘으로 가득 채우고 싶은 마음.

이 책은 단순히 돈을 버는 기술을 알려주는 책이 아닙니다. 복잡한 투자 기법이나 한탕주의를 부추기는 성공담도 아닙니다. 이 책은 당신이 가진 가장 강력한 자원, 바로 당신 자신을 이해하고, 당신의 삶에 맞는 '부의 설계도'를 그리는 방법을 알려줍니다.

많은 사람이 부자가 되기 위해 '무엇을 할까'만 고민합니다. 남들이 성공한 사업 아이템을 좇고, 유행하는 투자 상품에 뛰어듭니다. 그러나 그런 시도는 대부분 실패로 끝납니다. 그들의 성공은 그들만의 강점과 가치관에서 비롯되었기 때문입니다. 이 책은 각자가 자기만의 부를 창출하도록 돕는 사고방식과 행동방식을 설명할 것입니다. 더 이상 돈의 노예가 아닌 주인으로서 행복한 삶을 주도할 수 있는 시스템을 제시할 것입니다.

당신 안의 부를 깨우는 여행의 시작

당신은 부자가 되고 싶습니까? 그렇다면 잠시 멈추고 이 질문에 다시 답해보십시오. "당신에게 부란 무엇입니까?" 많은 이가 '수십억 원의 돈', '값비싼 부동산', '최신형 자동차'를 떠올릴 것입니다. 물론 이러한 것들이 부의 한 단면이지만, 그것만으로는 충분치 않습니다.

진정한 부는 단순히 숫자로 계산되는 재산이 아니라, 그 돈을 통해 얻는 '자유'와 '선택권'에 있습니다. 경제적 자유가 특히 중요합니다. 풍요로운 경제적 기반이 마련될 때 우리는 시간과 공간의 자유를 누리며, 행복한 삶의 기초를 다질 수 있습니다.

아마 당신도 수많은 재테크 서적과 성공 매뉴얼을 읽었을 것입니다. 그 책들은 투자의 비법, 절약의 기술, 사업 아이템을 쏟아냈습니다. 하지만 왜 대부분의 사람들은 그토록 많은 정보를 접하고도 여전히 부자가 되지 못하는 것일까요?

해답은 의외의 곳에 있습니다. 바로 당신 안에 있습니다. 부는 외부에서 오는 것이 아니라, 당신 안에 이미 존재하는 잠재력을 깨우고 개발할 때 비로소 창조됩니다. 부의 창출은 외부 요인보다 내부 요인으로 시작됩니다. 이것이 좋은 소식입니다.

이 책은 당신이 그 잠재력을 발견하고, 현실로 만들 수 있는 가장 실용적이고 체계적인 로드맵을 제시합니다. 복잡한 경제 이론이나 단기적인 투기 방법을 이야기하지 않습니다. 대신, 당신이라는 가장 위대한 자산을 탐색하고, 그것을 시장 가치로 전환하며, 꾸준한 실천으로 부를 축적하는 4단계 부의 모델에 집중할 것입니다.

2. 무한한 부의 잠재력

　모든 사람은 무한한 부의 잠재력을 가지고 있습니다. 이 잠재력은 현재적이고 현실적인 힘입니다. 먼 미래에 개발되는 것이 아닙니다. 현실입니다. 이 진실을 발견하고 이 책을 쓰기로 마음을 정했습니다. 이미 다른 책을 저술한 저자이지만, 이 책은 매우 특별하다고 스스로 생각합니다.

　나는 많은 사람들이 돈에 고통받고 있는 것을 보아왔습니다. 하지만 그들은 어떻게 부의 문제를 해결해야 하는지 모르고 있었습니다. 더 노력하고 열심히 일하면 돈을 더 벌 수 있다는 생각만 하는 것처럼 보였습니다. 사실일까요? 과연 그럴까 하는 의문이 들 수밖에 없었습니다. 왜냐하면 열심히 일하는 것만으로는 부의 문제가 해결되지 않기 때문입니다.

관점을 바꾸는 것만으로도 인생은 달라집니다. '나에게 원대한 부의 잠재력이 있다'고 보는 것은 자신에 대한 새로운 관점입니다. 그 인식은 자긍심을 북돋는 동력이 되어 인생의 큰 전환점을 만들어 줍니다.

한 농부가 야산을 개간하여 배추 농사를 짓고 있다고 가정해 보겠습니다. 그런데 그 야산은 금광을 해도 될 막대한 금이 매장되어 있습니다. 그러나 농부는 그 사실을 모르고 힘겨운 배추 농사만 열심히 합니다. 가상의 이야기이지만 얼마나 안타까운 일인가요?

부의 근원

각 개인의 부의 근원은 어디에 있을까요?

우연인가?
타고난 운인가?
부모의 유산인가?
좋은 성장 환경인가?
교육인가?
끌어당김의 법칙인가?
신의 섭리인가?
자연의 법칙인가?

끝없는 질문을 해보지만 쉽게 답하기는 어렵습니다. 수많은 자수성가 부자들을 보면서 당신은 어떤 생각을 하십니까? 그들은 특별히 부자로 선택된 사람들이라는 생각도 들 수 있습니다. 그러나 곧 그렇지 않다는 것을 알 수 있습니다. 타고난 부자는 없다는 것을 모든 사람은 알고 있습니다.

더 중요한 질문이 있습니다. 당신은 지금 부자인가요? 아직 부자가 아니라면 부자가 되고 싶은 열망이 있나요? 의외로 많은 사람들은 지금까지 살아오던 대로 살아갑니다. 여전히 경제적으로 불만족한 삶으로 고통받고, 때로는 생활고를 겪으면서 힘든 현실을 견딥니다.

내가 자주 찾는 대형 카페에는 한 젊은 여성 직원이 있습니다. 각종 베이커리 제품을 진열하고 정돈하며, 매우 친절하게 손님들을 대합니다. 좋은 품성이 그대로 드러나는 모습입니다. 같은 나이로 보이는 다른 직원들은 안에서 제빵사나 바리스타로 일을 합니다. 그들은 멋진 가운을 입고 일하는 전문가입니다.

각자 맡은 역할은 다르고, 그에 따른 수입도 차이가 있을 것입니다. 하지만 모두가 성실히 임한다면, 과연 어떤 역할이 더 많은 보상을 받을까요? 또, 어떤 일에 더 큰 비전이 있을까요? 결국 선택은 각자의 몫입니다.

나는 빵을 정리하던 여성 직원에게 물었습니다. "지금 하시는 일 좋아하세요?" 대답이 궁금했습니다. "아, 네, 좋아하진 않아요. 그냥 잘하려고 해요."

경제적 부를 축적하고 부자가 된 사람들은 거의 예외가 없이 '나는 진정으로 부자가 되고 싶다'는 열망을 가지고 있었습니다. 부자들을 연구한

나폴레온 힐Napoleon Hill도 부에 대한 '생각'이 매우 중요하다고 지적했습니다.

　나는 그의 저서 제목 자체가 진실을 담고 있다고 봅니다.『생각하라 그리고 부자가 되라Think and Grow Rich』는 부에 대한 금언입니다. 그는 부자가 되고자 하는 생각이 있어야 성취가 뒤따른다는 사실을 수많은 부자 인터뷰를 통해 발견했습니다. 모든 성취는 욕구가 있어야 이루어집니다. 스스로 질문해 봅니다. "나는 진정으로 부자가 되고 싶은가?"

　부Wealth는 단지 돈만을 의미하지 않습니다. 부는 돈, 건강, 관계, 행복, 가족 등 삶의 중심 요소들이 조화롭게 어우러지는 상태를 말합니다. 심리분석학자 칼 융Carl Gustav Jung도 부를 삶의 질을 높이는 여러 요소의 조화로 보되, 물질주의를 경계하라고 강조했습니다. 돈은 원대한 목적을 이루기 위한 수단이지, 그 자체가 목적일 수는 없습니다.

　이 책에서는 경제적 부에 집중하려고 합니다. 돈은 물질을 의미하기 때문에 물질주의 사상을 말하려는 것은 결코 아닙니다. 삶에서 돈이 주는 영향은 매우 큽니다. 세계적인 경제지 ≪포브스Forbes≫의 경영자로 잘 알려진 말콤 포브스Malcolm Forbes는 "문제의 99%는 돈으로 해결된다"라고 말했습니다. 만일 돈이 충분하지 않다면 그만큼 많은 문제를 해결하지 못할 수도 있습니다.

　일반 직장인, 기업가, 자영업자, 소상공인, 중소기업인, 창업자, 취업준비생, 퇴직자, 학생, 주부 등 거의 대부분의 사람들은 풍족한 경제적 부를 원합니다. 한마디로 '나는 부자가 되고 싶다'는 생각을 합니다. 심지어 10대 청소년들도 자신들이 행복하기 위해 부자가 되고 싶다고 말합니다.

한 TV 프로그램에서, 어느 10대 쌍둥이 트로트 자매에게 왜 트로트 가수가 되려고 하느냐를 묻자 "부자가 되려구요"라고 답하는 것을 보았습니다. 나는 이러한 현상을 이상하게 보려고 하지 않습니다. 지극히 자연스러운 현상이라고 말하고 싶습니다.

가난에 대한 두려움을 넘어 경제적인 자유를 추구하는 것은 인간의 본성입니다. 인류 역사 속에서 이어져 온 이 본성이 오늘의 우리에게도 깊이 새겨져 있다고 생각합니다.

어떻게 부를 축적하고 경제적인 자유를 누릴 것인가를 연구하면서 발견한 것은 부는 바로 개인의 내면에 이미 존재하고 있다는 것입니다. 이 사실을 아는 사람은 이미 적용하여 부자가 되어 있습니다. 부의 근원은 바로 자기 자신입니다. 직장이나 사업장이 아니라 바로 '자기 자신'이 부입니다. 나는 이것을 발견하고 적용하고 코칭하면서 진실임을 증명하였습니다.

컨설팅과 코칭 경험

앞에서도 언급한 대로 나는 지난 10년 동안 리더십 개발, 성과 향상, 경영 전략 컨설팅을 했고, 그 후 25년 동안 라이프 코칭과 기업의 비즈니스 코칭 산업에 전념해 왔습니다. 그 과정에서 미국 심리학의 시조이자 철학자인 윌리엄 제임스William James의 말, "모든 사람은 무한한 잠재력을 가지고 있다"라는 진실을 거듭 확인했습니다. 기업가, 창업가, 개인 사업자, 학자, 예술가, 운동선수, 각 분야의 전문가들과의 만남이 이를 거듭 증명했습니다.

특히 각 분야에서 부를 축적한 사람들, 부자들, 경제적으로 자유를 누리는 사람들이 어떻게 풍요를 얻었는지 깊은 관심을 가지고 조사하고 연구하였습니다. 그 결과, 경제적 부는 누구에게나 가능하다는 새로운 관점에 도달했습니다.

"모든 사람은 부를 창출할 수 있는 무한한 잠재력을 가지고 있다." 나는 잠재력을 단순한 가능성이 아니라 '현재의 능력'으로 보게 되었습니다. 잠재력은 사람들의 내면에 다양한 형태로 존재하며, 지금 당장 발견하고 활용할 수 있다는 것을 코칭 현장에서 수도 없이 확인했습니다.

부의 창출을 위한 잠재력은 누구나 가지고 있다는 것을 알게 되면서 이러한 발견은 랄프 왈도 에머슨Ralph Waldo Emerson과 제임스 앨런James Allen의 사상을 다시 보게 했습니다. 부의 창출은 개인의 내면에 존재하고 있는 것입니다. 내면에서 부를 찾고 외부에서 현실화하는 것입니다.

자신이 가지고 있는 부의 잠재력만 개발한다면 누구나 어렵지 않게 부를 창출하여 경제적인 자유를 얻고 부자도 될 수 있다는 것을 보여주려는 것이 이 책이 의도하는 것입니다. 그리고 구체적인 부의 창출 방법을 체계적으로 실행할 수 있도록 매뉴얼이나 가이드, 로드맵, 솔루션 북을 만드는 것을 목적으로 합니다.

당신이 어떤 사람이건 관계가 없습니다. 당신의 내면에는 이미 부의 씨앗이 있습니다. 씨앗은 뿌리고, 물 주고, 가꾸면 자랍니다. 먼저 '내 안에 부의 씨앗이 있다'는 사실을 아는 것이 중요합니다. 새로운 진실은 의심을 받기 마련이지만, 오랜 코칭 경험은 이 진실을 충분히 뒷받침합니다. 잠재력에 대한 이론을 이해하면 왜 가능한지 더욱 분명해집니다. 새로운 시각이 열리는 순간, 행동의 방향도 바뀝니다.

그리고 단언합니다. 당신은 부자가 될 수 있습니다. 이는 단순한 동기부여가 아니라 설계 가능한 현실입니다. 평범한 사람도 특별한 부의 구조를 만들 수 있습니다. 문제는 '돈이 없어서'가 아닙니다. 생각하지 않고 설계하지 않기 때문입니다.

이 책의 핵심 철학은 아주 단순합니다.
"모든 사람은 부의 창출로 부자가 될 수 있는 잠재력을 가지고 있다."

이 잠재력을 현실로 전환하려면 세 가지가 필요합니다.
철학적 각성: 나는 부를 가질 자격이 있고 가능성이 있다는 믿음
전략적 사고: 부는 감이 아니라 구조로 설계하는 것임을 아는 지혜
실천적 루틴: 반복 가능한 행동을 통해 경제적 자유를 향한 길을 구축

이 책은 부의 철학, 'RICH 씽킹 RICH Thinking'과 전략, 사례 중심 적용, 그리고 실천 도구를 담았습니다. 이 책을 끝까지 따라오면 당신은 단지 부

의 개념을 이해하는 것을 넘어 당신만의 부를 디자인하고 실현하는 설계자가 될 것입니다.

장기적 안목과 일상적 습관을 연결해 오늘의 선택이 내일의 자산이 되게 합니다. 각 장의 핵심 포인트를 따라 체크하고 수정하는 것만으로도 실행력이 달라집니다. 실행 결과도 달라집니다.

누구나 돈 걱정 없는 삶을 원합니다. 그러나 대부분은 막연히 바라만 보고, 실제로 디자인하고 실행하는 법을 배우지 못했습니다. 이제 그 방법을 배우고 시작할 차례입니다.

이 책은 바로 그 설계도를 제공할 것입니다. 이 책을 덮을 때쯤, 더 이상 "부자가 될 수 있을까?"라고 묻지 않을 것입니다. 대신 이렇게 선언하게 될 것입니다.

"나는 나만의 방식으로 부를 설계하고 실행할 수 있다."

나의 확신

왜 나는 '부'를 주제로 다루게 되었는가? 몇 가지 주제로 정리를 해봅니다. '모든 사람은 부자가 될 수 있는 잠재력을 현실적으로 가지고 있다'는 것을 확신하기 때문입니다. 나는 인간의 위대함에 대한 생각을 할 때 잠재력에 대한 것을 가장 소중하게 다룹니다.

질문들이 있습니다.
"당신은 부를 설계한 적이 있는가?"

"부자는 태어나는가, 만들어지는가?"

답변도 있습니다.
"경제적 자유는 숫자보다 정체성의 문제다."
"당신이 자신의 가능성을 믿고 실천하는 순간, 부는 당신을 찾아온다."

다시 질문합니다.
"당신은 누구의 이야기를 쓰고 싶은가? A의 이야기인가, 당신 자신의 이야기인가?"

이 책은 당신의 잠재력을 발견하고, 현실로 만들 수 있는 가장 실용적이고 체계적인 로드맵을 제시합니다. 복잡한 경제 이론이나 단기적인 투기 방법을 이야기하지 않습니다. 대신, 당신이라는 가장 위대한 자산을 탐색하고, 그것을 시장 가치로 전환하며, 꾸준한 실천으로 부를 축적하는 4단계 부의 모델에 집중할 것입니다.

당신만의 '황금 열쇠'

우리는 이 책을 통해 '웰스 디자인 씽킹'Wealth Design Thinking, WDT이라는 새로운 여정을 시작할 것입니다. WDT는 놀라운 사고방식을 기반으로 지속가능한 부의 창출을 위한 행동방식으로 이어지는 체계입니다.

WDT는 세 가지 원리를 부의 창출 과정에 적용합니다. '제1원리 씽킹

First Principles Thinking', '데이 원 씽킹 Day 1 Thinking', '디자인 씽킹 Design Thinking'입니다. 각 사고 체계는 뒤에서 상세히 다루며, 구체적 실행은 'RICH 시스템 RICH System'으로 전개합니다.

3. 4단계 RICH 시스템

WDT를 구체적으로 실행하는 로드맵은 바로 'RICH 시스템'입니다.

R	I
C	H

1단계: R 인식(Recognize) – 당신이 가진 가장 소중한 자산인 나 자신을 깊이 탐색합니다. 당신의 강점, 재능, 경험, 잘하는 일로 보물지도를 그립니다.

2단계: I 발상(Ideate) – 당신의 강점과 세상의 기회를 연결하는 독창적인 아이디어를 찾습니다. 그 지도를 바탕으로 당신만의 독점 수익 모델을 설계합니다.

3단계: C 설계(Canvas) – 아이디어를 현실적인 수익 모델로 구체화합니다. 당신의 가치를 지속적인 현금 흐름으로 전환하는 파이프라인을 구축합니다.

4단계: H 습관(Habit) – 꿈을 현실로 바꾸는 지속적인 행동 습관을 형성합니다. 계획을 삶에 내면화해 멈추지 않는 성장을 이룹니다.

이 여정을 통해 막연했던 꿈을 구체적인 '부의 설계도'로 만들고, 한 걸음 한 걸음 그 꿈을 현실로 만들어 갈 것입니다. 지금까지 없던 부의 창출 시스템을 만나게 될 것입니다. 이 방법론은 이미 검증되었으며, 많은 부자가 무의식적으로 이 시스템을 활용해 왔습니다.

부자가 되는 여정은 외부의 성공을 흉내 내는 것이 아닙니다. 자신의 내면을 들여다보고, 당신만의 길을 걷는 용기에서 시작됩니다. 자, 이제 펜을 들고 당신의 삶을 바꾸는 첫 번째 설계도를 그려보세요.

"당신이 진정으로 원하는 삶은 무엇인가요?"

이 책의 궁극적인 목표는 당신이 돈을 좇는 삶에서 벗어나, 당신의 삶을 원하는 대로 설계할 수 있는 '부의 창조자'가 되게 하는 것입니다. 당신 안에 있는 부의 씨앗은 이미 충분히 아름답고 강력합니다. 이 책이 당신의 씨앗이 싹을 틔우고 풍요로운 열매를 맺도록 돕는 물과 햇살이 되어줄 것입니다. 부를 향한 당신의 가장 위대한 여정은 바로 지금, 이 책을 펼친 순간부터 시작됩니다.

4. 잠재력에 대한 주요 이론들

스탠퍼드 심리학자인 캐롤 드웩Carol Dweck의 '성장 마인드셋'Growth Mindset 이론은 인간의 잠재력은 고정된 것이 아니라 개발 가능하다는 것이 핵심입니다. 노력하고, 학습하고, 실패를 통해 인간의 능력은 확장되고 성장할 수 있다는 것입니다.

이 이론이 주는 시사점은 자신이 잠재력을 키울 수 있다는 믿음이 핵심 동력이 된다는 것입니다. 실제로 이 이론을 글로벌 기업인 구글의 직원들에게 적용하여 기업의 성장을 이끌어낸 것은 잘 알려진 사실입니다.

이에 반해 '고정 마인드셋'Fixed Mindset은 부정적인 사고가 강하여 한번 실패하면 더는 기회가 없다는 사고 체계를 가진 것을 말합니다. 이러한 사람들은 교육과 훈련을 통해 성장 마인드셋으로 전환하게 돕습니다.

로버트 스턴버그Robert Sternberg는 잠재력은 분석적 지능, 창의적 지능,

실천적 지능의 조합으로 이해하고 있습니다. 이 이론의 시사점은 실제 문제 해결 능력과 환경 적응력이 잠재력의 핵심 요소라는 것입니다.

한편 마틴 셀리그만 Martin Seligman은 '긍정 심리학' Positive Psychology 이론을 제창해 큰 반향을 일으켰습니다. 그는 강점, 낙관주의, 회복탄력성 등을 통해 잠재된 행복과 성취력을 실현한다고 했습니다. 긍정 감정, 일에 대한 몰입, 관계 형성, 의미, 성취 등을 긍정적인 요소로 소개했습니다. 이 이론의 시사점은 행복한 상태가 잠재력 발휘의 토양이 된다는 것입니다.

잠재력에 대한 질문들

잠시 생각해 보겠습니다.
"당신 안에 아직 발휘되지 않은 능력은 무엇입니까?"
"과거에 당신이 몰입했던 순간은 언제였고, 그때 어떤 잠재력이 드러났나요?"
"당신이 가진 다양한 지능 중 과소평가하고 있는 영역은 무엇인가요?"
"만약 실패에 대한 두려움이 없다면, 어떤 가능성에 도전해 보고 싶나요?"

잠재력에 대해 좀 더 생각해 보겠습니다.

'나는 어떤 재능을 타고났는가?'는 잠재력의 근원을 파악할 수 있습니다.
'주변에서 나에게 강점으로 말해준 것은 무엇인가?'는 타인의 인식을 통해 확인합니다.

'나는 어떤 분야에서 더 발전하고 싶은가?'는 성장 방향을 설정합니다.

이처럼 잠재력은 여러 방식으로 확인할 수 있습니다. 스스로 질문하고 생각하면 자신의 잠재력을 찾을 수도 있습니다. 사람에 따라서는 코칭을 통해 잠재력을 발굴하는 데 질문이 가장 효과적인 접근법이 됩니다. 다음 장에서 더 상세하게 잠재력을 다루도록 하겠습니다.

5. 부의 잠재력을 깨우는 내면의 힘

많은 자기계발 및 심리학 전문가들은 우리 각자가 이미 무한한 부를 창출할 잠재력을 지니고 있다고 말합니다. 여기서 말하는 '부'는 단순히 돈을 넘어, 풍요로운 삶을 만드는 모든 가치를 포함합니다. 경제적인 부와 건강, 사랑, 관계, 가정 등 각자의 가치관에 따라 다를 수 있습니다.

풍족한 삶을 사는 사람들은 대체로 경제적 자유를 누립니다. 많은 부자를 만나 대화하며 느낀 공통점은 그들 모두가 긍정적인 시각과 자신감을 지니고 있다는 점이었습니다. 그들은 실패를 두려워하지 않고 기꺼이 도전합니다.

그들의 사고방식과 행동방식은 아직 경제적 부를 누리지 못한 사람들과 분명히 달라 보였습니다. 나는 바로 이 '부 Wealth의 창출'이라는 분야를 연구하겠다고 결심했고, 몇 년 동안 세상을 다시 보게 되었습니다.

왜 가난하게 사는 사람들이 그렇게 많은가? 세상이 불공정한 것일까? 부자가 되기를 원하는 사람들에게 부를 창출하는 매뉴얼이나 가이드를 만들 수는 없을까? 누구나 적용하면 경제적인 부를 축적할 수 있는 방법론이나 시스템을 설계한다면 어떻게 될까?

오랫동안의 부의 세계를 연구하면서 획기적으로 발견한 것이 바로 이 책의 핵심인 'RICH 시스템'입니다. 지속적인 부의 디자인과 창출을 위한 매뉴얼이자 가이드입니다.

나 자신이 먼저 적용해 목적을 달성했고, 현재 이 시스템을 적용하면서 이미 부자의 반열에 올라선 사람도 있으며 성장하고 있는 사람도 있습니다. 세계적인 억만장자들의 성공 사례를 분석해 보아도 'RICH 시스템'의 메커니즘이 정확히 작동함을 확인할 수 있었습니다.

사람들은 내면에 이미 부의 인자를 가지고 있다는 것은 진실입니다. 우리는 부를 창출하는 잠재력Potential을 크게 세 영역인 '마음가짐', '지식과 기술', '관계'로 분류할 것입니다. 이렇게 나누어 보면 잠재력이 더욱 선명해집니다.

1) 마음가짐Mindset

부를 창출하는 가장 근본적인 요소는 올바른 마음가짐입니다. 이 영역은 우리의 생각과 믿음 체계를 다룹니다.

마음가짐에서 가장 큰 잠재력은 성장형 사고방식Growth Mindset입니다. 스탠퍼드 대학교의 심리학 교수인 캐럴 드웩Carol S. Dweck은 그의 저서 『마인드셋Mindset』에서 고정형 사고방식과 성장형 사고방식을 구분했습니다. 고정형 사고방식을 가진 사람들은 자신의 능력과 재능이 타고난 것이라 믿고 변화를 꺼립니다.

반면 성장형 사고방식을 가진 사람들은 노력과 학습을 통해 능력을 발전시킬 수 있다고 믿으며, 실패를 배움의 기회로 여깁니다. 성장형 사고방식은 새로운 기회를 포착하고 지속적으로 발전하며 부를 쌓아가는 데 필수적인 요소입니다. 실제로 부를 축적한 부자들에 대한 연구에서도 그들은 고정형 사고방식보다 성장형 사고방식을 주로 가지고 있습니다.

성장형 사고방식은 풍요의 마음 Abundance Mentality을 가지고 있습니다. 세상에 기회와 자원이 충분하다고 믿는 태도입니다. 반대되는 개념인 결핍의 마음을 가진 사람들은 세상의 자원이 한정적이라고 생각하여 경쟁에서 이기기 위해 다른 사람을 이기려는 경향이 강합니다. 풍요의 마음은 협력과 상생을 통해 더 큰 가치를 창출하고, 긍정적인 관계를 구축하여 부를 증진시키는 데 도움을 줍니다.

또한 회복탄력성 Resilience이 중요합니다. 펜실베니아 대학교 심리학 교수인 앤절라 더크워스 Angela Lee Duckworth는 저서 『그릿 Grit』에서 성공에 있어 재능보다 끈기 Grit가 더 중요하다고 주장했습니다. 끈기는 열정과 결합된 장기적인 목표를 향한 꾸준한 노력을 의미하며, 실패와 좌절에도 불구하고 다시 일어설 수 있는 회복성 성품을 말합니다.

이러한 회복탄력성은 부를 축적하는 과정에서 겪는 수많은 어려움을 극복하는 핵심적인 힘입니다. 그는 또 '품성 개발' Character Development이 매우 중요하다는 것도 강조했습니다.

2) 지식과 기술 Knowledge & Skills

내면의 잠재력을 현실로 바꾸는 힘은 실질적인 역량에서 나옵니다. 이러한 능력들은 끊임없는 학습과 경험을 통해 개발됩니다.

지식은 학교·직장·독서·자격증 취득 등으로 축적한 지식과 다양한 스킬, 경험이 모두 여기에 포함됩니다. 특히, 재정 문해력 Financial Literacy은 돈의 흐름을 이해하고, 소득을 늘리고, 지출을 관리하며, 저축하고 투자하는 능력입니다. 돈을 위해 일하는 것이 아니라 돈이 나를 위해 일하게 만듭니다.

3) 관계 Relationships

부는 혼자서 만들기 어렵습니다. 풍요로운 인간관계는 부를 증진시키는 중요한 자원입니다. 사람은 관계에서 위대해집니다. 협력하고 팀워크를 하면서 더 큰 성과를 올리게 됩니다. 사회학자들은 사회적 관계망, 즉 네트워크가 개인의 성공에 큰 영향을 미친다고 말합니다.

좋은 관계는 정보나 기회, 지원을 얻는 통로가 되며, 이는 부를 창출하는 데 있어 강력한 자산이 됩니다. 마크 그라노베터 Mark Granovetter는 사회학 논문에서 '약한 연결의 힘' The Strength of Weak Ties을 주장했습니다. 그는 가까운 사람들과의 '강한 연결'뿐만 아니라, 가끔 만나는 지인들과의 '약한 연결'을 통해 새로운 정보와 기회를 얻는 경우가 많다고 설명했습니다.

심리학자 대니얼 골먼 Daniel Goleman은 공감 능력 및 EQ Emotional Intelligence 연구에서 자신의 감정을 인식하고 관리하며 타인의 감정을 이해하는 능력이 사회적 성공에 매우 중요하다고 보았습니다. 높은 EQ는 사람들 간의 신뢰를 구축하고, 효과적으로 협력하며, 복잡한 사회적 상황을 헤쳐나가는 데 필수적입니다. 이러한 능력은 단순히 돈을 버는 것을 넘어, 사람들과 함께 성공하고 지속 가능한 부를 만들어가는 데 큰 힘이 됩니다.

이처럼 무한한 부의 잠재력은 특별한 재능이나 환경만의 산물이 아니라 우리의 마음가짐과 지식, 관계 속에 이미 존재하고 있습니다. 중요한 것은 이 잠재력을 인식하고, 꾸준히 개발하는 것입니다. 이 중에서 당신이 가장 먼저 집중하고 싶은 영역은 무엇인가요?

지식, 경험, 기술, 강점, 재능, 좋아하는 일, 잘하는 일, 긍정적 성품, 좋은 품격 등은 '현금 가치'를 지닙니다. 이는 단순한 개인 특성이 아니라, 현대 자본주의 사회에서 '인적 자본 Human Capital'으로 설명되는 부의 핵심 인자입니다. 따라서 모든 사람은 자신의 내면에 부를 지니고 있습니다. 이 진실을 발견하고, 실천 가능한 매뉴얼로 정리한 책이 바로 부의 설계도입니다.

우리는 바로 이 진실을 발견하고 이 책을 저술하는 데에 강한 보람을 느낍니다. 부의 매뉴얼 같은 책으로 만드는 것이 목표입니다.

인적 자본의 가치

전통 경제학은 부를 토지, 노동, 자본과 같은 생산 요소로 설명했습니다. 그러나 20세기 후반부터는 시카고 대학교 경제학자 게리 베커 Gary

Becker의 유명한 저서 『인적 자본Human Capital』을 통해 개인의 역량이 생산성을 높이는 중요한 자산이라는 개념이 확립되었습니다. 즉, 개인이 가진 지식, 기술, 건강, 태도와 같은 모든 유·무형의 자산이 미래 소득을 창출하는 잠재력을 가지고 있다는 것입니다. 이러한 인적 자본은 다음과 같은 방식을 따라 현금 가치로 전환됩니다.

특정 분야의 전문 지식이나 숙련된 기술은 더 높은 임금과 연봉으로 이어집니다. 예를 들어, 복잡한 프로그래밍 언어를 다루는 개발자는 그렇지 않은 사람보다 높은 시장 가치를 가집니다. 수요와 공급의 원리에 따라 희소하고 가치 있는 지식과 기술을 가진 사람에게 더 많은 돈이 지불되기 때문입니다.

오랜 경험에서 축적된 노하우와 문제 해결 능력은 기업의 중요한 자산이 됩니다. 조직에서 뛰어난 리더십이나 탁월한 협상 능력과 같은 강점은 개인의 성과를 높이고 보너스, 승진, 또는 더 나은 사업 기회로 이어집니다.

자신이 타고난 재능을 발견하고, 진정으로 좋아하는 일을 직업으로 삼을 때 최고의 성과를 낼 수 있습니다. 열정이 뒷받침된 일은 생산성을 극대화하고 창의성을 발휘하게 합니다. 이는 높은 만족도와 함께 더 큰 경제적 보상으로 돌아오는 경우가 많습니다.

긍정적 성품과 좋은 품격은 항상 승리합니다. 긍정적인 태도, 성실함, 신뢰할 수 있는 품격은 개인의 평판을 높이고, 좋은 네트워크를 형성하게 합니다. 이러한 사회적 자산은 사업 파트너십, 투자 기회, 중요한 고객과의 관계 등 다양한 방식으로 현금 흐름을 창출하는 기반이 됩니다.

부의 인자를 활용한 부의 축적

결론을 말씀드립니다. 지식, 경험, 기술, 강점, 재능, 성품 등은 단순히 개인을 정의하는 특성이 아니라, 부를 창출하고 증식시키는 잠재적 자본입니다. 우리 내면에 이미 존재하는 무형의 자산이며, 이를 의식적으로 갈고닦아 활용할 때 비로소 유형의 현금 가치로 전환됩니다.

따라서 진정한 부의 축적은 돈을 좇는 행위가 아니라, 자신이라는 '인적 자본'을 끊임없이 성장시키고 개발하는 것에서 시작됩니다.

내부에 부의 원천이 있다는 주장은 단순히 긍정적인 사고방식을 넘어 경제학적, 심리학적 관점에서 논리적으로 설명될 수 있습니다. 부는 현금 자체보다 그것을 창출하는 능력에 더 가까우며, 이 능력은 바로 우리 안에 내재되어 있기 때문입니다. 정리를 해보면 다음과 같습니다.

부의 근원은 '인적 자본'이다

전통 경제학에서 부는 토지, 노동, 자본 등 외부 생산요소에 의해 결정되었습니다. 하지만 현대 경제학은 인적 자본의 중요성을 강조합니다. 인적 자본은 개인이 가진 모든 내면의 가치, 즉 지식, 기술, 경험, 재능 등을 의미합니다.

지식을 습득하고 기술을 연마하는 것은 자신에게 가치 있게 투자하는 행위입니다. 시간이 지날수록 생산성을 높여, 더 높은 연봉이나 사업 소득으로 연결됩니다.

희소성의 원리에 따라 특별한 재능이나 전문 기술은 시장에서 희소한 가치를 가집니다. 예를 들어, 남들이 쉽게 할 수 없는 복잡한 문제를 해결하는 능력은 높은 보수를 받습니다.

따라서 현금은 인적 자본을 활용해 창출된 결과물일 뿐, 진정한 부의 원천은 내면의 능력 자체인 것입니다. 내면에 인적 자본이 풍부하면, 외부 환경이 변해도 새로운 부를 창출할 수 있는 힘이 유지됩니다.

부를 창출하는 '성장형 사고방식'

심리학자 캐럴 드웩 Carol S. Dweck의 연구는 부가 내부에 있다는 주장을 뒷받침합니다. 그녀가 제시한 '성장형 사고방식' Growth Mindset은 부를 창출하는 태도의 핵심입니다. 부자들은 태도에서 이미 차이를 보입니다.

성장형 사고방식을 가진 사람들은 어려움을 장애물이 아닌 성장의 기회로 여깁니다. 새로운 기술을 배우고, 실패를 통해 교훈을 얻어 궁극적으로 더 큰 성공을 만들어냅니다.

부를 쌓아가는 과정에는 수많은 실패와 좌절이 따릅니다. 이때 중요한 것은 좌절에 무너지지 않고 다시 일어설 수 있는 회복탄력성입니다. 회복탄력성은 외부 조건이 아닌, 내면의 강인함과 끈기에서 나옵니다.

부는 단순히 외부에서 주어지는 것이 아니라, 내면의 '인적 자본'을 끊임없이 개발하고 '성장형 사고방식'을 통해 기회를 포착하는 능력에서 비롯됩니다. 따라서 부는 이미 우리 안에 존재하며, 외부로 드러나는 현금은 그 내면의 힘이 실현된 결과일 뿐입니다.

부는 사고방식과 크게 연관됩니다. 자신이 이미 가지고 있다는 것을 인식하지 못하고 부의 창출 기회를 갖지 못한다면 부자가 될 수 있을까를 생각해야 합니다. 이제 우리의 부의 여정을 시작합니다.

6. 부의 철학

부의 진정한 정의는 당신이 지금도 부자일 수 있다는 것입니다.

"부자는 얼마를 가져야 하나요?"

코칭 중 종종 받는 질문입니다.

"부자란 정확히 어떤 상태인가요?"

"자산이 몇 억 이상이면 부자인가요?"

"월수입이 얼마면 경제적 자유인가요?"

그때마다 나는 조용히 되묻습니다.

"당신에게 부란 무엇입니까?"

"당신은 무엇이 풍요로워지길 원합니까?"

사실 부의 본질은 숫자보다 훨씬 깊습니다. 부는 당신의 인생에서 '선택할 수 있는 권한'을 말합니다. 그리고 진짜 부자는 돈뿐 아니라 시간, 관계, 건강, 감정, 기술, 신념까지 포함된 총체적 시스템을 갖춘 사람입니다.

당신은 지금 어떤 자산을 가지고 있습니까?
사람들은 종종 말합니다.
"나는 돈이 없어요."
그러나 이렇게 다시 묻고 싶습니다.
"당신은 어떤 기술을 가지고 있습니까?"
"사람들은 당신에게 무엇을 자주 묻나요?"
"어떤 일을 할 때 몰입하고 있나요?"
"지금까지 살아오면서 무엇을 극복해 냈나요?"

이것들은 모두 눈에 보이지 않는 자산입니다. 부자들은 이것을 단지 '좋은 경험'으로 여기지 않습니다. 그들은 이 자산을 수익 구조로 연결하는 능력을 갖고 있습니다. 이것이 부를 창출하는 시작점입니다.

부는 돈이 아니라 설계다

많은 사람들이 로또를 꿈꿉니다. 대박을 기다리고, 한 번의 성공을 바랍니다. 그러나 진짜 부자들은 그 반대를 선택합니다. 반복 가능한 구조를 만듭니다. 자동으로 흘러드는 구조를 설계합니다. 자산을 관리하는 마인드와 루틴을 습관화합니다. 그래서 우리는 곧 부를 설계하는 4단계 전략,

바로 'RICH 시스템'을 살펴보게 될 것입니다.

하지만 그 전에, 한 가지 질문을 당신에게 던져보겠습니다.

"당신에게 부란 무엇입니까?"

이 질문이 지금까지의 삶을 바꾸게 될 것입니다. 그리고 지금 이 질문 앞에 서 있는 당신은, 이미 부자의 출발점에 서 있습니다.

실행 도구: 나의 부의 정의 쓰기

나는 어떤 삶을 살고 싶은가?
그 삶을 위해 필요한 경제적 수치는?
돈 외에 내가 풍요롭고 싶은 자산은?
지금 내가 가진 자산은 무엇인가?

이 질문들은 뒤에서 제시할 부의 창출 모델, 'RICH 시스템'으로 구체화됩니다. 이제부터는 '가능성'이 아니라 '설계'의 영역입니다.

2장

RICH 시스템의 기반이 되는
씽킹(Thinking)

우리는 먼저 새로운 부의 창출 방법론을 발견하면서 기반이 되는 사고방식과 행동방식을 연구했습니다. 그리고 영감을 얻어 우리만의 부의 방법론인 '웰스 디자인 씽킹'Wealth Design Thinking, WDT을 도출했고, 그 적용을 위한 구체적인 방법인 'RICH 시스템'을 개발했습니다. 이제 바탕이 되는 씽킹들을 살펴보겠습니다.

1. 제1원리 씽킹(First Principles Thinking)

'제1원리 씽킹'을 경제적 통찰로 적용한 사람은 고대 그리스 철학자 탈레스Thales입니다. 탈레스가 올리브 오일 풍작을 예측해서 오일 짜는 기계들을 미리 계약하고 독점하고 비싸게 빌려주어 많은 돈을 벌었습니다. 아리스토텔레스Aristotle는 그의 저서에서 탈레스의 사업 이야기를 하면서 제1원리 씽킹의 핵심을 알 수 있는 글들을 남겼습니다.

탈레스와 '제1원리 씽킹'

탈레스는 제1원리 씽킹을 다음과 같이 적용하여 올리브 오일 사업에 성공했습니다. 그는 "올리브 오일의 생산량을 결정하는 근본적인 요인은 무엇인가?"라는 질문을 던졌습니다. 원인을 분석하기 위하여 그는 복잡한 시장 상황이나 경제 동향을 무시하고, 올리브 생산에 직접적인 영향을 미치는 자연 현상, 즉 날씨에 집중했습니다.

그는 올리브 생산량이 기후 조건인 햇빛, 온도, 토양, 통풍 등에 따라 크게 좌우된다는 것을 파악했습니다. 즉, 올리브 나무의 생육에 필요한 핵심적인 원리를 찾아낸 것입니다.

탈레스의 행동은 어떠했을까요? 그는 별자리 관측 등을 통해 날씨 패턴을 예측했고, 다가올 해에 올리브 작황이 매우 좋을 것이라는 결론을 내렸습니다. 이 예측에 기반하여 올리브 압착기를 미리 저렴한 가격에 독점 계약했습니다.

탈레스는 표면적인 시장 상황이 아닌, 올리브 생산이라는 문제의 가장 근본적인 원리인 자연 현상과 기후를 파고들어 성공적인 사업 전략을 세웠습니다. 이 사례는 복잡한 현상을 단순하고 기본적인 원리로 해체하고, 원리에서 새로운 해결책을 구축하는 제1원리 씽킹의 전형적인 예시입니다. 부자들은 문제의 본질과 핵심을 잘 이해합니다.

오늘날 한 기업의 성장을 미리 예측하고 그 회사의 주식을 싸게 사서 나중에 비싸게 파는 주식 투자와 비슷한 방법이라고 볼 수 있겠습니다. 자신이 가지고 있는 지식으로 본질적인 문제를 해결하는 가치를 만들어 부를 창출한 것입니다. 기원전 6세기경의 그리스의 산업은 지금과는 얼마나 달랐는지는 상상할 뿐입니다.

기원전 6세기경 그리스, 탈레스는 밀레토스의 위대한 철학자이자 과학자였습니다. 그는 우주의 근원을 '물' water이라고 주장한 최초의 철학자

였으며, 천문학, 수학, 공학 등 다양한 분야에서 뛰어난 업적을 남겼습니다. 하지만 당시 사람들은 그의 철학적 사색이 현실 생활에 아무런 도움이 되지 않는다고 비웃었습니다. "철학자가 무슨 돈을 벌겠나?"라는 비난이 쏟아졌습니다.

하지만 탈레스는 자신이 가지고 있는 천문학적 지식을 활용해 기상 변화와 올리브 나무의 생장 주기를 면밀히 관찰했습니다. 별의 움직임, 기후 패턴 등을 분석한 결과, 그는 다음 해에 올리브 작황이 유난히 풍년이 될 것이라는 것을 예측했습니다. 전 해에는 올리브 작황이 흉년이었습니다.

그의 천재적인 경제관념은 시장에서의 선점과 독점 전략입니다. 탈레스는 자신의 예측을 바탕으로 비밀리에 행동에 나섰습니다. 그는 올리브 수확 철이 오기 한참 전, 밀레토스와 주변 지역의 모든 올리브 압착기olives presses를 헐값에 사용 계약을 했습니다. 올리브 압착기는 올리브 열매에서 오일을 짜내는 데 필수적인 장비였는데, 수확 철이 아닐 때는 거의 쓰이지 않았기 때문에 소유주들은 기꺼이 싼값에 계약을 맺어주었습니다.

그의 예측은 현실이 되고 거액의 수익을 얻게 됩니다. 예상대로 다음 해 올리브 작황은 대풍년을 맞았습니다. 모든 농부들이 풍성한 올리브를 수확했지만, 문제는 올리브를 오일로 만들 압착기가 턱없이 부족했다는 것입니다.

농부들은 너도나도 압착기를 빌리기 위해 탈레스에게 찾아왔습니다. 탈레스는 올리브 압착기에 대한 독점적인 사업을 할 수 있었고, 높은 가격을 받을 수 있었습니다. 이것은 제1원리 씽킹을 활용한 탈레스의 성공 이야기입니다.

　탈레스는 단 한 해 만에 엄청난 부를 축적했습니다. 사람들은 탈레스가 그의 지혜와 예측 능력을 통해 올리브 오일 사업으로 큰돈을 벌었다는 사실에 놀랐습니다. 탈레스는 이 사건을 통해 '철학자가 마음만 먹으면 쉽게 부자가 될 수 있지만, 그들이 부를 추구하지 않는 이유는 자신들에게 더 가치 있는 일에 집중하기 때문'이라는 것을 증명해 보였습니다.

　그는 자신에게는 돈이 중요하지 않다는 것을 보여주기 위해 사업을 시작했다는 사실을 밝히고, 번 돈을 모두 가난한 사람들에게 나누어주었다는 이야기도 전해집니다. 잊지 마십시오. 그는 다른 목적을 가지고 있었습니다. 돈보다 자신의 철학 사상을 우선으로 보았습니다. 하지만 마음만 먹으면 언제든지 많은 돈을 벌 수 있음을 보여주었습니다.

철학 사상과의 연관성

　탈레스의 올리브 오일 이야기는 그의 철학 사상과 '지혜의 실용적 가치'를 증명했습니다. 탈레스는 자연의 원리를 이해하고 예측하는 그의 철학적 지식, 즉 천문학적 지혜가 실제 경제적 가치를 창출할 수 있음을 보여주었습니다. '철학은 현실과 동떨어져 있다'는 편견에 대한 직접적인 반박이었습니다. 그는 이론과 실제의 경계가 없음을 행동으로 보여주었습니다.

　탈레스는 단순히 현재의 상황에 안주하는 것이 아니라, 미래를 예측하고 대비하는 선견지명의 중요성을 강조했습니다. 그의 올리브 사업은 바로 이 선견지명의 결과물이었습니다. 이는 그의 철학적 탐구가 단순히 과거의 진리를 찾는 것을 넘어, 미래를 내다보는 데에도 도움을 줄 수 있음을 시사합니다.

탈레스는 감이나 운에 의존한 것이 아니라 객관적인 데이터, 예를 들면 별의 움직임, 기후 패턴과 같은 것을 분석하는 이성적 사고를 통해 미래를 예측했습니다. 부의 창출에서 이성적 사고가 중요함을 보여준 것입니다.

탈레스의 올리브 오일 사업 이야기는 단순한 돈벌이 성공담이 아니라, 그의 철학적 사상이 현실 세계와 어떻게 연결되는지, 그리고 지혜와 이성적 사고가 얼마나 큰 가치를 지니는지를 보여주는 매우 중요한 교훈을 담고 있습니다. 하지만 부를 무시하고 정신만 강조하는 것은 아닙니다. 경제적 독립은 오히려 정신적 관심과 탐구에 더 집중할 수 있는 기반이 됩니다.

아리스토텔레스의 제1원리 씽킹

아리스토텔레스Aristotle와 같은 후대 철학자들은 탈레스의 부자 되기 방법론에 대해 어떤 말을 했을까요? 아리스토텔레스 역시 제1원리 씽킹을 활용한 철학자입니다.

아리스토텔레스는 그의 저서 『정치학』 제1권에서 경제학economics과 부의 축적에 관해 논하면서 탈레스의 이야기를 꺼냈습니다. 그는 탈레스의 일화를 단순히 돈벌이의 성공담으로 치부하지 않고 철학적 지혜와 실용적인 지식의 연결성을 보여주는 중요한 사례로 제시했습니다. 아리스토텔레스는 다음과 같이 말합니다.

"사람들은 돈을 버는 기술을 경멸하고, 철학자의 지혜는 실용적 가치가 없다고 비웃는다. 그래서 탈레스가 밀레토스의 시민들에게 자신의 지혜가 유용함을 증명하기 위해 올리브 압착기들을 미리 계약하여 독점함으로써 큰 재산을 모았다. 그는 이것을 통해 철학자도 마음만 먹으면 돈을 벌 수 있지만, 그들의 관심이 돈을 버는 데 있지 않다는 것을 보여주려 했다."

아리스토텔레스의 언급에서 주목할 점은 탈레스의 의도에 대한 재확인입니다. 제1원리 씽킹을 한 아리스토텔레스는 탈레스가 단순히 돈을 벌기 위해 사업을 한 것이 아니라, '철학자는 부에 관심이 없지만 부자가 될 능력은 충분하다'는 것을 증명하기 위함이었다는 탈레스의 원래 의도를 명확히 밝혔습니다. 이는 탈레스의 행동이 단순한 상업적 행위를 넘어선 철학적 메시지를 담고 있습니다.

지혜의 실용적 가치 인정입니다. 아리스토텔레스는 탈레스의 천문학적 지혜가 올리브 작황을 예측하는 데 사용된 점을 높이 평가했습니다. 그것은 제1원리 씽킹인 것입니다. 그는 진정한 지혜는 이론적인 탐구뿐만 아니라 실제 세계의 현상을 이해하고 예측하는 데에도 적용될 수 있음을 보여주었습니다.

아리스토텔레스는 이 일화를 통해 '돈 벌기 기술'의 한 형태로 독점적 행위를 언급한 학자가 되었습니다. 그는 탈레스의 방법이 일종의 '재정적 묘책' financial scheme이라고 언급하며, 이러한 지식이 부를 축적하는 데 사용될 수 있음을 인정했습니다.

아리스토텔레스가 탈레스의 이야기에서 제1원리 씽킹을 적용한 방식은 다음과 같습니다.

그는 "진정한 부란 무엇인가?", "경제 활동의 궁극적인 목적은 무엇인가?"라는 본질적인 질문을 던집니다. 철학적입니다. 원인을 분석한 그는 부의 축적이 단순히 물건을 사고파는 행위에서 오는 것이 아니라, 지식과 기술이라는 더 근본적인 힘에서 비롯될 수 있음을 지적했습니다. 탈레스가 날씨를 예측한 것은 단순한 운이 아니라, 자연 현상에 대한 지식과 이해를 활용한 것이었습니다.

아리스토텔레스는 탈레스의 사례를 통해 '실질적인 지혜는 재물을 얻는 데에도 유용하게 적용될 수 있다'는 원리를 도출했습니다. 즉, 철학자들의 지혜는 현실 세계와 동떨어진 것이 아니라, 가장 실용적인 분야에서도 그 가치를 발휘할 수 있다는 것입니다. 생각이든 지혜이든 그 근간은 생각 또는 씽킹입니다. 여기에서 아마 독자들은 부와 인문학적인 사고의 관계를 생각할 것입니다.

아리스토텔레스는 탈레스의 이야기를 통해 다음과 같은 논점을 제시합니다.

'철학자는 세상의 이치를 꿰뚫는 능력을 가지고 있다. 이 능력은 단순히 사변적인 데 그치지 않고, 현실적인 문제 해결과 부의 창출에도 적용될 수 있다. 탈레스가 돈을 번 것은 그가 돈에 욕심이 많아서가 아니라, 철학적 지혜를 증명하기 위한 것이었다.'

부를 창출하는 데에 철학적 사고가 성과를 낼 수 있다는 것을 보여준 것입니다.

아리스토텔레스는 탈레스의 사업적 성공이라는 현상을 보고, 그 이면에 있는 '지혜와 지식의 가치'라는 더 근본적인 원리를 발견하고 논증하는 데 제1원리 씽킹을 적용했습니다. 그는 탈레스의 사례를 통해 철학과 실용성 간의 연결고리를 설명하며, 철학적 지식이 사회와 개인에게 얼마나 중요한지 역설했습니다. 현대인도 부자가 되는 과정에서 인문학적인 안목을 강조하고 있는 것과 무관하지 않습니다.

억만장자인 일론 머스크 Elon Musk가 탈레스와 아리스토텔레스의 제1원리 씽킹을 이해하고 또 실제로 사업에 적용한 것은 잘 알려진 사실입니다. 그는 여러 번 이에 대해 공개적으로 언급하기도 했습니다. 이것이 그의 성공 요인의 전부는 아니지만 이와 더불어 이 책에서 다룰 'RICH 시스템'을 전적으로 적용한 부자입니다.

일론 머스크의 '제1원리 씽킹'

나는 안유석 작가의 저서인 『제1원칙 사고: 원점에서 시작하는 일론 머스크식 문제 해결법』에서 많은 영감을 받았습니다. 그는 일론 머스크보다도 더 깊이 있게 제1원칙 사고를 이해하고 체계화한 사람이며 이 분야의 최고의 권위자라고 생각합니다. 그의 통찰력에 큰 감동을 받은 것을 감사하고 있습니다.

일론 머스크는 탈레스와 아리스토텔레스의 제1원리 씽킹을 현대적인 관점에서 재해석하고 자신의 사업에 적극적으로 적용하는 인물입니다. 그는 탈레스처럼 표면적인 문제나 경쟁사들의 방식을 모방하는 대신, 문제의 가장 근본적인 요소부터 다시 생각하는 것을 강조합니다. 머스크가 실천한 제1원리 씽킹의 핵심은 다음과 같습니다.

그는 "우리가 정말로 해결해야 하는 문제는 무엇인가?"라는 본질적인 질문을 끊임없이 던집니다. 예를 들어, 로켓 발사 비용을 줄이는 문제에 대해 그는 "왜 이렇게 로켓이 비싼가?"라는 질문을 던집니다. 당연시되고 있는 것에 대해 근본적인 질문을 던집니다.

원인 분석을 위해 복잡한 시스템인 로켓, 자동차 등을 구성하는 기본적인 재료 단위로 분해합니다. 로켓의 경우, "재료비 자체는 얼마 안 하는데 왜 완제품은 비싼가?"라는 질문으로 이어가며 비용 구조를 처음부터 재검토합니다.

그러고 나면 핵심 원리를 도출하는데, 머스크는 대부분의 제품 가격이 재료비보다는 기존의 생산방식에 의해 결정된다는 핵심 원리를 발견합니다. 기존의 로켓 산업은 '재활용 불가능'이라는 비효율적인 생산 모델을 가지고 있었고, 이는 비용 절감의 가장 큰 걸림돌이었습니다.

그는 '재사용 가능한 로켓'이라는 결론에 도달했고, 스페이스X를 통해 로켓을 분해하고 다시 조립하는 방식이 아닌, 처음부터 재사용 가능하도록 설계하는 혁신적인 접근 방식을 택했습니다. 단순히 비용 절감이라는 목표를 달성하기 위해 가장 근본적인 원리로 재료의 재활용성에서부터 재설계한 것입니다. 제1원리 씽킹은 전통적인 사고나 고정관념을 깨고 근본적인 요인을 찾아 문제를 해결합니다.

적용 사례

억만 장자의 사례여서 일반인에게는 거리감이 느껴질 수도 있습니다. 단지 제1원리 씽킹을 이해하기 위한 것으로 흥미 있게 보시면 도움이 될 것입니다.

일론 머스크는 이러한 제1원리 씽킹을 그의 주요 사업인 스페이스X와 테슬라에 다음과 같이 적용했습니다. 이 책의 목적이 세계적인 부자들을 연구하는 데에 중점을 둔 것은 아닙니다. 하지만 그들의 사고방식을 분석하여 적용한다면 큰 통찰을 얻을 수 있다고 봅니다.

1) 스페이스X

기존의 방식은 로켓은 한 번 발사되면 버려지는 일회용품이었습니다. 로켓 제조사는 기존의 방식을 따르며 비싼 비용을 유지했습니다. 그리고 이것은 당연시되었습니다. 머스크는 이 점을 파고들었습니다. 아무도 생각하지 않았던 것을 본 그의 지혜는 무엇일까요?

제1원리 씽킹을 적용한 머스크는 로켓의 재료인 알루미늄 합금, 탄소섬유 등의 가격을 분석했습니다. 그는 로켓의 재료비가 완제품 가격의 2%에 불과하다는 것을 발견하고, 로켓이 비싼 이유가 재료 자체가 아니라, '재사용 불가능'이라는 비효율적인 생산방식 때문이라고 결론 내렸습니다.

그는 '재사용 가능한 로켓'을 만드는 것에 집중했습니다. 스페이스X는 팰콘 9 로켓을 개발하여 1단 추진체를 발사 후 지상에 안전하게 착륙시켜 재활용하는 데 성공했습니다. 이는 로켓 발사 비용을 획기적으로 낮추는 데 기여했습니다.

2) 테슬라 전기차
당시 전기차 배터리 팩은 매우 비쌌고, 대부분의 자동차 제조업체는 기존 공급망에서 비싼 배터리를 구매했습니다.
제1원리 씽킹을 적용한 일론 머스크는 "배터리 팩이 왜 이렇게 비싼가?"라는 질문을 던지고, 배터리 팩을 구성하는 기본적인 원소들인 코발트, 니켈, 탄소, 알루미늄 등의 원자재 가격을 분석했습니다. 그는 배터리 팩의 원자재 비용이 완제품 가격보다 훨씬 저렴하다는 것을 발견했습니다.
그래서 그는 배터리를 직접 설계하고 생산하는 '기가팩토리'를 건설했습니다. 이는 단순히 배터리를 구매하는 것이 아니라, 원자재부터 시작하여 배터리 셀을 직접 제조하고, 이를 전기차에 최적화된 형태로 패키징하는 수직통합방식을 채택한 것입니다. 이를 통해 테슬라는 배터리 비용을 크게 절감하고, 전기차 가격 경쟁력을 확보할 수 있었습니다.

머스크의 사례는 복잡한 문제일수록 기존의 통념을 버리고 가장 기본적인 원리로 돌아가 문제를 재정의해야 혁신이 가능함을 보여 줍니다. 이는 기후라는 근본 요인에서 출발한 탈레스의 통찰, 지식의 가치를 논증한 아리스토텔레스의 관점과도 일맥상통합니다.

이제 제1원리 씽킹이 무엇인지, 그리고 부의 창출에 직결되는 잠재력과는 어떻게 연결될까요?

제1원리 씽킹(First Principles Thinking)이란?

제1원리 씽킹은 복잡한 문제를 가장 '근본적인 진리'Fundamental Truth와 기본적인 요소로 분해하여 사고하는 방식입니다. 기존의 통념, 가정, 그리고 다른 사람들이 하는 방식을 그대로 따르지 않고, 마치 그 문제가 처음 세상에 등장한 것처럼 처음부터 다시 생각하는 것입니다.

제1원리 씽킹의 주요 특징들을 살펴보겠습니다.

1) 본질적인 질문을 합니다

"이것은 무엇인가?", "이것이 왜 존재하는가?", "이것의 가장 기본적인 요소는 무엇인가?"와 같은 질문을 통해 문제의 핵심을 파고듭니다.

2) 분해와 재구성을 합니다

문제나 사물을 작은 단위의 구성 요소들로 철저하게 분해합니다. 그 후, 분해된 각 요소들이 가진 순수한 사실만으로 새로운 해결책을 논리적으로 재구성합니다.

3) 기존 가정을 파괴합니다

"원래 그래왔으니까", "모두가 이렇게 하니까"와 같은 기존의 암묵적인 가정을 모두 버립니다. 기존 방식의 비효율성과 한계를 극복하기 위해 새로운 길을 모색합니다.

4) 창조적 혁신을 합니다

단순히 기존 것을 개선하는 것이 아니라, 완전히 새로운 것을 만들어내는 창조적인 사고를 합니다.

탈레스가 '올리브 오일 풍작의 근본 원인은 날씨다'라고 생각하고, 머스크가 '로켓의 비싼 가격은 재료비가 아니라 재사용 불가능성 때문이다'라고 생각한 것이 바로 제1원리 씽킹의 핵심입니다.

부의 창출 잠재력과의 연결

제1원리 씽킹은 단순히 문제를 해결하는 도구를 넘어, 부의 창출과 직접적으로 연결되는 강력한 도구입니다.

1) 혁신적인 가치 창출

기존에 아무도 해결하지 못했던 문제를 해결함으로써 완전히 새로운 시장을 창출하거나, 기존 시장의 판도를 뒤집습니다. 스페이스X는 로켓 재사용으로 우주 발사 시장의 비용 구조를 근본적으로 바꾸었고, 테슬라는 기존 자동차 산업의 패러다임을 전기차로 전환시켰습니다. 이러한 혁신은 엄청난 시장 가치를 만들어냅니다.

제1원리 씽킹을 통해 얻은 새로운 해결책은 경쟁자들이 쉽게 모방할 수 없는 기술적, 사업적 우위를 가져옵니다. 경쟁사들은 기존의 통념과 방식에 갇혀 있기 때문에, 제1원리 씽킹으로 탄생한 혁신을 따라잡기 어렵습니다. 이는 독점적 지위와 그에 따른 초과 이윤을 가능하게 합니다. 각 개인의 부의 잠재력은 자신만의 독창적인 것일 가능성이 높습니다. 여기에서 독점 가치를 만들 수 있는 것이 나옵니다.

2) 비용 구조의 근본적인 혁신

비즈니스 프로세스나 제품 생산 과정에서 낭비되는 요소들을 가장 근본적인 수준에서 파악하고 제거합니다. 머스크가 배터리 팩의 원자재 가격에 집중하여 생산 공정을 재설계한 것처럼, 불필요한 비용을 최소화하여 생산성을 극대화하고 가격 경쟁력·수익성을 높입니다.

3) 위기 상황에서의 문제 해결

본질적인 문제를 인식하는 것이 중요합니다. 위기 상황에서 사람들은 보통 표면적인 증상에만 집중합니다. 하지만 제1원리 씽킹은 위기의 근본 원인을 파악하게 해줍니다. 예를 들어, 기업의 매출이 떨어질 때 단순히 마케팅 비용을 늘리는 것이 아니라, "우리 제품이 고객에게 제공하는 근본적인 가치는 무엇인가?"와 같은 질문을 던져 근본적인 원인을 찾을 수 있습니다.

제1원리 씽킹은 단순히 똑똑하게 생각하는 방법이 아닙니다. 이는 기존의 한계를 깨고, 새로운 가치를 창출하며, 비용 효율을 극대화함으로써 기업의 성장과 부의 축적에 직접적으로 기여하는 강력한 도구입니다. 탈레스의 올리브 오일 사업부터 일론 머스크의 스페이스X와 테슬라에 이르기까지, 역사를 통틀어 부를 창출하고 세상을 바꾼 많은 혁신가의 공통된 사고방식이라고 할 수 있습니다.

'제1원리 씽킹'의 적용

이런 접근법은 규모가 큰 기업뿐만 아니라 작은 기업, 소상공인, 카페 등에서도 이 원리를 적용하여 부의 목표를 달성할 수 있습니다.

제1원리 씽킹 First Principles Thinking은 복잡한 문제를 가장 기본적인 요소로 분해하고, 그 근본적인 진실 fundamental truths로부터 다시 사고를 재구성하는 방식입니다. '모두가 이렇게 하니까'라는 관습적인 사고방식에서 벗어나 '왜 이렇게 해야 하는가'를 묻는 것이 핵심이죠.

1) '베이글과 팥빙수'로 승부한 카페

대부분의 카페는 좋은 커피와 분위기로 경쟁합니다. 하지만 한 카페는 '커피'라는 본질적인 요소만 파고드는 대신, 고객에게 새로운 즐거움을 제공한다는 근본적인 가치에 집중했습니다.

관습적인 사고는 '카페는 커피 전문점이어야 한다'입니다.

제1원리 씽킹을 적용하면 '카페의 본질은 고객에게 휴식과 즐거움을 주는 공간이다. 커피가 아니라도 고객에게 즐거움을 줄 수 있는 것이 무엇일까?'라고 사고해 볼 수 있습니다.

이러한 질문을 통해 이 카페는 커피 외에 베이글과 팥빙수라는 독특한 메뉴를 추가했습니다. 결과적으로 '팥빙수 맛집'이라는 별명을 얻으며 커피 전문점으로서의 정체성을 넘어, 고객들에게 새로운 경험을 제공하는 공간으로 자리 잡았습니다. 이처럼 제1원리 씽킹은 '무엇을 파는가'가 아니라 '고객에게 어떤 가치를 제공하는가'를 재정의함으로써 새로운 성공 공식을 만들 수 있게 합니다.

2) 태양광 패널 청소업체

태양광 유지 보수 전문 업체가 제1원리 씽킹을 통해 기존에 존재하지 않던 새로운 시장을 개척한 사례로 적용, 분석할 수 있습니다.

관습적인 사고는 '태양광 관련 사업은 설치나 판매다'라는 것입니다.

제1원리 씽킹을 "태양광 발전은 햇빛을 전기로 바꾸는 것이다. 햇빛이 잘 들어와야 전기가 잘 생산된다. 그렇다면 햇빛을 가리는 요인인 먼지, 오염을 제거하는 것이 중요하지 않을까?"와 같은 질문으로 적용했습니다.

이러한 사고의 전환은 태양광 패널의 효율을 높이는 '청소'라는 새로운 사업 분야를 만들어냈습니다. 모두가 태양광 설치 시장에 집중할 때, 그 누구도 생각하지 못했던 '관리'라는 본질적인 문제를 파고들어 독보적인 경쟁력을 갖추게 된 것입니다.

3) 기타 소규모 비즈니스 사례

한 독서 컨설팅과 코칭 학원은 학원의 본질이 '지식 전달'이라고 생각하는 대신, 독서를 통해 학생의 성장을 돕는 것에 집중했습니다. 그래서 단순한 독서 교육이 아닌 '독서 이력 진단 시스템'을 개발하여 학부모들에게 자녀의 성장 과정을 시각적으로 보여주고 신뢰를 얻어 성공했습니다.

이처럼 제1원리 씽킹은 남들과 똑같이 하거나 기존 방식을 개선하는 데 그치지 않고, 사업의 가장 기본적인 목적과 가치를 다시 생각해 보게 합니다. 이를 통해 예상치 못한 혁신적인 아이디어를 발굴하고, 경쟁이 치열한 시장에서 자신만의 독특한 길을 찾아 성공을 일구는 데 큰 도움이 될 수 있습니다. 경쟁이 아니라 창조를 하는 정신을 가져야 합니다.

제1원리 씽킹은 단순히 철학이나 물리학의 영역에 머무르지 않고, 개인의 삶의 문제부터 기업의 혁신에 이르기까지 폭넓게 적용될 수 있는 강력한 사고 도구입니다. 복잡한 문제를 해결하고, 새로운 아이디어를 창출하며, 관습적인 사고방식에서 벗어나는 데 도움을 줍니다.

한국의 기업가 중에서도 제1원리 씽킹을 가장 잘 실천한 인물로 고 정주영 현대그룹 회장을 빼놓을 수 없습니다. 그의 '불가능은 없다'는 정신은 제1원리 씽킹의 전형적인 예시입니다.

고 정주영 회장의 '제1원리 씽킹'

정주영 회장은 기존의 관습과 통념을 당연하게 여기지 않고, 모든 문제를 근본부터 다시 생각했습니다. 그의 대표적인 사례들을 제1원리 씽킹으로 살펴보겠습니다.

1) 울산 조선소 건설

기존 사고방식은 '조선소는 항만이 갖추어진 곳에 막대한 자본과 기술을 투자해 건설해야 한다'입니다. 당시 한국은 조선 기술도, 자본도, 제대로 된 항만 시설도 없었기 때문에 조선소 건설은 불가능하다고 여겨졌습니다.

고 정주영 회장은 '조선소의 목적은 배를 건조하는 것'이라는 본질에서 출발했습니다. 필요한 것은 '배를 띄울 바다'와 '배를 만들 공간'이었습니다. 그는 울산 미포만의 모래밭을 조선소 부지로 사용했습니다. 자본의 문제는 영국 바클레이즈 은행에 가서 500원짜리 지폐에 그려진 거북선 사진을 보여주며 "우리나라는 16세기에 이미 철갑선을 만들었다. 우리는 조선 기술의 잠재력이 있다"라고 설득했습니다.

그리고 조선소 건설과 유조선 수주를 동시에 추진했습니다. 즉, 아직 존재하지도 않는 조선소에서 만들 배의 주문서를 먼저 받아낸 후, 그 주문서를 담보로 조선소 건설 자금을 확보했습니다. 조선소의 도크는 배를 만드는 곳인데 일부가 완성되자마자, 그 위에서 바로 배를 만들기 시작했습니다.

이러한 방식은 기존의 상식으로는 불가능한 일이었습니다. 하지만 정주영 회장은 조선소 건설의 근본적인 원칙을 파고들어 '자본', '기술', '시설'이라는 장벽을 뛰어넘는 혁신적인 해결책을 찾아냈습니다.

2) 서산 간척지 공사

기존 사고방식은 '바닷물을 막는 방조제 공사는 철저한 계획과 정교한 시공법을 통해 건설해야 한다'입니다. 당시 간척지 물막이 공사는 엄청난 조류의 속도 때문에 난공사 중의 난공사였습니다.

정주영 회장의 제1원리 씽킹은 물막이 공사가 진행 중이던 서산 간척지에서 거센 조류 때문에 물막이 공정이 계속 실패하자, 그는 "바닷물을 왜 막아야 하는가?"라는 질문을 던졌습니다. 바닷물을 막는 가장 근본적인 문제 분석의 핵심은 물길의 힘을 약화시켜서 흙을 쌓을 수 있게 만들기 위함입니다. 해결책은 다음과 같습니다.

그는 고철로 버려진 20만 톤급 유조선을 물막이 지점에 가라앉혀 조류의 흐름을 약화시키는 기발한 아이디어를 냈습니다. 거대한 유조선이 조류의 힘을 대부분 상쇄하자, 그 뒤로 흙을 쌓아 방조제를 완성할 수 있었습니다. 이 방식은 공사 기간을 획기적으로 단축시키고 비용을 절감하는 결과를 낳았습니다.

그가 유명하게 남긴 "이봐, 해봤어?"라는 말은 제1원리 씽킹의 실천을 잘 보여줍니다. 대부분의 사람이 "그것은 불가능하다"라고 말할 때, 그는 근본적인 문제와 해결책을 다시 파고들어 "해보지 않고 어떻게 불가능하다고 단정하는가?"라고 되물은 것입니다.

이처럼 제1원리 씽킹은 한국 경제를 이끈 선대 기업가의 성공 신화에도 깊숙이 자리하고 있습니다. 그들은 기존의 관습에 얽매이지 않고, 문제를 해결하는 가장 근본적인 진리를 찾아 끊임없이 도전함으로써 혁신을 이끌어냈습니다.

개인의 삶에 적용하기

제1원리 씽킹은 자기계발, 목표 설정, 문제 해결에도 힘을 발휘합니다. 진정한 목표 찾기를 먼저 합니다. "왜 나는 이 일을 하려고 하는가?"라는 질문을 던져봅니다.

많은 사람이 '좋은 직장에 다니고 싶다'고 생각합니다. 하지만 제1원리 씽킹으로 파고들면, 그 근본에는 "안정적인 삶을 원한다", "경제적 자유를 얻고 싶다", "사람들에게 인정받고 싶다"와 같은 더 깊은 욕구가 있을 수 있습니다. 이 근본적인 욕구를 파악하면, 단순히 좋은 직장이 아닌 더 넓은 선택지, 예를 들면 창업, 프리랜서 등을 고려할 수 있게 됩니다.

습관과 신념도 재구성합니다. '나는 원래 이런 사람이야'라는 생각을 멈추고, 그 습관과 신념의 근본 원인을 파헤쳐 보세요. '나는 아침형 인간이 아니다'라는 생각 대신에 "왜 나는 아침에 일어나기 힘들어하는가?"를 질문하고, 수면 패턴과 식단, 전날의 활동 등 근본적인 원인을 분석하여 해결책을 찾을 수 있습니다.

감정도 마찬가지입니다. 분노나 불안 같은 감정이 들 때, '왜 이런 감정을 느끼는가?'를 깊이 탐구해 보세요. 단순한 상황 때문이 아니라, 자신의 가치관이나 두려움 등 더 깊은 곳에 있는 원인을 발견할 수 있습니다. 제1원리 씽킹은 인간의 삶 전반에 반드시 필요한 사고방식입니다.

2. 데이 원 씽킹(Day 1 Thinking)

'데이 원 씽킹' Day 1 Thinking은 억만장자 제프 베이조스 Jeff Bezos의 경영 철학에서 나온 부의 창출 사고방식입니다. 이 사고 체계는 베이조스의 경험에서 얻은 소중한 비즈니스 철학으로 인정받고 있습니다.

아마존의 제프 베이조스의 '데이 원 씽킹'은 특정 철학이나 인문학, 물리학적 배경에 직접적으로 뿌리를 두고 있다기보다는, 혁신과 성장을 지속하기 위한 경영 철학이자 행동 모델에 가깝습니다. 하지만 그 원리를 자세히 들여다보면 여러 학문적 배경과 맞닿아 있음을 알 수 있습니다.

철학과 인문학적 배경

실존주의적 관점으로, 베이조스는 "데이 2 Day 2는 정체, 무관함 irrelevance, 고통스러운 쇠퇴 painfully decline, 그리고 죽음으로 이어진다"라고 말하며,

매일을 시작하는 날처럼 긴장하고 변화를 추구해야 한다고 강조합니다. 이는 인간의 존재가 끊임없이 선택하고 새로운 의미를 창조해야 한다는 실존주의 철학의 태도와 유사합니다. 과거에 안주하거나 익숙함에 젖는 순간, 존재 의미를 잃는다는 실존주의적 경고가 '데이 2'라는 개념에 담겨 있습니다. 베이조스에 대해 연구할수록 그의 생각의 틀에 매료됩니다.

인본주의적 Humanism 관점으로 본다면, '데이 원 씽킹'의 핵심은 고객에 대한 '집착' customer obsession 입니다. 단순히 고객을 만족시키는 것을 넘어, 고객의 니즈를 깊이 이해하고 고객의 불편함을 해결하기 위해 끊임없이 실험하고 혁신하는 태도를 의미합니다. 이러한 접근은 인간의 잠재력과 필요에 주목하여 문제를 해결하려는 인본주의적 사고방식과 연결됩니다. 고객을 단순히 '소비자'로 보는 것이 아니라, 그들의 삶에 가치를 더하고 문제를 해결해 주는 주체로 바라보는 것입니다.

물리학적 배경

베이조스가 직접적으로 물리학을 언급하며 '데이 원 씽킹'을 설명한 사례는 찾기 어렵습니다. 하지만 그의 사고방식과 사업 결정에서 물리학적 원리를 유추해 볼 수 있습니다.

물리학의 '열역학 제2 법칙'에 따르면, 자연계는 시간이 지나면서 무질서도 Entropy 가 증가하는 경향이 있습니다. 베이조스의 '데이 2'에 대한 경고는 이와 유사한 개념을 경영에 적용한 것으로 볼 수 있습니다. 기업은 시간이 지남에 따라 관료주의, 비효율, 정체라는 무질서가 증가하게 되며, 이를 막기 위해서는 끊임없는 에너지를 투입하고, 초심을 잃지 않아야 한다는 것입니다. '데이 원'은 이러한 엔트로피의 증가를 막으려는 인위적인 노력이라고 할 수 있습니다.

베이조스는 기업이 '관성'을 가지게 되는 것을 경계합니다. 과거의 성공 방정식이나 익숙한 프로세스에 안주하면, 외부 환경이 변해도 스스로 변화하기 어렵습니다. 뉴턴의 '관성의 법칙'처럼, 한번 정지한 물체는 계속 정지해 있으려 하고, 운동하는 물체는 계속 그 상태를 유지하려 합니다. '데이 원 씽킹'은 기업이 정체라는 관성에 빠지지 않고, 끊임없이 움직이고 변화하는 상태를 유지하려는 노력이라고 볼 수 있습니다.

'데이 원 씽킹'이란?

'데이 원 씽킹' Day 1 Thinking은 아마존이 기업 성장을 지속하고 혁신을 멈추지 않도록 하기 위해 만든 핵심적인 사고방식입니다. '데이 원 씽킹'은 기업이 마치 창업 첫날처럼 모든 것에 초심을 잃지 않고, 긴장감을 가지고 끊임없이 혁신하며, 고객에게 집착하는 태도를 의미합니다.

제프 베이조스는 '데이 2' Day 2에 진입하는 것을 경계했습니다. '데이 2'는 정체, 무관함, 쇠퇴로 이어지는 죽음의 시작과 같습니다. 즉, 기업이 과거의 성공에 안주하고, 관료주의에 빠지며, 변화를 두려워하는 순간, 그 기업은 서서히 쇠퇴의 길을 걷게 된다는 것입니다. 그렇기 때문에 혁신이 중요하며, 혁신은 '데이 원 씽킹'의 중요한 전략이 되는 것입니다. 매일 혁신이 일어나야 합니다.

데이 원 씽킹의 핵심 원칙

베이조스는 '데이 원 씽킹'을 유지하기 위해 4가지 핵심 원칙을 제시했습니다.

1) 고객에 대한 집착

베이조스는 기업의 모든 의사결정이 고객으로부터 시작되어야 한다고 생각했습니다. 경쟁자를 신경 쓰는 대신, 고객의 니즈와 불편함을 해결하는 데 모든 에너지를 쏟아야 합니다.

아마존의 프라임 서비스, 킨들 Kindle, AWS 아마존 웹 서비스는 모두 "고객의 불편함을 어떻게 해결할까?"라는 질문에서 시작된 것입니다. 예를 들어, 아마존은 고객들이 웹 서버를 직접 구축하고 관리하는 것을 불편해한다는 점을 파악하고 AWS를 만들었습니다.

2) 새로운 방향을 수용하는 대리인

경영진이나 직원들이 데이터를 직접 보지 않고, 보고서나 요약본에 의존하는 것을 경계해야 합니다. 베이조스는 직원들이 고객의 피드백을 직접 듣고, 문제의 원인을 스스로 파고들기를 원했습니다.

이는 '데이 2'로 진입하는 가장 흔한 현상 중 하나인 '규칙에 맹목적으로 따르는 것'을 막기 위한 것입니다. 새로운 상황에 유연하게 대응하고,

기존의 규칙이 비효율적이라면 과감히 버릴 수 있는 태도가 중요합니다.

3) 외부 트렌드를 빠르게 수용

새로운 기술이나 트렌드가 나타났을 때, 이를 신속하게 받아들이고 실험해야 합니다. 이는 기업이 외부 변화에 뒤처지지 않고, 항상 최전선에 서도록 만듭니다. 아마존이 AI, 머신러닝, 클라우드 컴퓨팅과 같은 기술에 일찍 투자하고 이를 사업에 적용한 것이 대표적인 예입니다. 이러한 기술을 통해 고객에게 더 나은 경험을 제공하고, 새로운 사업 기회를 창출했습니다.

4) 고속 의사결정

완벽한 정보를 가지고 모든 것을 결정하려고 기다리는 대신, 불확실성이 있더라도 신속하게 결정을 내리고 실행하는 것을 강조합니다. 베이조스는 의사결정을 '되돌릴 수 있는 결정 Type 2'과 '되돌릴 수 없는 결정' Type 1으로 구분했습니다. 대부분의 결정은 되돌릴 수 있는 것 Type 2이므로, 너무 많은 시간을 들이지 말고 빠르게 시도하고 실패에서 배워야 한다고 주장했습니다. 빠르게 실패하고 다시 도전하는 것은 마치 혁신이 일상이 되는 것과 같습니다.

제1원리 씽킹과의 관계

'제1원리 씽킹'과 '데이 원 씽킹'은 서로 보완적인 관계에 있습니다. 다시 강조합니다. '제1원리 씽킹'이 '문제를 어떻게 분해하고 해결할 것인가'에 대한 방법론적 도구라면, '데이 원 씽킹'은 '왜 우리가 이 문제를 해결해야 하는가'에 대한 기업의 철학과 문화라고 할 수 있습니다.

즉, '제1원리 씽킹'은 그 목표를 달성하기 위한 구체적인 사고방식을 제공하고, '데이 원 씽킹'은 '끊임없이 혁신하라'는 목표를 제시한다고 볼 수 있습니다.

두 가지 사고방식은 모두 근본적인 관점을 강조하지만, 초점에는 차이가 있습니다. '제1원리 씽킹'은 문제의 본질적인 요소를 파악하는 데 집중합니다. "이것은 무엇으로 구성되어 있는가?"라는 질문을 통해 문제를 해체하고 재조립하여 혁신적인 해결책을 찾습니다. 주로 기술적, 공학적 문제 해결에 유용합니다.

'데이 원 씽킹'은 사업과 조직의 기본적인 태도와 철학에 집중합니다. "우리는 왜 존재하는가? 고객을 위해 무엇을 할 수 있는가?"라는 질문을 통해 고객 중심의 혁신 문화를 유지하는 데 초점을 맞춥니다. 이는 끊임없이 변화하는 시장에서 기업의 생존과 성장을 위한 방향성을 제시합니다.

제1원리 씽킹은 '무엇을 어떻게 만들 것인가'에 대한 방법론이라면, 데이 원 씽킹은 '우리가 왜 이것을 만들어야 하는가'에 대한 철학이라고 할 수 있습니다.

두 사람의 억만장자는 역시 씽킹의 연금술사 같은 생각의 기술로 자신들의 사업을 더욱 확장하면서 세계적인 기업을 일구었습니다. 누구나 그들의 사고 체계를 자신에게 적용할 수 있습니다.

제프 베이조스의 경영철학인 데이 원 씽킹은 아마존과 같은 거대 기업에만 적용되는 것이 아니라, 작은 규모의 사업체나 개인의 직장 생활에도 효과적으로 적용될 수 있습니다.

다음은 데이 원 씽킹을 적용하여 성공한 작은 규모의 사업체, 전문가 등의 사례입니다.

1) 동네 빵집의 변신

일반적이고 관습적인 사고는 '동네 빵집은 맛있고 신선한 빵을 많이 만들어서 팔아야 한다'일 것입니다. 이 빵집 주인은 데이 원 씽킹을 적용하여 "고객을 위해 우리가 만드는 것은 무엇인가?"라는 질문을 던졌습니다. 그 답은 단순히 빵이 아니라, '고객의 일상에 작은 행복을 더하는 것'이라는 결론에 도달했습니다. 한마디로 빵을 파는 것을 넘어 행복을 파는 것입니다.

그래서 고객들의 구매 패턴을 분석했습니다. 고객들이 가장 많이 찾는 빵은 무엇인지, 어떤 시간에 많이 오는지, 어떤 연령대의 고객이 많은지 등을 파악했습니다.

오너는 분석 결과를 토대로, 가장 인기 있는 소수의 시그니처 빵에 집중하고, 특정 시간대에만 한정 판매하는 '오늘의 빵'을 만들었습니다. 또한, 빵과 함께 즐길 수 있는 특별한 수제 잼이나 소스를 소량 생산하여 곁들여 팔았습니다.

그 결과 빵의 종류는 줄었지만, '이 빵집에서만 맛볼 수 있는 특별한 빵'이라는 인식이 생겼고, '오늘의 빵'을 사기 위해 특정 시간에 방문하는 단골 고객이 늘어났습니다. 결과적으로 매출과 고객 만족도가 동시에 상승했습니다. 이 빵집은 '매일 고객의 행복을 위한 새로운 빵을 만든다'는 초심을 잃지 않고 시장의 변화에 유연하게 대응했습니다.

2) 포트폴리오를 재정의한 웹 디자이너

관습적인 사고는 '웹 디자이너는 멋진 디자인을 만들고, 포트폴리오에 많이 쌓아야 한다'일 것입니다. 데이 원 씽킹을 적용한 한 프리랜서 웹 디자이너는 "내 포트폴리오는 누구를 위한 것인가?"라는 질문을 던졌습니다. 그 답은 '나의 기술을 보여주는 것이 아니라, 고객의 비즈니스 문제를 해결해 그들의 성장을 돕는 것'이라는 결론을 내렸습니다.

단순히 완성된 디자인 이미지를 나열하는 대신, 각 프로젝트의 포트폴리오를 '문제 해결 과정'에 초점을 맞춰 재구성했습니다. 그 결과 고객 A는 웹사이트 방문자 수가 저조한 상황이었습니다. 매일 혁신을 한다는 개념을 가지고 문제를 다시 조명하고 고객의 니즈에 집중했습니다.

그는 해결책으로 기존 웹사이트의 문제점인 복잡한 내비게이션, 느린 로딩 속도 등을 분석하고, 이를 개선하기 위한 디자인 전략으로 직관적인 사용자 경험, 모바일 최적화 등을 제시했습니다. 그 결과 웹사이트 재디자인 후 방문자 수와 전환율이 얼마나 상승했는지 구체적인 수치를 제시했습니다.

대부분의 디자이너가 디자인 자체에 집중할 때, 이 디자이너는 고객이 진정으로 원하는 '비즈니스 성과'를 내세워 차별화했습니다. 단순히 예쁜 디자인을 찾는 고객이 아니라, 웹사이트를 통해 매출을 올리고 싶은 고객들이 이 디자이너를 먼저 찾게 되었습니다. 그는 매번 새로운 고객의 문제에 대해 마치 첫 프로젝트를 맡은 것처럼 진지하게 고민하며, 포트폴리오를 지속적으로 업데이트했습니다.

3) 비효율적인 보고방식을 개선한 팀장

관습적인 사고는 '보고서는 상사에게 현재 진행 상황을 자세히 알려주는 것이다' 일 것입니다. 데이 원 씽킹을 적용한 한 팀장은 "보고의 목적은 무엇인가?"라는 질문을 던졌습니다. 그 답으로, 보고는 '의사결정'을 위한 도구라는 점을 깨달았습니다. 의사결정은 매일 일어나는 것임을 알고 그는 혁신적인 사고로 임한다는 생각을 하게 되었습니다.

그는 팀원들에게 단순히 '진행 상황'만 적는 보고서 대신, '6페이지 문서'와 같은 아마존의 방식을 적용했습니다. 문서의 핵심은 프로젝트의 배경, 해결하고자 하는 문제, 대안들, 그리고 제안하는 의사결정을 포함하도록 했습니다. 모든 회의는 이 문서를 먼저 읽는 것으로 시작했습니다. 참석자들은 각자의 의견을 미리 문서에 정리해 오고, 회의 시간은 불필요한 상황 설명 대신 핵심적인 논의에만 집중했습니다.

결과적으로 팀의 회의 시간이 획기적으로 단축되었고, 회의 결과는 명확한 의사결정으로 이어졌습니다. 이 팀장은 팀원들이 불필요한 업무에 시간을 낭비하지 않도록 도와 생산성을 극대화했고, 그의 리더십을 증명하는 계기가 되었습니다.

이 외에도 한 중소기업 리더의 사례도 있습니다. 그는 매일 새로운 아이디어를 만들어 일하는 방식을 바꿀 수 있는 제안을 합니다. 그중에는 몇 가지만 성공적인 것이 있었지만 회사에서는 많은 비용을 절감할 수 있었습니다. 그에게는 매일이 데이 원입니다.

3. 디자인 씽킹(Design Thinking)

'디자인 씽킹'Design Thinking은 복잡한 문제를 해결하고 혁신적인 솔루션을 창출하기 위한 체계적인 접근법으로, 디자이너들이 사용하는 사고 과정과 방법론을 비즈니스와 사회 문제 해결에 적용한 것입니다. 인간 중심의 사고를 기반으로 하며 공감, 정의, 아이디어 창출, 프로토타입 제작, 테스트의 5단계로 진행되는 것이 일반적입니다.

먼저 역사적 배경을 살펴보겠습니다.

디자인 씽킹의 주요 개념과 역사적 배경

'디자인 씽킹'과 관련해 로저 마틴Roger Martin이라는 이름이 자주 거론됩니다. 토론토 대학교 교수인 그는 디자인 씽킹의 권위자로, 그는 저서인 『디자인 씽킹 바이블The Design of Business』에서 "어떤 분야에서든지 모든 가치 있는 혁신은 동일한 경로를 거치는데 직관적 사고와 분석적 사고를 결합하는 통합적 사고 Integrative Thinking 이다"라고 주창했습니다. 통합적으로 생각하는 습관이 문제 해결에 도움이 된다는 것입니다. 디자인 씽킹은 1950년대 허버트 사이먼 Herbert Simon 의 '디자인 과학' 개념에서 시작되어 1970년대 로버트 맥김 Robert McKim 의 저서 『경험에 의한 디자인 Experiences in Visual Thinking』에서 시각적 사고의 중요성이 강조되면서 발전했습니다.

이 과정에서 디자인 컨설팅 회사 IDEO의 역할이 부각되었습니다. IDEO의 창업자인 데이비드 켈리 David Kelley 와 팀 브라운 Tim Brown 은 디자이너의 사고방식을 비즈니스 문제 해결에 적용하면서 '디자인 씽킹'이라는 용어를 대중화했습니다.

그들은 디자인 씽킹을 혁신을 위한 강력한 도구로 소개하며, 다양한 기업과 협력하여 성공 사례를 만들었습니다. IDEO는 디자인 씽킹을 인간 중심의 사고, 실험적 태도, 그리고 협업을 중요시하는 문화로 확립했습니다.

어디에 적용하는가?

디자인 씽킹은 '인간 중심적 사고'에 기반을 두기 때문에, 사람과 관련된 모든 문제를 해결하는 데 적용할 수 있습니다. 특히 기업의 제품·서비스 개발과 경영에 널리 쓰입니다.

예를 들면 에어비앤비Airbnb가 초기 사업 부진을 겪었을 때, 창업자들이 고객 숙소를 직접 체험하며 문제를 파악했습니다. 사진 품질을 개선하고, 사용자 인터페이스를 바꾸는 등의 노력을 통해 사업을 성공으로 이끌었습니다.

카카오뱅크는 기존 은행의 복잡하고 어려운 프로세스를 디자인 씽킹을 통해 간소화하고, 고객이 쉽게 이용할 수 있는 모바일 뱅킹 서비스를 제공했습니다.

SK그룹은 신입사원 연수 과정에 디자인 씽킹을 도입하여 직원들의 창의적 문제 해결 능력을 함양하고 있습니다.

공공 정책과 사회 문제 해결에도 디자인 씽킹을 적용합니다. 공공 서비스 디자인은 정부나 공공기관에서 시민들의 불편을 해소하기 위한 정책이나 서비스를 디자인할 때 활용됩니다. 특히 병원 대기 시간을 줄이거나, 민원서류 작성 과정을 단순화하는 등의 프로젝트에 적용됩니다.

디자인 씽킹은 교육 분야에서도 적용됩니다. 학생들의 학습 경험을 개선하고, 교육 시스템의 문제를 해결하기 위해 디자인 씽킹을 활용합니다. 조직 문화 개선에도 적용할 수 있습니다. 직원들의 협업 방식, 일하는 공간, 기업의 의사결정방식 등 조직 내부의 문제점을 해결하는 데 적용될 수 있습니다. 디자인 씽킹은 팀원들이 서로의 의견에 공감하고, 자유롭게 아이디어를 공유하며, 실패를 두려워하지 않는 문화를 조성하는 데 도움을 줍니다.

디자인 씽킹 모델

디자인 씽킹은 여러 모델이 존재하지만, 가장 널리 알려진 것은 스탠퍼드 대학교의 d.School 모델과 하버드 비즈니스 스쿨의 디자인 씽킹 모델입니다. 이 두 모델은 접근 방식에 약간의 차이가 있지만, 모두 사용자 중심의 문제 해결을 목표로 합니다.

1) 스탠퍼드 디자인 씽킹 Stanford Design Thinking 모델

스탠퍼드 대학교의 하소 플래트너 디자인 연구소 Hasso Plattner Institute of Design at Stanford, 일명 d.school가 제시한 이 모델은 가장 보편적으로 알려진 5단계 프로세스입니다.

(1) 공감하기 Empathize

사용자를 깊이 이해하는 단계입니다. 단순히 사용자가 무엇을 말하는지 듣는 것을 넘어, 그들의 행동, 감정, 필요를 관찰하고 공감하는 것이 핵심입니다. 인터뷰, 설문조사, 현장 관찰 등을 통해 사용자의 숨겨진 니즈를 발견합니다.

(2) 문제 정의 Define

공감 단계를 통해 얻은 인사이트를 바탕으로, 사용자의 진짜 문제를 명확하게 정의하는 단계입니다. "어떻게 하면 우리가 [특정 사용자]가 [특정 문제]를 [특정 방식]으로 해결하도록 도울 수 있을까?"와 같은 형태로 문제를 재구성합니다.

(3) 아이디어 창출 Ideate

정의된 문제를 해결하기 위한 다양한 아이디어를 자유롭게 만들어내는 단계입니다. '브레인스토밍'이 이 단계의 대표적인 기법으로, 비판 없이 최대한 많은 아이디어를 내는 것이 중요합니다.

(4) 프로토타입 Prototype

아이디어를 빠르게 시각화하고 구체화하는 단계입니다. 정교한 제품이 아니라 종이 모델, 간단한 앱 목업, 스토리보드 등 사용자와 공유하고 피드백을 받을 수 있는 '최소한의 결과물'을 만드는 것입니다.

(5) 테스트 Test

제작된 프로토타입을 실제 사용자에게 보여주고 피드백을 받는 단계입니다. 이 과정에서 새로운 인사이트를 얻거나, 기존 가설이 틀렸음을 발견할 수 있습니다. 피드백을 바탕으로 문제를 다시 정의하거나, 아이디어를 개선하는 등 반복적인 과정을 거치게 됩니다.

2) 하버드 디자인 씽킹 Harvard Design Thinking 모델

하버드 비즈니스 스쿨 Harvard Business School에서 제시하는 디자인 씽킹은 스탠퍼드 모델과 유사한 프로세스를 따르지만, 특히 비즈니스적 맥락에서의 적용에 초점을 맞춥니다. 하버드 모델은 문제를 해결하는 과정에서 '인간의 바람직함' Desirability, '사업의 실현 가능성' Feasibility, '기술의 타당성' Viability 세 가지 요소를 균형 있게 고려합니다. 각각에 대한 질문을 통해 좀 더 이해하도록 합니다.

'인간의 바람직함'에 대한 질문은, "사용자가 진정으로 원하는 것이 무엇인가?"

'사업의 실현 가능성'에 대한 질문은, "우리가 가진 기술과 자원으로 가능한가?"

'기술의 타당성'에 대한 질문은, "이것이 사업적으로 이익을 창출할 수 있는가?"

하버드 모델은 이 세 가지 요소가 모두 충족되는 '스위트 스팟' Sweet Spot을 찾는 것이 혁신의 핵심이며, 사용자 중심의 사고를 비즈니스 전략과 결합하는 데 중점을 둡니다.

하버드 디자인 씽킹은 4단계 프로세스를 가지고 있습니다.

하버드 디자인 씽킹

'하버드 디자인 씽킹'이라는 용어는 일반적으로 하버드 대학교, 특히 하버드 비즈니스 스쿨이나 평생교육원 Division of Continuing Education 등에서 기업 경영자나 리더들을 대상으로 제공하는 디자인 씽킹 프로그램이나 강의 내용을 가리킵니다.

어떤 면에서는 '하버드 디자인 씽킹 모델'은 몇몇 교수의 비공식적 실용 모델이라고 볼 수도 있습니다. 스탠퍼드 대학교의 '디자인 스쿨' d.school이

디자이너의 사고방식을 체계화하여 교육에 접목했다면, 하버드는 이를 비즈니스와 경영 전략에 적용하고 확장하는 데 초점을 맞췄습니다.

하버드에서 제공하는 디자인 씽킹 프로그램은 주로 비디자이너, 즉 기업의 경영진, 관리자, 기획자 등을 대상으로 합니다. 이들에게 창의성과 혁신을 위한 새로운 경영 모델이자 문제 해결 도구로서 디자인 씽킹을 가르칩니다.

비즈니스 목표와의 연관성을 강조합니다. 단순히 문제를 해결하는 것을 넘어, 디자인 씽킹을 통해 어떻게 새로운 비즈니스 모델을 창출하고, 경제적 효율성을 높이며, 조직 문화를 개선할 수 있는지에 집중합니다. '혁신'을 디자인 씽킹의 궁극적인 목표로 제시합니다.

하버드 4단계 방법론은 스탠퍼드 d.school의 5단계 공감-정의-아이디어 발산-프로토타입-테스트 모델과 유사하면서도, 하버드 비즈니스 스쿨 온라인 등에서는 종종 4단계 모델을 제시하기도 합니다.

- 1단계 명확화 Clarify: 문제의 본질을 파악하고 가설과 목표 대상을 명확히 합니다. 관찰과 사용자 조사를 통해 인사이트를 얻는 단계입니다.
- 2단계 아이디어 발산 Ideate: 정의된 문제를 해결할 수 있는 다양한 아이디어를 창출합니다.
- 3단계 개발 Develop: 아이디어를 구체적인 형태로 만들어 테스트하고 평가합니다. 프로토타입 제작과 사용자 피드백을 통해 솔루션의 실

현 가능성을 확인합니다.
- 4단계 실행 Implement: 효과가 입증된 솔루션을 실제로 구현하고 비즈니스에 적용합니다.

스탠퍼드 모델과 크게 다르지 않지만 좀 더 간략한 느낌을 줍니다.

하버드 대학교는 세계 최고의 경영 교육 기관 중 하나로, 이곳에서 디자인 씽킹을 다룬다는 것은 이 방법론이 단순한 디자인 기술을 넘어 비즈니스 전략의 핵심 요소로 인정받았음을 의미합니다.

≪하버드 비즈니스 리뷰 Harvard Business Review, HBR≫는 오래전부터 디자인 씽킹에 대한 논문과 칼럼을 꾸준히 게재하며 이 개념을 비즈니스 세계에 전파하는 데 기여했습니다. 팀 브라운 IDEO CEO의 「Design Thinking」 논문도 ≪HBR≫에 실렸습니다.

경영 이론과의 결합을 시도하는 하버드의 교수진들은 디자인 씽킹을 경영 이론, 재무적 지표, 전략 기획 등과 결합하여 기업이 직면한 복잡한 문제를 해결하는 데 어떻게 활용할 수 있는지 연구합니다.

'하버드 디자인 씽킹'은 스탠퍼드 d.school의 인간 중심적 사고와 문제 해결 방법론을 이어받으면서도, 이를 경영과 비즈니스의 관점에서 재해석하고 실용적인 혁신 도구로 발전시켰다는 특징을 가집니다.

'디자인 씽킹'의 적용

디자인 씽킹은 제품 개발, 서비스 개선, 조직 문화 혁신 등 다양한 분야에 적용됩니다. 비즈니스에서는 신제품 개발, 기존 서비스 개선, 새로운 비즈니스 모델 발굴 등에 사용됩니다.

공공 부문에서는 정부 서비스의 효율성 증대, 도시 문제 해결, 쓰레기 문제 해결 등에 적용됩니다.

교육에서는 학생들이 창의적인 문제 해결 능력을 기르도록 돕는 교육 방법으로 활용됩니다. 예를 들어, 학생들이 팀을 이루어 학교 내의 문제를 발견하고 해결책을 제시하는 프로젝트를 진행할 수 있습니다.

디자인 씽킹은 정답이 정해지지 않은 복잡한 문제, 즉 '고질적인 문제' Wicked Problems를 해결하는 데 특히 효과적입니다. 실패를 두려워하지 않고, 지속적으로 배우고 개선하며, 팀원들과 협력하는 문화를 조성하는 것이 디자인 씽킹의 핵심 가치입니다.

지금까지 부의 창출에 기반이 되는 세 가지 사고 체계, 즉 '제1원리 씽킹' First Principles Thinking, '데이 원 씽킹' Day 1 Thinking, 그리고 '디자인 씽킹' Design Thinking을 이해했습니다. 다음 장에서는 '웰스 디자인 씽킹' Wealth Design Thinking, WDT을 다룹니다.

리치 씽킹

내 안에 잠든
부의 씨앗을 발견하라

3장

웰스 디자인 씽킹 (Wealth Design Thinking, WDT)

당신은 아마도 처음 접하는 용어에 익숙하지는 않지만 호기심을 가지고 생각을 할 것입니다. '웰스 디자인 씽킹'은 부의 창조를 위한 혁신적인 개념입니다. 지금까지 세상에 없던 혁신적인 부의 창출 방법론이라고 할 수 있습니다.

지속적인 부의 창출을 위한 돌파구를 여는 게임체인저라고 볼 수 있습니다. 이것은 재정관리나 재테크와는 다릅니다.

1. 웰스 디자인 씽킹(Wealth Design Thinking, WDT)의 개념

'웰스 디자인 씽킹'Wealth Design Thinking, WDT은 앞에서 설명한 '제1원리 씽킹'First Principles Thinking, '데이 원 씽킹'Day 1 Thinking, 그리고 '디자인 씽킹'Design Thinking을 기반으로 지속 가능한 부의 창출을 위해 체계적인 과정Process을 거쳐 원하는 것을 성취하는 방법론입니다.

개인이나 조직의 목적Purpose을 달성하기 위한 수단으로 경제적인 부가 필요한 경우가 많습니다. 인간의 삶에 없어서는 안 될 필수적인 것이 경제적인 부, 즉 돈입니다. 웰스 디자인 씽킹은 돈을 버는 방법론으로서 역할을 하는 것입니다.

우리는 제1원리 씽킹, 데이 원 씽킹, 디자인 씽킹을 통해 웰스 디자인 씽킹의 이론을 정립하고 구체적인 프로세스로 RICH 시스템을 개발했습니다. 부를 일구어 부자가 된 사람들에 대한 연구는 이미 많이 있지만 일반인이 그대로 적용하기에는 어려움이 컸습니다. 이 세 가지 사고의 방법론을 통해 근본적인 부의 창출 시스템을 발견한 것이 바로 웰스 디자인 씽킹이며, 구체적인 적용 방법론이 4단계 RICH 시스템입니다.

이 책에서는 RICH 시스템을 중심으로 누구나 원하는 부를 창출하고 부자가 되고 경제적인 자유를 갖게 된다는 것을 이해하고 체화할 수 있습니다. RICH 시스템은 RICH 씽킹이라고도 부릅니다.

웰스 디자인 씽킹은 '모든 인간은 부자가 될 수 있는 무한한 잠재력을 가지고 있다'는 부의 철학에서 시작됩니다. 이 철학은 당신에게 삶의 기초가 될 것입니다. 부의 철학은 누구나 부를 창출할 수 있는 내면의 힘을 가지고 있다는 것을 의미합니다.

당신은 이미 부자가 될 수 있는 충분한 존재입니다. 문제는 그 가능성을 아직 '인식'하지 못했을 뿐입니다. 부는 타인의 손에 있지 않습니다. 부는 당신의 사고방식, 행동방식, 선택과 실행 습관 속에 있습니다.

WDT는 '나는 부자가 될 수 있는 존재다'라는 확신을 가지게 합니다. 이 책은 부의 철학을 현실로 구현하기 위한 구체적인 방법을 제시합니다. 추상적인 원리로 지식을 전하려는 것이 아니며, 손에 잡히는 실천적 방법론입니다. 어떤 방법일까요? 당신 안에 잠든 부의 씨앗을 깨울 차례입니다.

우리는 늘 질문하며 살아갑니다.
"왜 나는 여전히 돈이 부족할까?"
"왜 어떤 사람은 같은 시간을 쓰고도 더 큰 성과를 낼까?"

"나는 과연 부자가 될 수 있는 사람일까?"

많은 사람이 '부'를 외부에서 찾아 헤맵니다. 그러나 진정한 부의 출발점은 바깥이 아니라 '자기 자신'입니다. 외부의 부는 먼저 내면의 부 창출에서 시작합니다. 부는 잠재 능력에서 출발하기 때문입니다. 그래서 웰스 디자인 씽킹은 부의 철학을 기반으로 합니다. 다시 한번 강조합니다.

"모든 인간은 부자가 될 수 있는 무한한 잠재력을 가지고 있다."

이 책은 단순히 돈을 벌기 위한 전략서가 아닙니다. 일반적인 재테크 지식을 전하는 책도 아닙니다. 이 책은 부의 창출 본질을 알고 삶에 적용하도록 돕는 실천 가이드입니다. 당신의 내면에 있는 부의 씨앗을 발견하고, 그것을 구체적인 디자인으로 풀어내며, 실행과 습관화를 통해 삶 전체를 변모시키는 여정을 안내합니다.

부란 자격의 문제가 아닙니다. 각성의 문제입니다. '나는 부자가 될 수 있는 존재'라는 믿음을 시작으로, 당신의 삶은 전혀 다른 차원으로 확장될 수 있습니다.

이 책은 4단계 사고 체계인 'RICH 시스템'을 통해 당신이 직접 '나만의 부의 설계도'를 만들도록 돕습니다. 앞서 소개한 4단계 RICH 시스템을 다음과 같이 요약합니다.

1단계 R 인식 Recognize: 나는 어떤 가능성을 가진 존재인가?

2단계 I 발상 Ideate: 나는 어떤 방식으로 세상에 가치를 줄 수 있는가?

3단계 C 설계 Canvas: 나만의 부의 모델은 무엇인가?

4단계 H 습관 Habit: 어떻게 그것을 삶에 뿌리내릴 것인가?

"모든 인간은 부자가 될 수 있는 무한한 잠재력을 가지고 있다."
이러한 부의 철학을 어떻게 실현할 수 있을까요?

웰스 디자인 씽킹은 인간 존재의 본질적인 가치를 전제로 출발합니다. 인간은 누구나 내면에 부를 창출할 수 있는 가능성과 능력을 지닌 존재입니다. 여기에서 말하는 부란 단지 물질적인 소유를 넘어, 자신만의 고유한 목적 purpose, 가치 value, 역량 potential, 비전 vision, 건강 health, 지혜 wisdom 등을 통해 삶을 풍요롭게 만드는 창조적 능력을 뜻합니다.

또한 이 철학은 다음과 같은 몇 가지 핵심 믿음에 기반합니다.

"모든 사람은 고유한 '부의 씨앗'을 품고 있다."

그 씨앗은 재능, 경험, 통찰력, 인생의 아픔, 또는 열망일 수 있습니다. 부는 '발견'되고 '디자인'될 수 있는 창조적 과정입니다. 부자가 되는 것은 타고난 소수의 특권이 아니라, 누구나 설계하고 구현할 수 있는 인생 프로젝트입니다. 올바른 방법을 적용하면 누구나 자신의 부를 창출할 수 있는 설계를 할 수 있습니다.

진정한 부는 내면의 성장과 외적 실현이 균형을 이룰 때 완성됩니다.

내면의 세계가 외부의 현실을 만들어 갑니다. 내면에 없던 것이 우연히 만들어지는 것은 아닙니다. 이것은 세상의 섭리이기도 합니다.

그래서 사고방식의 전환과 실행의 습관화가 핵심입니다. 부는 자격이 아니라 인식의 결과입니다. '나는 부자로 태어나지 않았다'는 생각을 깨야 합니다. '나는 부를 만들 수 있다'는 인식의 전환이야말로 진정한 출발점입니다.

웰스 디자인 씽킹의 철학적 정의

'웰스 디자인 씽킹'이란, 인간이 본래 지닌 부의 잠재력을 인식 Recognize하고, 창조적 해결책을 발상 Ideate하며, 실현 가능한 부의 모델을 설계 Canvas하고, 실행을 습관 Habit화하는 사고의 틀입니다.

이제 당신 차례입니다. 당신의 인생, 당신의 부, 당신의 가능성을 직접 디자인하십시오. 부는 멀리 있지 않습니다. 바로 여기, 당신 안에 있습니다. 이 책을 읽으면서 마음에 동기를 심고 싶다면 다음과 같이 선언할 것을 권장합니다.

부의 창출 선언문(Wealth Manifesto)
"나는 부자가 될 수 있는 존재다."
"내 안에는 세상에 기여하고 가치를 창출할 능력이 있다."
"나는 부를 디자인할 수 있고, 그것은 삶의 미션과 연결되어 있다."

"나의 부의 여정은 지금 여기서 시작된다."

웰스 디자인 씽킹의 도구

'웰스 디자인 씽킹'은 앞서 다룬 세 가지 사고방식인 제1원리 씽킹, 데이 원 씽킹, 디자인 씽킹을 기반으로 부를 지속 가능하게 창출하기 위한 모델이자 로드맵입니다. 그 구체적 실행 모델이 'RICH 시스템'입니다. RICH 모델은 세 가지 씽킹을 결합해 부의 창출을 위한 통합 로드맵으로 작동합니다.

'RICH 시스템'은 세 가지 씽킹을 순차적·체계적으로 결합한 부의 창출 로드맵입니다. 고대부터 현대까지 성공한 이들의 공통 사고법을 당신의 부 설계에 적용하도록 안내합니다. 우리는 이 통합을 '웰스 디자인 씽킹 Wealth Design Thinking'이라고 하며, 이를 4단계 'RICH 시스템'으로 구현했습니다.

'웰스 디자인 씽킹'은 일론 머스크의 제1원리 씽킹, 제프 베이조스의 데이 원 씽킹, 그리고 디자인 씽킹을 결합해, 내면의 잠재력을 발굴하고 이를 독점적 부의 원천으로 연결하는 혁신적 사고의 틀입니다. 이는 단순한 돈 버는 기술을 넘어, 자신의 고유한 가치를 세상에 전달하는 창조 과정에 초점을 맞춥니다.

부는 '발견'하는 것이 아닌 '디자인'하는 것입니다. 기존의 부에 대한 사고는 부를 외부에서 '찾아내거나' find '획득하는' acquire 것으로 여깁니다. 그러나 '웰스 디자인 씽킹'은 부를 자신의 잠재력이라는 '재료'를 가지고 직접 '만들거나' make, '디자인하는' design 과정으로 정의합니다.

이는 다음과 같은 두 가지 핵심 원칙을 기반으로 합니다.

1) 제1원리적 자기 분석 First Principles Self-Analysis: 자신을 가장 근본적인 '부의 원자재'로 분해하고 재정의합니다. 내가 가진 재능, 경험, 강점, 품성, 상상력 등을 세상의 문제를 해결할 수 있는 독점적인 재료로 인식합니다. '나는 무엇을 잘하는가?'를 넘어 '나의 근본적인 구성 요소는 무엇인가?'를 묻습니다.

2) 공감적 문제 해결 Empathetic Problem-Solving: 내가 가진 재료로 해결할 수 있는, 다른 사람들이 인식하지 못하는 '숨겨진 문제' Hidden Problems를 발견하고 공감합니다. '무엇을 팔까?'가 아닌, '사람들이 어떤 고통을 겪고 있고, 내 재료로 그 고통을 어떻게 제거할 수 있을까?'를 고민합니다.

WDT는 부를 운이나 환경의 산물로 여기지 않고, 자신의 내면에서 시작되는 창조적이고 의도적인 과정으로 재정의합니다. 이는 개인이 자신만의 독점적 부를 디자인할 수 있다는 강력한 메시지입니다.

웰스 디자인 씽킹의 철학

WDT의 철학은 단순히 돈을 버는 방법을 넘어, 인간의 본질과 가치 창출의 의미를 탐구하는 깊은 사고에 뿌리를 두고 있습니다. 이 철학은 다음과 같은 세 가지 핵심 원리로 요약할 수 있습니다.

1) 내재적 가치 우선의 원리

부의 근원은 외부의 물질이나 기회가 아닌, 우리 내면에 존재하는 고유한 잠재력에 있다는 것을 전제합니다. 외부 환경은 단지 그 가치를 발현시키는 '매개체'일 뿐입니다. 탈레스의 지혜, 머스크의 물리학적 사고, 그리고 당신이 가진 경험과 재능, 상상력 등이 바로 부의 가장 근본적인 '원자재'입니다.

우리는 외부의 유행을 좇거나 남의 성공을 모방하는 대신, 자신을 깊이 들여다보고 내재된 가치를 발견하는 일에 우선순위를 두어야 합니다. 진정한 부는 가장 '나다운' 것을 발견하고 표현하는 과정에서 창조되기 때문입니다.

2) 문제 해결의 윤리적 책임 원리

진정한 부는 단순히 많은 돈을 버는 것이 아니라, 세상의 문제를 해결하고 더 나은 가치를 제공하는 과정에서 창조된 결과물이라는 철학입니다. 탈레스는 올리브 압착기 독점을 통해 '철학적 지혜는 실용적이지 않다'는 당시의 편견을 해결했고, 머스크는 로켓 재활용을 통해 우주여행 비용이라는 거대한 문제를 해결했습니다. 이들은 돈을 버는 것을 넘어, 사회적, 기술적 문제를 해결하는 데 집중했습니다.

부의 추구에는 윤리적 책임이 따릅니다. 당신의 부는 타인의 고통이나 불편함을 해소하는 데서 비롯되어야 하며, 그렇게 창출된 부만이 지속 가능하고 의미를 가질 수 있습니다.

3) 자기 주도적 창조의 원리

부의 창출은 외부의 힘에 의해 좌우되는 운이나 기회가 아니라, 자신이 주도적으로 설계하고 만들어가는 창조의 영역이라고 정의합니다.

WDT는 기존의 직업이나 시장의 틀에 자신을 맞추는 대신, 자신이 가진 독점적 재료와 세상의 문제를 결합해 새로운 가치와 시장을 직접 디자인할 것을 강조합니다. 이 원리는 누구나 자신의 삶과 부를 스스로 설계하고 창조할 수 있는 '디자이너'이자 '창조자'라는 강력한 자기 주도성을 부여합니다. 이는 수동적으로 기회를 기다리는 삶이 아닌, 능동적으로 자신의 부를 개척하는 삶의 태도입니다.

결론적으로, WDT의 철학은 내면의 가치에 기반하여 문제를 해결하고, 그 과정을 스스로 주도하는 삶을 통해 진정한 부를 창조한다는 인간 중심적이고 윤리적인 사고입니다.

2. RICH 시스템은 부를 설계하는 로드맵

RICH 시스템은 다음과 같이 4단계 로드맵으로 되어있습니다. 각 단계를 간략하게 소개한 뒤, 다음 장에서 더욱 상세한 설명을 하게 됩니다. 이 책의 핵심은 바로 RICH 시스템입니다.

1단계 R 인식 Recognize

'제1원리 씽킹'을 활용하여 자신의 목적, 강점, 지식, 경험 등 잠재력 이해와 현재 재정 상태, 습관의 근본 원인을 파악합니다. '디자인 씽킹'을 활용하여 자신의 지출 습관이 형성된 이유를 공감하고, 문제를 정의하고, 자신의 수입이 어디서 오는지를 마치 아무것도 모르는 상태에서 처음 분석하듯이 인식합니다.

2단계 I 발상 Ideate

'디자인 씽킹'의 공감과 아이디어 창출 단계를 적용합니다. 자신이 제공할 수 있는 가치는 무엇인지를 발상하고, 다양한 부의 창출 아이디어를 자유롭게 도출합니다.

3단계 C 설계 Canvas

'디자인 씽킹'의 '프로토타입' 개념을 활용하여 추상적인 아이디어를 구체적인 사업 모델이나 재무 계획으로 시각화합니다. 인간적으로 바람직하고, 기술적으로 타당하며, 사업적으로 실현 가능한 부의 모델을 설계하는 것입니다.

4단계 H 습관 Habit

'데이 원 씽킹'의 철학을 적용합니다. 계획을 일상의 습관으로 만들고, 매일매일 초심을 잃지 않고 실행하며, 변화와 실패를 두려워하지 않고 지속적으로 개선하는 시스템을 구축합니다.

RICH 시스템의 적용 사례

WDT는 '부'를 단순히 돈을 많이 버는 것이 아닌, 삶의 가치와 목표에 부합하는 방식으로 만들어가는 '설계' 과정으로 보는 접근법입니다. 개인이나 작은 사업체가 거대 기업과 경쟁하는 대신, 자신만의 독특한 가치를 발견하고 그것을 실현하는 데 유용합니다.

매출이 성장하지 않는 카페 사업에 지쳐 폐업을 고민하던 사장에게 적용하여 이해하기 쉽게 단계별로 설명합니다.

1단계 R 인식Recognize: 문제와 기회 인식

사장은 자신이 반복적이고 비효율적인 일에 매몰되어 있다고 느꼈습니다. '작은 규모의 사업은 어쩔 수 없지'라고 생각하기보다, "내 시간과 에너지가 어디에 낭비되고 있는가?"라는 근본적인 질문으로 문제를 인식합니다.

기회 인식으로는 그는 자신이 단순히 사업을 하는 것이 아니라, 고객의 만족을 저해하는 비효율적인 프로세스를 발견하는 데 집중해야 한다는 것을 깨달았습니다.

2단계 I 발상Ideate: 다양한 해결책 모색

그는 발견한 문제에 대해 다양한 해결책을 고민했습니다. 더 많은 손님이 찾아오게 하는 방법은 무엇일까를 발상합니다.

고객이 카페를 좋아할 수 있는 것은 무엇일까를 중심으로 브레인스토밍합니다. "어떻게 하면 고객을 위해 중요한 일에 집중할 수 있을까?"라는 질문을 중심으로 아이디어를 발전시켰습니다.

3단계 C 설계Canvas: 실행 계획 세우기

이 카페 사장은 인스타그램을 활용한 마케팅을 시작하기로 결정했습니다. '동네 주민들에게 우리 카페의 특별한 가치를 알리는 것'을 목표로 정하고 한 장짜리 캔버스를 작성하면서 큰 종이에 다음 내용을 구체적으로 정리했습니다.

주 고객: 30~40대 여성 동네 주민, 자녀를 둔 엄마들.
문제점: '아이들과 함께 갈 만한 곳'을 찾기 어렵다.
제공 가치: 아이들이 놀 수 있는 작은 공간과, 엄마들이 편하게 이야기할 수 있는 공간을 함께 제공하자.
콘텐츠 아이디어: 아이들 음료나 빵 만드는 과정을 담은 릴스.
'엄마들의 수다 모임'을 위한 전용 공간과 혜택 홍보.

4단계 H 습관Habit: 지속 가능한 시스템 만들기

매주 금요일 '키즈 베이킹 클래스'를 운영하기로 합니다.
예: 필요 자원은 놀이 공간에 필요한 장난감, 클래스 진행을 위한 재료, 사진 촬영과 편집 능력 등입니다. 카페 사장은 막연히 '인스타 해야지'라고 생각하는 대신에 구체적인 고객과 가치, 실행 계획을 세웠고, 이는 곧 팔로워 증가와 실제 고객 유입으로 이어졌습니다. 그는 혁신의 루틴을 만든 것입니다. 당연히 매출도 서서히 오르기 시작했습니다.

이번에는 한 전문가 사례를 소개합니다. 그는 프리랜서 디자이너입니다. 이 디자이너는 단순히 프로젝트를 많이 수주하는 것을 넘어, '고객의 비즈니스 성장을 돕는 디자이너'로 포지셔닝하고자 했습니다.
그가 스스로 행동한 4단계 RICH 프로세스는 다음과 같습니다.

- 인식Recognize: 프로젝트 의뢰를 받으면, 디자인 요청 사항만 듣는 것이 아니라 '이 프로젝트를 통해 고객이 얻고 싶은 결과와 내가 추구하는 목표는 무엇인가?'를 먼저 파악하는 것을 습관화했습니다.
- 발상Ideate: 고객의 비즈니스 문제 해결에 초점을 맞춰, 디자인뿐만 아니라 마케팅 전략, 콘텐츠 구성 등에 대한 아이디어도 함께 제시하는 습관을 들였습니다.
- 설계Canvas: 모든 제안은 '문제-해결책-예상 결과'를 포함한 구체적인 기획서로 만들었습니다.
- 습관Habit: 이 과정을 모든 프로젝트에 적용하면서, 고객들은 그를 단순한 디자이너가 아닌 '비즈니스 파트너'로 인식하기 시작했습니다. 매일 새로운 하루 같이 혁신적으로 일을 했습니다. 그의 제안은 항상 다른 프리랜서들과 차별화되었고, 높은 단가의 프로젝트를 지속적으로 수주할 수 있었습니다.

RICH 시스템의 각 단계는 성공적인 '부'의 설계와 창출을 위한 강력한 사고 체계의 방법론이 될 수 있습니다. 거창한 혁신이 아니라, 삶과 비즈니스의 근본적인 가치를 재정의하고 작은 습관으로 만들어가는 과정입니다.

'뭐부터 시작해야 할지 모르겠다면?' RICH 시스템이 명확한 로드맵을 제시합니다. 당신의 잠재력을 깨웁니다. RICH 시스템이 당신의 꿈을 현실로 바꿉니다. 평범한 오늘을 특별한 미래로 바꾸는 힘입니다.

RICH 시스템의 핵심은 '나'라는 자산에 투자하는 것을 부의 시작점으로 삼는다는 점입니다. 단순히 돈을 불리는 기술을 가르치는 것이 아니라, 내면의 가치를 발견하고 그것을 시장 가치로 전환하는 근본적인 부의 원리를 다룹니다.

'웰스 디자인 씽킹'의 고전적인 철학

WDT의 철학은 고전 사상 속에서 뿌리를 찾을 수 있습니다. 이들은 모두 내면의 성찰과 자기계발을 부의 근원으로 보는 웰스 디자인 씽킹의 핵심 메시지와 깊은 연관성이 있습니다.

1) 스토아 철학 Stoicism

스토아 철학은 외부 환경에 흔들리지 않는 내면의 평정과 이성을 강조합니다. 고대 로마의 철학자 세네카 Seneca나 마르쿠스 아우렐리우스 Marcus Aurelius는 외부의 재산이나 명예가 아닌, 자기 자신을 통제하고 이성적으로 판단하는 능력이 진정한 행복과 부의 원천이라고 보았습니다. 부는 내부에 있다는 것을 말합니다.

웰스 디자인 씽킹의 1단계 '인식'은 외부의 평가나 욕망에 휘둘리지 않고, 자신의 강점과 재능을 이성적으로 파악하는 스토아 철학의 실천과 맞닿아 있습니다. 또한, 4단계 '습관'에서 실패를 좌절의 원인이 아닌 성장의 기회로 받아들이는 태도는 외부의 불운을 담담하게 수용하는 스토아 철학의 핵심 가치와 일치합니다.

2) 아리스토텔레스의 목적론

아리스토텔레스는 모든 존재에는 고유한 목적이 있으며, 그 목적을 실현하는 것이 곧 행복이라고 주장했습니다. 인간의 목적은 이성적인 활동을 통해 자신의 잠재력을 최대한 발휘하는 데 있다고 보았습니다.

웰스 디자인 씽킹과의 연결점은 당신 안에 있는 잠재력인 재능, 강점, 품성을 발견하고, 그것을 시장에서 가치 있는 활동으로 실현하는 것을 부의 근원으로 삼는다는 것입니다. 이는 당신이라는 존재가 가진 고유한 목적을 찾아내고, 그것을 세상에 실현함으로써 부와 행복을 동시에 추구한다는 아리스토텔레스의 철학과 매우 유사합니다.

3) 소크라테스의 "너 자신을 알라"

고대 그리스 철학의 대부인 소크라테스는 "너 자신을 알라 Know Thyself"라는 유명한 명제를 남겼습니다. 그는 지혜의 시작은 자신의 무지를 깨닫는 것이며, 끊임없는 질문과 성찰을 통해 진정한 '나'를 발견하는 것이 중요하다고 가르쳤습니다. WDT는 바로 이 점을 중요시합니다.

웰스 디자인 씽킹의 1단계 '인식'은 소크라테스의 철학을 그대로 실천하는 과정입니다. 그래서 1단계는 일명 '소크라테스 단계'입니다. 끊임없는 질문을 통해 자신의 강점, 재능, 경험을 객관적으로 파악하고, 내면에 숨겨진 부의 잠재력을 발견하는 것이 핵심입니다. 자신을 정확히 아는 것에서부터 모든 부의 여정이 시작된다는 철학적 기반을 제공합니다.

이러한 고전 철학은 수천 년의 시간을 넘어, 현대 사회에서 부를 창조하는 데 필요한 내면의 힘과 자기 성찰의 중요성을 일깨워 준다는 점에서 웰스 디자인 씽킹의 가장 깊은 사상적 뿌리가 될 수 있습니다.

3. 잠재의식과 뇌과학으로 연결하는 부의 원리

웰스 디자인 씽킹은 고전 철학뿐만 아니라, 현대 심리학과 뇌과학 연구를 통해서도 강력하게 뒷받침됩니다. 잠재의식과 뇌과학적인 측면에서 볼 때, 부는 단순한 외부의 노력만으로 얻는 것이 아니라, 당신의 사고 회로를 '부의 흐름'에 맞게 재배열할 때 창조됩니다.

1) 잠재의식의 힘: 마음이 현실을 만든다

잠재의식은 우리의 의식적인 생각과 행동을 지배하는 무의식적인 사고 체계입니다. 이는 우리가 알지 못하는 사이에 우리의 믿음, 감정, 습관을 형성하며 현실을 만들어냅니다. 부를 창조하는 사람들은 이 잠재의식을 긍정적인 방향으로 프로그래밍하는 데 능숙합니다.

첫 번째는 확증편향 Confirmation Bias을 활용합니다. 우리의 뇌는 자신의 믿음을 뒷받침하는 정보만을 선택적으로 받아들이는 경향이 있습니다.

당신이 '나는 부자가 될 수 있다'고 믿으면, 당신의 잠재의식은 부와 관련된 기회, 정보, 사람들을 더욱 잘 인식하게 됩니다. 마치 부와 관련된 채널에 안테나를 세우는 것과 같습니다. 한 가지에 집중하는 것이 지혜입니다.

두 번째는 시각화를 통한 잠재의식을 프로그래밍합니다. 원하는 미래의 모습을 생생하게 상상하는 시각화는 뇌가 그 목표를 현실로 인식하게 만듭니다. 뇌는 상상과 현실을 명확히 구분하지 못하기 때문에, 부자가 된 자신의 모습을 반복적으로 시각화하면 뇌의 사고 회로가 그 목표를 달성하기 위한 행동을 무의식적으로 이끌어냅니다.

2) 뇌 과학적 접근: 신경 가소성 Neuroplasticity과 부의 습관

뇌는 고정된 기관이 아니라, 경험과 학습에 따라 끊임없이 변화하는 신경 가소성을 가집니다. 이 원리는 웰스 디자인 씽킹의 4단계 '습관'이 왜 중요한지를 과학적으로 증명합니다.

습관은 뇌의 고속도로이며 뇌는 반복적인 행동을 '습관'으로 만들어 에너지를 절약합니다. 예를 들어, 출근길이 익숙해지면 길을 생각하지 않아도 자동으로 운전하는 것처럼, '부자가 되는 습관'을 반복하면 뇌는 그 습관을 자동화된 행동으로 만듭니다.

신경망의 재배열은 '매일 15분 학습', '실패 노트 작성'과 같은 작은 습관을 꾸준히 실천하면, 뇌에서는 새로운 신경망 Neural Pathway이 형성됩니다. 이 신경망은 처음에는 미약하지만, 반복될수록 더욱 강력하고 견고해져 '부자가 되는 사고'와 '부자가 되는 행동'을 자연스럽게 유도합니다.

목표를 달성하거나 작은 성공을 경험할 때, 뇌에서는 쾌락 호르몬인 도

파민 Dopamine이 분비됩니다. '작은 성공의 반복'을 통해 뇌의 보상 회로를 활성화하면, 부를 향한 여정을 즐겁고 지속 가능하게 만들 수 있습니다.

웰스 디자인 씽킹의 핵심은 바로 당신의 잠재의식과 뇌의 메커니즘을 이해하고, 이를 부를 창조하는 방향으로 능동적으로 활용하는 것입니다. 당신의 뇌를 가장 강력한 부의 도구로 만드는 것, 그것이 이 책의 궁극적인 목표입니다.

WDT는 당신에게 부자가 되는 '마법의 공식'을 약속하려는 것이 아닙니다. 대신, 스스로가 부의 잠재력을 발견하고, 설계하고, 실행할 수 있는 사고의 틀과 구체적인 로드맵을 제공하는 것입니다.

이제 당신은 탈레스와 머스크처럼 '부의 본질'을 꿰뚫어 보고, 베이조스처럼 부의 성장을 위한 시스템을 구축하는 '부의 디자이너' Wealth Designer가 될 것입니다.

RICH 시스템은 제1원리 씽킹으로 문제를 해체하고, 디자인 씽킹으로 해결책을 창조하며, 데이 원 씽킹으로 지속 가능한 습관으로 만든다는 통합적인 부의 창출 원리를 말합니다.

'웰스 디자인 씽킹'과 경제 환경

21세기에는 돈을 버는 방식이 근본적으로 달라졌습니다. 안정적 월급에 의존하던 시대를 지나 고용 안정성은 낮아지고, 기술과 산업의 주기가 짧아지면서, 개인이 스스로 부를 설계하고 창조해야 하는 시대가 되었습니다. 스스로 부의 창조자가 되어야 합니다.

많은 사람들이 "부자가 되고 싶다"라고 말합니다. 그러나 정작 '어떻게' 부자가 될 수 있는지, 어떤 방법과 전략을 세워야 하는지는 잘 알지 못합니다. 이 지점에서 부의 설계 사고를 의미하는 웰스 디자인 씽킹이 필요합니다.

WDT는 단순히 '돈 버는 기술'을 넘어 삶의 부를 설계하는 방법론이자, 창조적 사고와 실천을 연결합니다. 그 개념은 부를 디자인한다는 뜻입니다.

앞에서 이미 설명한 대로 '웰스 디자인 씽킹'은 다음과 같은 세 가지 창조적인 사고를 기반으로 하고 있습니다.

(1) 제1원리 씽킹 First Principles Thinking
(2) 데이 원 씽킹 Day 1 Thinking
(3) 디자인 씽킹 Design Thinking

이 세 가지 사고 체계는 모두 문제 해결의 방법론이며 프레임워크 Framework라고도 합니다.

웰스 디자인 씽킹은 창의적 문제 해결 방식을 기반으로 '사람 중심적 사고로 혁신적인 부의 솔루션을 만든다'는 것과 '사람 중심의 사고로 부를 설계한다'는 것입니다. 이에 대한 핵심 실행은 4단계 'RICH 모델', 즉 'RICH 시스템'에 있습니다.

각 단계에 연관된 핵심 질문은 다음과 같습니다.

- 나는 내 안의 어떤 강점과 자원을 통해 부를 만들 수 있는가? Recognize
- 지금 시대와 시장에서 새로운 부의 기회는 무엇인가? Ideate
- 이 기회를 어떻게 수익 구조로 설계할 수 있는가? Canvas
- 나는 매일 어떤 습관을 통해 이 구조를 실행할 수 있는가? Habit

'웰스 디자인 씽킹'의 철학적 사고 체계

우리는 WDT의 뿌리라고 말할 수 있는 철학적 토대를 매우 강조합니다. 그래서 반복해서 관련된 사고를 합니다. WDT는 단순히 '돈이 많다'는 차원을 넘어서는 부를 추구합니다.

그 철학은 크게 세 가지 기둥으로 설명할 수 있습니다.

1) 모든 인간은 부자가 될 수 있는 무한한 잠재력을 가지고 있다

사람마다 잠재력Potential이 다릅니다. 그러나 공통적으로 누구나 내면에 부자가 될 가능성을 품고 있습니다. 문제는 그것을 어떻게 깨닫고 개발하느냐의 차이입니다.

2) 부는 가치Value 창출이다

부란 단순히 돈의 총량이 아닙니다. 지식, 창의성, 신뢰, 관계, 명예, 건강까지 포함한 다차원적 가치의 총합입니다. WDT는 이것을 '부의 가

치' Wealth Value라고 정의합니다. 경제적인 부에 초점을 맞추면 '현금 가치' Cash Value라고 표현할 수 있습니다.

3) 지속 가능한 부는 시스템과 습관에서 나온다

행운이나 투기가 아니라, 꾸준한 실행과 올바른 습관이 장기적인 경제적 자유를 가져옵니다. 부자들은 '돈을 벌려는 습관'이 있는 것이 아니라, 가치를 창출하는 습관이 있었습니다.

4. 웰스 디자인 씽킹의 기능과 힘

WDT는 개인과 조직이 부의 가능성을 현실로 만드는 기능을 수행합니다.

1) 자기 인식 기능

자신의 강점, 잠재력, 열정, 비전을 발견하고 정리합니다. 어떤 직장인은 글쓰기와 책 읽기가 취미였습니다. 그는 인식Recognize 단계를 통해 자신의 재능을 인식했고, 이를 블로그와 출판으로 연결해 부의 원천으로 만들었습니다.

2) 창조적 발상 기능

새로운 기회, 사업 모델, 부의 아이디어를 발상하게 합니다. 발상Ideate 단계에서는 디자인 씽킹과 같은 사고 도구와 결합하여 창의력을 극대화할 수 있습니다.

3) 전략적 설계 기능

설계Canvas 단계에서는 WDC 도구를 활용해 아이디어를 실행 가능한 비즈니스 모델, 투자 전략, 커리어 로드맵으로 시각화합니다.

4) 실행·습관화 기능

습관Habit 단계에서는 다양한 도구를 활용하여 성과를 추적하고 습관을 고착화합니다. '생각 → 설계 → 실행 → 습관'의 선순환이 만들어집니다.

한 스타트업의 대표는 '인식'Recognize 단계에서 시장의 공백을 발견했습니다. '발상'Ideate 단계에서 고객 경험을 중심으로 새로운 서비스 모델을 발상했고, '설계'Canvas 단계에서 투자자 피칭 자료를 구체화했습니다. 마지막으로 '습관'Habit 단계에서 매일 성과를 점검하며 회사를 운영해 3년 만에 10배 성장을 이뤄냈습니다.

한 직장인은 늘 돈이 부족했지만 '인식'을 통해 자신의 지식과 글쓰기 능력을 발견했습니다. '발상' 단계에서 온라인 강의와 출판을 떠올렸고, '설계' 단계에서 콘텐츠 비즈니스 모델을 구체화했습니다. '습관' 단계에서 매일 글을 쓰고 영상을 제작하는 습관을 들여, 2년 만에 월급의 세 배를 벌게 되었습니다.

WDT는 '부를 창출하는 방법'을 RICH 시스템으로 실행할 수 있도록 합니다. 이제는 '부를 기다리는 시대'가 아니라, '부를 설계하는 시대'입니다.

노벨문학상 수상자인 사뮈엘 베케트Samuel Beckett가 쓴 희곡인 『고도를 기다리며Waiting for Godot』에 나오는 등장인물들은 한없이 고도를 기다립니다. 실천하고 행동할 때 원하는 것을 성취할 수 있다는 것을 우리는 경험을 통해 잘 알고 있습니다.

누구나 RICH 모델을 통해 내면의 잠재력을 현실의 성취로 연결할 수 있습니다.

"당신은 이미 부자가 될 수 있는 모든 것을 가지고 있습니다. 이제는 그것을 인식Recognize하고, 발상Ideate하고, 설계Canvas하며, 습관Habit으로 이어갈 차례입니다."

'좋아하는 일'과 '잘하는 일'

나만의 부는 남의 길이 아닌 나의 길에서 나옵니다. 의외로 많은 사람이 돈을 벌기 위해 자신이 좋아하지 않는 일을 억지로 합니다. 그리고 또 많은 사람이 잘하지 못하는 일에 매달리며 시간과 에너지를 낭비합니다. 그러나 진정한 부는 좋아하는 일과 잘하는 일을 연결할 때 창출됩니다.

좋아하는 일은 당신의 열정을 불태우고, 꾸준히 동기부여를 해주는 원동력입니다. 잘하는 일은 당신의 가치를 높이고, 시장에서 경쟁력을 만들어주는 기술입니다. 이 둘을 결합하면 단순한 노동이 아닌, 나만의 부가가치를 창출하는 일로 바뀝니다.

그림 그리기를 좋아하는 사람이 있다면, 단순히 취미로 그치는 것이 아니라 웹툰 작가가 되거나, 일러스트 외주를 받거나, 굿즈를 만들어 파는 등 돈을 버는 일과 연결할 수 있습니다.

당신의 내면에 있는 이 두 가지를 찾아 연결할 때, 부는 자연스럽게 따라올 것입니다. 이론은 실천을 통해 완성됩니다. 앞서 설명한 인적 자본, 성장형 사고방식, 관계의 자본을 실제로 적용하여 부를 이룹니다. 인적 자본을 통해 성공한 사람들은 자신이 가진 지식과 기술을 단순한 정보가 아닌, 시장 가치를 가진 '상품'으로 만들었습니다.

관계 자본

부의 창출은 관계 속에서 이루어집니다. 긍정적이고 신뢰할 수 있는 관계는 새로운 기회와 정보를 가져다주는 중요한 자산입니다. 관계가 자본이 됩니다.

평범한 회사원이던 최유진 씨는 우연한 기회로 '내가 관심 있는 분야의 전문가에게 커피 한 잔을 대접하며 이야기를 듣자'는 목표를 세웠습니다. 그는 한 달에 한 번씩 용기를 내어 여러 전문가에게 연락했고, 자신의 목표와 열정을 솔직하게 전달했습니다. 처음에는 거절당했지만, 몇 번의 시도 끝에 한 마케팅 전문가와 만나게 되었습니다. 그 만남을 통해 최유진 씨는 자신이 몰랐던 시장의 흐름과 새로운 사업 아이디어를 얻었고, 결국 그 전문가의 도움을 받아 성공적으로 창업까지 하게 되었습니다.

좋아하는 일과 잘하는 일 중심의 RICH 시스템 적용

좋아하는 일과 잘하는 일을 중심으로 '인식-발상-설계-습관'의 4단계 방법론을 단계별 로드맵으로 설명합니다. 부자가 되기 위한 구체적인 로드맵은 당신의 내면의 부를 발견하고, 현실화하는 가장 실용적인 경로를 제시합니다.

내면의 잠재력을 현실로 바꾸는 것이 핵심입니다. 진정한 부자는 외부의 돈을 좇는 대신 자신 안의 가치를 발견하고 이를 시장 가치로 전환하는 사람들입니다. 이 4단계 로드맵은 당신이라는 최고의 자산을 탐색하고, 구체적인 부의 전략을 수립하여, 꾸준한 실천으로 목표에 도달하도록 돕습니다.

1단계 R 인식 Recognize

부의 여정은 자신을 정확히 아는 것에서 시작됩니다. 이 단계는 당신이 가진 인적 자본의 현재 가치를 파악하고, 무한한 잠재력을 발견하는 과정입니다.

당신이 좋아하는 일, 잘하는 일을 발견합니다. 노트에 "나는 어떤 일을 할 때 시간 가는 줄 모르는가?", "사람들이 나에게 자주 부탁하거나 칭찬하는 것은 무엇인가?", "어떤 분야의 지식을 습득할 때 즐거움을 느끼는가?"와 같은 질문에 답을 적어봅니다. 이 과정에서 당신의 내면에 숨겨진 부의 씨앗을 발견하게 될 것입니다.

당신의 경험을 '가치'로 분석합니다. 단순히 지나온 시간이 아니라, 당신이 겪은 성공과 실패, 해결했던 문제들을 기록합니다. 예를 들어, '실패 노트'에 기록한 경험은 다른 사람에게는 돈을 주고서라도 얻고 싶은 귀중한 교훈이 될 수 있습니다.

당신의 인적 자본을 객관적으로 평가합니다. 당신이 가진 지식과 기술이 현재 시장에서 어느 정도의 가치가 있는지 조사해 봅니다. 이는 당신의 강점을 바탕으로 어떤 부를 창출할 수 있을지 힌트를 줍니다.

2단계 Ⅰ 발상 Ideate

자기 인식을 통해 발견한 것을 '돈이 되는' 구체적인 대안으로 연결하는 단계입니다. 이 과정은 당신이 좋아하는 일과 잘하는 일을 결합하여 새로운 수익 모델을 찾는 것입니다.

'좋아하는 일'과 '잘하는 일'의 교집합을 찾습니다. 예를 들어, 만약 당신이 '사람들에게 어려운 개념을 쉽게 설명하는 것'을 좋아하고, '엑셀 데이터 분석'을 잘한다면, '초보자를 위한 엑셀 데이터 분석 강의'라는 대안을 탐색해 볼 수 있습니다.

'나만의 서비스'에 대한 아이디어를 찾습니다. 당신의 강점을 활용하여 어떤 문제 Problem 를 해결해 줄 수 있을지 고민합니다. 사람들은 해결책 Solution 에 기꺼이 돈을 지불합니다. '초보자를 위한 엑셀 강의'는 '엑셀을 어려워하는 직장인의 문제'를 해결해 주는 서비스가 됩니다.

다양한 플랫폼을 활용합니다. 당신이 찾은 대안을 실현할 수 있는 플랫폼은 무궁무진합니다. 블로그, 유튜브, 전자책, 온라인 강의 플랫폼, 소셜 미디어 등 다양한 채널을 통해 당신의 가치를 전달하고 수익을 창출할 수 있는 방법을 모색합니다.

3단계 C 설계 Canvas

당신이 가진 가치를 실제 현금으로 전환하는 구체적인 수익 모델을 설계할 차례입니다. 이 단계는 막연한 목표를 현실적인 계획으로 바꾸는 과정입니다.

수익 파이프라인을 다각화합니다. 한 가지 수익에만 의존하는 것은 위험합니다. 당신의 인적 자본을 활용하여 강의, 컨설팅, 광고 수익, 전자책 판매 등 여러 개의 수익 채널을 만듭니다. 여러 개의 파이프라인은 안정적인 부의 흐름을 만들어줍니다.

명확한 목표와 로드맵을 설정합니다. '부자가 될 거야'와 같은 막연한 목표는 버려야 합니다. 대신 '3개월 안에 전자책을 출판하여 월 30만 원의 수동적 수입을 만들겠다'와 같이 구체적이고 측정 가능한 목표를 세웁니다.

가격을 결정하고 시장에 검증받습니다. 당신의 서비스나 상품의 가치를 자신 있게 책정하고, 소수의 사람들에게 먼저 판매해 보며 시장의 반응을 확인합니다. 피드백을 통해 보완하고 개선하는 과정을 거쳐 당신의 가치를 더욱 높일 수 있습니다.

4단계 H 습관Habit

모든 계획은 실천 없이는 아무 의미가 없습니다. 마지막 단계는 앞서 세운 계획을 꾸준히 실행하고, 매일의 습관으로 내면화하는 과정입니다.

성장형 사고방식을 훈련합니다. 실패하더라도 좌절하지 않고, '실패 노트'를 통해 무엇을 배웠는지 기록합니다. 매일의 작은 노력이 당신의 성장을 이끄는 힘이 됩니다.

'매일 1% 성장'의 습관을 만듭니다. 매일 1%씩만 발전하면 1년 후에는 365배 성장합니다. 매일 15분 독서, 30분 글쓰기처럼 작고 꾸준한 습관이 결국 큰 부를 만듭니다.

관계를 확장하고 유지합니다. 당신의 성장에 도움을 줄 수 있는 사람들과 적극적으로 교류합니다. 이들은 당신에게 새로운 기회를 가져다주고, 좌절했을 때 다시 일어설 수 있는 힘이 되어줄 것입니다.

당신이 좋아하는 일과 잘하는 일을 중심으로 4단계 RICH 시스템, 로드맵을 따라가다 보면, 당신은 어느새 돈을 좇는 삶이 아닌 당신의 가치를 통해 부를 창출하면서 만족스러운 삶을 살게 될 것입니다.

다음 장부터는 '4단계 RICH 시스템'을 구체적으로 안내합니다. 당신은 진정한 부의 창출을 위한 도구를 얻게 될 것입니다.

리치 씽킹

내 안에 잠든
부의 씨앗을 발견하라

4장

1단계: R 인식(Recognize)
– 내 안의 부의 근원 알기

'RICH 시스템'은 '웰스 디자인 씽킹'Wealth Design Thinking의 구체적인 실행 모델입니다. 이것은 이미 언급한 대로 철학적이고 실용적인 사고 체계를 기반으로 창조된 것입니다. 이번 장에서는 1단계 R 인식Recognize을 설명합니다. 부를 창출하는 시스템적 방법론을 개발하고 적용하여 성과를 검증한 것을 한 단계씩 상세하게 설명을 할 것입니다.

1단계 인식은 앞에서 다룬 일론 머스크Elon Musk의 제1원리 씽킹First Principles Thinking과 디자인 씽킹Design Thinking에 바탕을 두고 연결되어 있습니다.

당신의 내면에 잠들어 있는 부의 근원은 특별한 것입니다. 그것은 이미 당신 안에 존재하는 것들입니다. 바로 당신의 가치, 재능, 강점, 지식, 경험 등입니다. 우리는 종종 외부에서 부를 찾으려 하지만, 진정한 부의 시작은 내면을 깊이 들여다보는 것에서 시작됩니다. 부를 외부에서 찾는 많은 사람들에게 기쁜 소식이 아닐 수 없습니다.

1. 내면의 부의 씨앗 발견하기

　당신의 잠재적인 가치와 강점을 생각해 봅니다. 당신이 별것 아니라고 생각했던 성격이나 특성이 사실은 강력한 무기가 될 수 있습니다. 사람들과 잘 어울리는 긍정적인 품성은 훌륭한 인맥을 쌓는 자산이 되고, 꼼꼼하고 분석적인 성향은 사업 계획을 세우는 데 큰 힘이 됩니다. 당신이 가진 고유의 강점들을 찾아봅니다.

　당신의 재능과 좋아하고 잘하는 일을 생각해 봅니다. '나는 특별한 재능이 없어'라고 생각할 수 있습니다. 하지만 잘하는 일은 거창한 것이 아닙니다. 다른 사람보다 문서를 깔끔하게 정리하거나, 이야기를 재미있게 풀어내거나, 복잡한 문제를 단순하게 설명하는 능력 모두 훌륭한 재능입니다.

　당신이 시간을 잊고 몰입하는 일, 남들보다 쉽게 해내는 일은 무엇인가요? 그것이 바로 당신의 부를 만들어 줄 잠재적 자산입니다. 한두 가지 보편적인 것들을 살펴보겠습니다.

기술과 경험을 생각해 봅니다. 당신의 이력서에 적힌 경력만이 전부가 아닙니다. 살면서 겪었던 모든 경험과 그 과정에서 습득한 기술들이 부의 근원이 될 수 있습니다. 예를 들어, 실패했던 경험에서 얻은 교훈은 다른 사람에게 줄 수 있는 소중한 컨설팅 자료가 됩니다. 직장에서 배운 특정 프로그램 사용법이나, 취미로 익힌 영상 편집 기술 또한 중요한 자원입니다.

핵심은 '성장 마인드셋'입니다. 현재의 부족함에 머물지 않고 모든 경험을 통해 배우고 성장할 수 있다고 믿는 태도입니다. '나는 할 수 있다', '나는 부자가 될 수 있다'는 믿음과 새로운 것을 배우려는 의지가 있다면, 당신의 내면에 있는 부의 씨앗은 어떤 상황에서도 반드시 싹을 틔울 것입니다.

당신이 가진 모든 것은 당신만의 특별한 스토리이자, 다른 사람에게는 없는 독특한 가치입니다. 이 내면의 보물들을 끄집어내고, 세상과 연결하는 방법을 찾아봅니다. 당신의 내면에 위대한 부의 씨앗이 존재하고 있다는 관점이야말로 부의 첫걸음입니다.

실제적인 차원에서 자기 인식의 방법이 있습니다. 예를 들면 자신이 진정으로 좋아하는 일 찾기 방법입니다. 단순히 생각하는 것을 넘어, 직접 해보고 기록하면서 자신을 객관적으로 파악하는 데 도움을 줍니다. 이 활동은 당신에게 특별한 경험이 될 것입니다.

좋아하는 일 찾기

1) '가치관 경매' 하기

자유, 안정, 창의성, 영향력, 건강 등 자신에게 중요한 가치 10~20개를 적고, 가상 자금 100만 원을 각각의 가치에 배분합니다. 어떤 가치에 가장 많은 돈을 썼나요? 당신의 투자 우선순위가 바로 당신의 핵심 가치관입니다. 이 가치관을 충족시키는 일이 무엇일지 고민해 봅니다.

2) '성공 일지' 쓰기

매일 잠자리에 들기 전, 그날 하루 동안 당신이 성공적으로 해냈다고 느끼는 일을 3가지씩 기록합니다. 거창한 일이 아니어도 괜찮습니다. "동료에게 어려운 문제를 명쾌하게 설명해 줬다", "오랜만에 펜을 잡고 글을 썼더니 기분이 좋았다" 등 작은 성취라도 좋습니다. 이 기록이 쌓이면 당신이 어떤 일에서 보람과 성취감을 느끼는지 패턴을 발견할 수 있습니다.

3) '몰입Flow 상태' 추적

당신이 어떤 일을 할 때, 시간 가는 줄 모르고 몰입했던 경험을 떠올려 봅니다. 일의 종류, 그때 당신의 감정, 사용했던 기술이나 능력 등을 상세히 기록하고 몰입했던 순간의 공통점을 찾다 보면, 당신이 어떤 활동에 진정한 열정을 느끼는지 발견할 수 있습니다. 예를 들어, "복잡한 데이터를 정리할 때 시간 가는 줄 몰랐다"라는 기록은 당신이 분석하고 구조화하는 일에 재능이 있다는 신호일 수 있습니다.

4) '강점 탐색 질문'에 답하기

자신에게 다음과 같은 질문들을 던져봅니다. 질문을 통해 생각이 자극받는 경우가 많습니다.

"어릴 적부터 지금까지 꾸준히 좋아했던 활동은 무엇인가?"
"사람들이 나에게 자주 조언을 구하거나 도움을 요청하는 분야는 무엇인가?"
"내가 가장 쉽게 배우고 빨리 습득하는 기술이나 지식은 무엇인가?"
"돈을 받지 않아도 즐겁게 할 수 있는 일은 무엇인가?"

이 질문들에 대한 솔직한 답변을 통해 당신의 타고난 재능과 강점을 파악할 수 있습니다.

5) '자기 관찰' 일상화

하루 일과를 마치고, 당신의 감정을 점검해 보는 것입니다. 어떤 일을 할 때 즐거웠고, 어떤 일에서 피로를 느꼈나요? 특히 어떤 종류의 사람들과 대화할 때 활력을 얻었고, 어떤 사람들과 있을 때 에너지를 잃었는지 기록합니다. 이러한 감정의 변화를 객관적으로 관찰하면, 당신의 에너지를 채워주는 활동과 사람들을 찾아낼 수 있습니다.

이러한 방법들을 꾸준히 실천하면, 당신이 진정으로 좋아하는 일과 잘하는 일을 찾아내고, 그것을 부의 근원으로 연결할 수 있는 구체적인 실마리를 얻게 될 것입니다.

삶의 '목적'(Purpose) 찾기

삶의 목적을 찾는 것은 인식의 가장 깊고 중요한 단계입니다. 이는 단순히 좋아하는 일을 찾는 것을 넘어, '나는 왜 존재하는가?'에 대한 답을 찾는 여정입니다. 실존적인 차원에서 삶의 목적을 찾는 구체적인 방법들을 소개합니다.

1) '레거시 질문'에 답하기

당신이 세상을 떠난 후, 사람들이 당신을 어떻게 기억해 주길 바라는지 상상해 봅니다. 장례식장에서 당신에 대해 어떤 이야기들을 해주길 원하나요? "그는 돈을 많이 벌었다"라는 말보다 "그 덕분에 많은 사람들이 영감을 얻었다" 또는 "그의 작품으로 세상이 조금 더 아름다워졌다"와 같은 말을 듣고 싶지 않나요? 당신이 남기고 싶은 유산Legacy이 무엇인지 생각하다 보면, 당신의 삶의 목적이 무엇인지 선명해질 수 있습니다.

2) '만약' What if 질문 활용

다음과 같은 실존적인 질문들에 답하며 당신의 내면 깊은 곳을 탐색해 봅니다.

"만약 당신에게 돈과 시간이 무한정 주어진다면, 가장 먼저 무엇을 하겠습니까?"

"만약 당신의 삶이 딱 1년밖에 남지 않았다면, 남은 시간을 어떻게 보내고 싶으신가요?"

"만약 당신의 가장 친한 친구가 어려움에 처했다면, 어떤 방법으로 도와주겠습니까?"

이 질문들은 당신이 진정으로 중요하게 생각하는 가치와 열정 그리고 타인에게 기여하고 싶은 욕구를 드러내 줍니다.

3) '고통과 극복의 이야기'를 정리

당신이 삶에서 겪었던 가장 큰 고통이나 어려움은 무엇이었고 그 고통을 어떻게 극복했습니까? 당신의 가장 깊은 상처가 곧 당신의 가장 큰 강점이 될 수 있습니다. 예를 들어 극심한 가난을 겪었다면, 다른 사람들에게 경제적 자유를 얻는 방법을 알려주는 것이 당신의 목적이 될 수 있습니다. 우울증을 이겨냈다면, 비슷한 아픔을 가진 사람들에게 희망을 주는 것이 당신의 소명이 될 수 있습니다. 당신의 고통이 어떻게 다른 사람들을 돕는 원동력이 될 수 있을지 고민해 봅니다.

4) '이키가이' Ikigai 모델을 활용

일본어로 '삶의 보람'을 뜻하는 이키가이는 목적을 찾는 데 유용한 모델입니다. 다음 네 가지 질문의 교집합을 찾아봅니다.

- 당신이 좋아하는 일은 무엇인가?
- 당신이 잘하는 일은 무엇인가?
- 세상이 필요로 하는 일은 무엇인가?
- 당신이 돈을 벌 수 있는 일은 무엇인가?

이 네 가지 질문의 교집합에 해당하는 일이 바로 당신의 이키가이, 즉 당신의 삶의 목적이 될 수 있습니다.

삶의 목적은 한 번에 정해지는 것이 아니라, 끊임없는 질문과 성찰을 통해 발견하고 다듬어가는 과정입니다. 이 방법들을 통해 당신의 내면을 깊이 들여다보며, 당신만의 의미 있는 길을 발견하고 다듬어갑니다.

왜 부자가 되어야 하는가?

"왜 부자가 되어야 하는가?"라는 질문은 단순히 돈을 많이 벌고 싶다는 욕망을 넘어, 돈이라는 수단을 통해 이루고자 하는 궁극적인 삶의 가치를 탐색하게 한다는 점에서 목적 찾기에 매우 강력한 임팩트를 줍니다.

첫째, 표면적 욕구 뒤에 숨은 진짜 목적을 찾게 합니다.
"왜 부자가 되어야 하는가?"라고 물었을 때, 처음에는 "더 좋은 차를 사고 싶어서", "남들에게 인정받고 싶어서"와 같은 대답이 나올 수 있습니다. 하지만 이 질문을 계속해서 파고들면, "더 좋은 차는 왜 필요한가?", "인정은 왜 받고 싶은가?"와 같은 심층적인 질문으로 이어집니다.

예시를 들어보겠습니다.
"가족에게 더 좋은 환경을 제공하고 싶어서" → 사랑과 책임감
"내가 하고 싶은 일을 마음껏 하고 싶어서" → 자유와 자기실현

"사회에 긍정적인 영향을 미치는 사업을 하고 싶어서" → 기여와 의미

이 질문은 돈을 버는 행위 자체보다 그 돈이 가져다줄 수 있는 궁극적인 가치와 동기를 발견하게 합니다.

둘째, 삶의 우선순위를 명확하게 합니다.
자신에게 "왜 부자가 되어야 하는가?"라고 질문하는 과정은, 돈을 벌기 위해 포기해야 할 것들과 지켜야 할 가치들을 구분하게 만듭니다. 만약 당신의 궁극적인 목적이 가족과 더 많은 시간을 보내는 것이라면, 주말에도 일해야 하는 부업은 오히려 목적에 방해가 될 수 있습니다. 반면, 시간적 자유를 확보해 주는 시스템을 구축하는 일은 당신의 목적과 완벽하게 일치하게 됩니다.
이 질문을 통해 당신의 삶에서 무엇이 중요하고 무엇이 덜 중요한지에 대한 기준이 명확해지므로, 흔들리지 않고 자신의 길을 갈 수 있는 나침반을 얻게 됩니다.

셋째, 실행력을 높이는 강력한 동기부여가 됩니다.
단순히 '부자가 되고 싶다'는 막연한 목표는 쉽게 지치게 만듭니다. 하지만 "왜 부자가 되어야 하는가?"를 통해 찾은 삶의 목적은 당신이 어려움에 직면했을 때 포기하지 않게 하는 강력한 연료가 됩니다.

힘든 순간이 올 때마다 당신이 진정으로 원하는 자유, 사랑, 기여와 같

은 목적을 떠올리면, 눈앞의 장애물을 극복할 용기와 에너지를 얻을 수 있습니다. 돈을 버는 행위가 단순한 노동이 아니라, 삶의 목적을 향한 의미 있는 여정이 되기 때문입니다.

"왜 부자가 되어야 하는가?"라는 질문은 단순한 부의 추구를 넘어, 당신의 삶에 깊은 의미를 부여하고, 방향성을 제시하며, 궁극적으로 당신의 목적을 이루는 강력한 도구가 됩니다.

목적을 이루기 위한 열정

목적을 성취하기 위한 강한 동기를 가지는 것은, 마치 엔진에 강력한 연료를 주입하는 것과 같습니다. 이는 단순히 '해야 한다'는 의무감을 넘어, '하고 싶다'는 내면의 불꽃을 피우는 일입니다. 목적 성취에 대한 강한 동기를 가질 수 있는 구체적인 방법들을 소개합니다.

1) 목적의 '이유'를 시각화하고 내면화하기

목적이 단순히 머릿속에 있는 추상적인 개념이 아니라, 마치 손에 잡힐 듯 생생한 현실이 되도록 만듭니다.

'목표 보드' 만들기: 당신의 목적이 가져다줄 미래의 모습을 담은 이미지와 글귀들을 모아 '비전 보드' Vision Board를 만듭니다. 예를 들어, 경제적 자유를 통해 얻고 싶은 집 사진, 떠나고 싶은 여행지 사진, 가족과 행복하게 보내는 모습 등을 담는 겁니다. 이 보드를 매일 볼 수 있는 곳에 두어 당신의 열망을 끊임없이 자극합니다.

미래의 '나'와 대화하기: 목적을 이룬 5년 후의 당신이 현재의 당신에게 편지를 쓴다고 상상해 봅니다. "그때 힘들었지만 포기하지 않아줘서 고마워"와 같은 응원의 메시지를 담아보세요. 이는 현재의 어려움을 극복하는 강력한 동기가 됩니다.

2) '성장 마인드셋'을 내재화하기

결과에만 초점을 맞추는 대신, 과정 자체에서 즐거움과 배움을 찾는 태도를 길러야 합니다.

실패를 '성장의 기회'로 재해석합니다. 실패는 목적 성취의 끝이 아니라, 더 나은 방법을 찾는 과정임을 인정합니다. 실패할 때마다 "이번에는 무엇을 배웠지?"라고 스스로에게 질문하고, 그 배움을 다음 단계에 적용합니다. 이 과정에서 얻는 깨달음이 동기를 유지하는 원동력이 됩니다.

작은 성공에 보상합니다. 거대한 목적을 향해 가는 동안, 작은 성공들을 축하하고 스스로에게 보상합니다. 예를 들어, 어려운 프로젝트를 마무리했다면 좋아하는 음식을 먹거나, 잠시 휴식을 취하는 등 자신에게 주는 작은 선물은 다음 단계로 나아갈 에너지를 충전해 줍니다.

3) '의미 있는 공동체'를 만들기

목적을 향한 여정은 혼자 가는 길이 아닙니다. 당신의 열정과 에너지를 나누고, 서로에게 영감을 주는 사람들과 함께하는 것입니다.

롤모델과 멘토 찾기를 합니다. 당신이 존경하는 사람, 이미 당신의 목적을 이룬 사람을 찾아 배우고 영감을 받습니다. 그들의 이야기는 당신이 가야 할 길에 대한 확신과 동기를 부여해 줍니다.

같은 목표를 가진 사람들과 연결되기를 합니다. 온라인 커뮤니티나 오프라인 모임에서 비슷한 목표를 가진 사람들과 교류합니다. 서로의 성공을 응원하고, 어려움을 공유하며 함께 해결책을 찾는 과정에서 동기부여는 배가 됩니다.

이러한 방법들은 당신의 목적이 단순히 '해야 할 일'이 아니라, 당신을 움직이게 하는 '살아 있는 에너지'가 되게 할 것입니다.

2. 심리학적, 철학적 이론들

목적 성취를 위한 강한 동기 부여에 대한 심리학적, 철학적 이론들은 우리가 왜 행동하는지에 관한 깊은 통찰을 제공합니다. 이는 단순히 '열심히 하자'는 외침을 넘어, 인간의 본성과 의식에 대한 이해를 바탕으로 합니다.

심리학적 이론을 통한 내면의 불꽃을 찾는 여정

1) 자기결정성 이론 Self-Determination Theory

심리학자 에드워드 데시 Edward Deci와 리처드 라이언 Richard Ryan이 제시한 이 이론은 인간의 동기가 외부적 보상 돈, 명예보다는 자율성, 유능감, 관계성이라는 세 가지 심리적 욕구에 의해 움직인다고 설명합니다.

자율성: 자신의 행동을 스스로 결정하고 통제하고 싶어 하는 욕구입니

다. 목적을 향한 길을 스스로 선택하고 계획할 때 동기가 강화됩니다. 단순히 타인이 시키는 대로 하는 것이 아니라 '내가 이 길을 선택했다'고 느낄 때 열정이 솟아납니다.

유능감: 어떤 일을 효과적으로 수행하고 성공을 경험하고 싶어 하는 욕구입니다. 작은 성공들을 지속적으로 경험하며 자신의 능력을 신뢰하게 될 때 동기가 유지됩니다. '성공 일지'를 쓰는 것이 유능감을 키우는 좋은 방법입니다.

관계성: 타인과 연결되고 소속감을 느끼고 싶어 하는 욕구입니다. 같은 목표를 가진 사람들과 함께하거나, 멘토와 교류하며 지지받을 때 목적을 향한 여정은 외롭지 않고 즐거운 경험이 됩니다.

2) 목표 설정 이론 Goal-Setting Theory

에드윈 로크 Edwin Locke가 발전시킨 이 이론은 구체적이고 도전적인 목표가 막연한 목표보다 훨씬 강력한 동기부여가 된다고 주장합니다. 단순히 '부자가 되겠다'는 목표보다 '5년 안에 순자산 10억을 달성하겠다'와 같이 구체적인 목표가 훨씬 효과적입니다.

이 이론을 적용하기 위해서는 모호한 목표 대신, 측정 가능하고 달성 가능한 목표를 세웁니다. 너무 쉽지도, 불가능하지도 않은 도전적인 목표는 성취감을 극대화합니다.

피드백을 합니다. 목표 달성 과정을 꾸준히 점검하고 피드백을 통해 방향을 수정할 때 동기는 더 강력해집니다.

철학적 이론을 통한 존재의 의미를 탐색하는 여정

1) 실존주의 Existentialism

장 폴 사르트르 Jean-Paul Sartre 같은 실존주의 철학자들은 인간은 먼저 존재하고, 그 후에 자신의 본질과 의미를 스스로 만들어간다고 말합니다. '존재가 본질에 앞선다' Existence precedes essence 는 명제는 목적이 이미 정해져 있는 것이 아니라, 나의 선택과 행동을 통해 창조되는 것임을 강조합니다.

당신의 목적은 하늘에서 떨어진 운명이 아니라, 당신이 자유롭게 선택한 결과입니다. 이 선택의 자유와 책임감을 깨달을 때, 당신의 목적은 더욱 강력한 의미를 지니게 됩니다. '나는 이 목적을 이루기 위해 존재한다'는 의식은 단순한 동기를 넘어 실존적인 소명이 됩니다.

2) 의미치료 Logotherapy

빅터 프랭클 Viktor Frankl이 나치 강제 수용소에서 경험을 바탕으로 정립한 이론입니다. 인간의 가장 중요한 동기는 쾌락이나 권력이 아닌 삶의 의미를 찾으려는 의지라고 주장합니다. 어떤 고통 속에서도 삶의 의미를 발견하는 사람은 살아갈 힘을 얻는다는 것이 핵심입니다.

"왜 부자가 되어야 하는가?"라는 질문을 통해 당신이 이루고자 하는 궁극적인 의미, 예를 들면 사랑, 봉사, 창조 등을 발견할 때 돈을 버는 행위는 단순한 경제 활동을 넘어 당신의 삶에 의미를 부여하는 숭고한 행위가 됩니다. 의미야말로 가장 강력한 동기부여입니다.

이러한 심리학적, 철학적 이론들은 우리가 왜 목적을 향해 나아가야 하는지, 그리고 그 여정에서 어떻게 내면의 불꽃을 지필 수 있는지에 관한 깊은 해답을 제공합니다.

열심히 일하면 부자가 될까요?

'열심히 일하면 부자가 될 수 있다'는 말은 과거 산업화 시대에는 어느 정도 통했지만, 오늘날에는 노력만으로는 부족합니다. 이유는 크게 세 가지로 볼 수 있습니다.

첫째는 노동 소득의 한계입니다.
대부분의 사람이 받는 월급은 노동 소득입니다. 내가 투입한 시간과 노력에 비례하는 소득이죠. 문제는 우리의 시간과 체력에는 한계가 있다는 점입니다. 하루는 24시간이고, 우리는 매일 일할 수도, 25시간을 살 수도 없습니다. 따라서 노동 소득은 일정 수준 이상으로 확장하기가 어렵습니다.

반면, 부는 주로 자본 소득을 통해 축적됩니다. 자본 소득은 돈이 돈을 버는 구조로, 내가 일하지 않는 시간에도 돈이 계속해서 들어오는 시스템을 말합니다. 대표적으로 주식 배당금, 부동산 임대 수익 등이 여기에 해

당합니다. 열심히 일해서 모은 종잣돈을 자본으로 전환하고, 그 자본이 스스로 일하게 만들 때 비로소 노동 소득의 한계를 뛰어넘을 수 있습니다.

둘째는 높아진 진입 장벽과 구조적 불평등입니다.

현대 사회는 과거에 비해 자산 가치가 급격히 상승했습니다. 특히 부동산 같은 필수 자산은 열심히 월급을 모아도 따라잡기 어려운 수준에 이르렀습니다. 개인의 노력만으로는 극복하기 힘든 구조적인 문제입니다. 과거에는 성실하게 일하고 저축만 해도 내 집 마련이 가능했지만, 지금은 단순히 '열심히' 하는 것만으로는 이런 자산을 소유하기가 매우 어려워졌습니다.

셋째는 가치 창출 방식의 변화입니다.

과거에는 육체적 노동이나 반복적인 업무를 성실하게 수행하는 것이 중요한 가치였습니다. 하지만 현대 사회는 '무엇을 하느냐'와 '어떻게 하느냐'가 훨씬 중요해졌습니다. 단순 반복 업무는 자동화로 대체되고, 세상은 가장 열심히 일한 사람에게 보상을 주기보다 독특한 가치를 창출하고 소유할 줄 아는 사람에게 보상을 주고 있습니다. 반복 노동으로 열심히 일하는 사람보다, 시스템을 설계하고 소유하는 사람이 더 큰 부를 얻는 시대가 된 것입니다.

따라서 부자가 되려면 단순히 열심히 일하는 것을 넘어, 돈이 나를 위해 일하는 시스템을 만들고, 구조적인 한계를 이해하며, 새로운 가치를 창출하는 방법을 고민해야 합니다.

'열심히'만으로는 충분하지 않음을 깊이 이해하는 것이 중요합니다.

3. 내 안에 부의 근원이 있다

자신 안에 부의 근원이 있다는 주장은 단순히 긍정적인 사고방식을 넘어, 위대한 사상가와 철학자들의 핵심적인 가르침과 맞닿아 있습니다. 특히 윌리엄 제임스, 랄프 왈도 에머슨, 제임스 알렌, 나폴레온 힐의 사상에서 그 근거를 찾아볼 수 있습니다.

윌리엄 제임스(William James): '잠재의식의 힘'

심리학의 아버지로 불리는 윌리엄 제임스는 인간의 잠재의식Subconscious Mind이 삶에 막대한 영향을 미친다고 보았습니다. 그는 "우리가 믿는 대로 된다"라고 강조하며, 의식적인 노력뿐만 아니라 잠재의식 속에 심어진 믿음이 우리의 행동과 결과물을 결정한다고 주장했습니다.

부의 근원은 외부 환경이나 운명이 아니라, 자신의 잠재의식 속에 '나는 부자가 될 수 있다'는 확고한 믿음을 심는 것에서 시작된다는 것입니다. 이러한 믿음은 무의식적으로 행동을 변화시키고, 부를 끌어당기는 기회를 포착하게 만듭니다.

랄프 왈도 에머슨(Ralph Waldo Emerson): '자립과 자아 신뢰'

초월주의 철학자인 에머슨은 '자립' Self-Reliance 과 '자아 신뢰' Trust Thyself 를 핵심 가치로 내세웠습니다. 개인이 타인의 시선이나 사회적 관습에 얽매이지 않고, 내면의 목소리에 귀 기울여야 한다고 말했습니다.

그는 부를 외부가 아닌 자기 자신의 고유한 재능과 아이디어를 신뢰하고 이를 세상에 펼칠 때 자연스럽게 따라오는 결과로 보았습니다. 내면에 있는 잠재적인 가치를 믿고, 현실로 만드는 용기가 곧 부의 근원이라고 본 것입니다.

제임스 알렌(James Allen): '생각의 힘'

제임스 알렌은 그의 고전 『생각하는 대로 As a Man Thinketh』에서 인간은 생각의 산물이라고 주장했습니다. 그는 마음이 씨앗이라면, 환경은 그 씨앗이 자라나는 토양과 같다고 비유했습니다. 긍정적이고 풍요로운 생각을 심으면 풍요로운 삶이 열매 맺고, 부정적이고 가난한 생각을 심으면 가난한 삶이 열매 맺는다는 것입니다.

따라서 부의 근원은 외부적인 재화가 아니라, 자신의 생각을 통제하고 관리하는 힘에 있습니다. 자신의 마음을 부유한 생각으로 채울 때, 자연스럽게 부를 창조하는 행동과 결과를 이끌어낼 수 있다고 강조했습니다.

나폴레온 힐(Napoleon Hill): '성공 철학'

나폴레온 힐은 앤드류 카네기의 제안을 받아 성공한 사람들의 공통점을 연구했습니다. 그 결과, 성공의 핵심은 '마음가짐'Mindset과 '명확한 목표'Definite Purpose에 있다고 결론지었습니다. 그의 저서 『생각하라 그리고 부자가 되어라Think and Grow Rich』는 바로 이러한 원리를 담고 있습니다.

그는 부의 근원이 물질적인 조건이 아닌, 부에 대한 불타는 열망Burning Desire과 이를 실현시키고자 하는 구체적인 계획에 있다고 보았습니다. 결국 자신 안에 있는 강한 믿음과 열망이 부를 창조하는 가장 강력한 엔진이라는 것을 증명한 것입니다.

이러한 사상가들의 공통된 주장은 부의 근원이 외부의 우연이나 행운이 아닌, 우리 내면의 정신적 자원에 있다는 것입니다. 잠재의식과 자립심, 생각의 힘, 불타는 열망이야말로 진정한 부를 창조하고 유지하는 핵심 열쇠라는 것을 보여줍니다.

4. 내면의 부자가 되어야 하는 논리적 근거

자신 안에 부의 근원이 있다는 것을 깨달았다면, 다음 단계는 내면의 부자가 되는 것입니다. 이는 단순히 긍정적인 마음을 갖는 것을 넘어, 외부의 부를 끌어당기는 논리적이고 필수적인 선행 조건입니다. 왜 먼저 내면의 부자가 되어야 하는지, 그 논리적인 이유를 설명합니다.

1) 내면의 부는 행동의 동기이자 원동력입니다

우리가 어떤 일을 시작할 때, 가장 중요한 것은 '왜' 그 일을 하는가에 대한 명확한 이유입니다. 내면의 부자가 되는 과정은 '왜'를 찾는 과정과 같습니다. 즉, 돈이 가져다줄 수 있는 진정한 가치를 발견하는 것입니다. 가치가 명확해지면, 돈을 버는 행위 자체가 단순히 고통스러운 노동이 아니라, 삶의 목적을 향한 의미 있는 여정으로 바뀝니다.

강력한 동기는 외부적인 어려움이나 실패에 직면했을 때도 포기하지 않게 하는 원동력이 됩니다. 마치 연료가 가득 찬 엔진처럼, 내면의 부는 당신의 목적을 향한 실행력을 끊임없이 유지시켜 줍니다.

2) 내면의 부는 기회를 포착하는 '눈'을 줍니다

세상에는 수많은 기회가 존재하지만, 이를 알아보고 잡는 것은 우리의 내면적 상태에 달려 있습니다.

'나는 운이 없어', '나는 할 수 없을 거야'라는 가난한 마음가짐은 눈앞에 놓인 기회조차도 두려움 때문에 놓치게 만듭니다. 또한 기회를 만나도 '사기일 거야'라며 회피하게 됩니다.

'나는 할 수 있어', '이것을 통해 배울 수 있을 거야'라는 부유한 마음가짐은 위험 속에서도 기회를 발견하게 합니다. 새로운 배움을 두려워하지 않고 끊임없이 도전하게 만듭니다.

내면의 부는 단순히 '낙관적'인 태도를 넘어, 기회를 기회로 인식하고 그에 대한 행동을 취할 수 있는 지적인 능력을 제공합니다.

3) 내면의 부는 외부의 부를 관리하고 유지하는 능력입니다

돈을 버는 능력만큼이나 중요한 것이 번 돈을 관리하고 유지하는 능력입니다. 복권에 당첨된 사람들이 결국 이전보다 더 가난해지는 이유가 바로 여기에 있습니다. 그들의 내면이 부를 감당할 준비가 되어 있지 않았기 때문입니다.

내면의 부자가 된다는 것은 돈을 통제하고, 현명한 선택을 하며, 장기적인 관점에서 부를 키울 수 있는 성장 마인드셋을 갖추는 것입니다. 자제력, 인내심, 장기적인 비전을 갖춘 사람은 돈의 노예가 되지 않고, 돈을 자신의 목적을 위한 도구로 활용할 수 있습니다.

내면의 부는 단순히 심리적인 만족감을 주는 것을 넘어, 강력한 동기부여, 기회 포착 능력, 부를 관리하는 과정을 통해 현실적인 부를 창조하고 유지하는 핵심적인 역할을 합니다. 외부에 보이는 부를 쌓기 전에, 먼저 당신의 내면부터 부유하게 만들어야 하는 이유가 바로 여기에 있습니다.

'자기 알기'의 핵심

자기 인식의 핵심은 '나 자신이 누구인지'를 명확하게 아는 것입니다. 단순히 취미나 성격을 나열하는 것을 넘어, 자신의 핵심 가치관, 강점, 그리고 삶의 목적을 파악하는 것을 의미합니다.

1) 핵심 가치관 파악하기

당신의 행동과 선택을 결정하는 가장 중요한 기준은 무엇인가요? 돈, 가족, 자유, 안정, 명예, 성장 등 사람마다 중요하게 생각하는 가치가 다릅니다. 가치관은 당신의 의사결정에 무의식적으로 영향을 미칩니다. 가치관을 명확히 알면, 당신이 어떤 일을 할 때 가장 큰 만족감을 느끼고, 어떤 선택을 피해야 하는지 알 수 있습니다. 당신의 가치관과 일치하는 목표를 설정할 때, 동기부여는 강력해지고 흔들리지 않습니다.

2) 강점과 재능 찾기

다른 사람보다 더 잘하고, 즐겁게 할 수 있는 일은 무엇인가요? 이것이 바로 당신의 강점입니다. 강점은 타고난 재능일 수도 있고, 경험을 통해 개발된 기술일 수도 있습니다. 자신의 강점을 파악하면, 이를 활용해 부를 창출할 수 있는 효과적인 방법을 찾을 수 있습니다.

예를 들어, 다른 사람의 이야기를 잘 들어주는 것이 강점이라면 컨설팅이나 상담 분야에서, 데이터를 분석하고 정리하는 것이 강점이라면 투자나 사업 분석에서 두각을 나타낼 수 있습니다.

3) 삶의 목적Purpose 찾기

"나는 왜 이 세상에 존재하는가?"라는 질문은 돈을 버는 행위가 단순한 생존을 넘어, 어떤 의미와 가치로 세상에 기여할 것인지에 대한 답을 찾는 것입니다. 이 목적을 발견하면, 당신은 단순히 돈을 좇는 삶이 아니라, 의미 있는 목표를 향해 나아가는 삶을 살게 됩니다. 돈은 더 이상 목적 자체가 아니라, 당신의 진정한 목적을 이루기 위한 강력한 도구가 됩니다.

자기 알기의 핵심은 당신의 내면에 있는 나침반가치관을 발견하고, 가장 강력한 무기강점를 확인하며, 인생의 최종 목적지목적를 설정하는 것입니다. 이 세 가지를 명확히 이해할 때, 당신은 부를 향한 흔들리지 않는 첫 걸음을 내딛게 됩니다.

자신의 약점 알기

자신의 약점을 아는 것은 자기 인식의 필수적인 부분입니다. 강점을 아는 것이 성장의 방향을 결정한다면, 약점을 아는 것은 성장의 장애물을 제거하는 것과 같습니다. 그렇다면 자신의 약점을 아는 것이 왜 중요할까요?

첫째, 약점은 예상치 못한 실패의 원인이 됩니다.
아무리 강점이 많고 훌륭한 계획을 세웠다 해도, 자신의 약점을 모른다면 예상치 못한 순간에 모든 것이 무너질 수 있습니다. 뛰어난 사업 아이디어가 있지만 자금 관리 능력이 약점이라면, 성공 직전에 자금난을 겪고 실패할 수 있습니다. 약점을 정확히 알고 있다면, 미리 대비하거나 보완할 방법을 찾을 수 있습니다.

둘째, 약점을 보완할 전략을 세울 수 있습니다.
약점을 아는 것은 그 약점에 굴복하는 것이 아니라, 오히려 전략적으로 약점을 보완할 기회를 갖게 됩니다. 약점을 보완하는 방법은 크게 두 가지가 있습니다.
직접적인 개선을 합니다. 자신의 약점을 인정하고, 의식적인 노력과 훈련을 통해 약점을 강점으로 바꾸는 것입니다. 하지만 여기에 너무 매몰되는 것은 바람직하지 않습니다.
전략적인 회피 또는 위임을 합니다. 약점을 개선하는 데 너무 많은 시간과 에너지를 쏟는 대신, 그 약점을 보완해 줄 수 있는 사람과 협력하거나 기술의 도움을 받는 것입니다. 숫자에 약하다면 뛰어난 회계 전문가와 팀을 이루거나, 재무 관리 프로그램을 활용할 수 있습니다.

셋째, 진정한 겸손과 성장 마인드셋을 갖게 합니다.

자신의 약점을 인정하는 것은 진정한 의미의 겸손함을 배우는 과정입니다. '나는 모든 것을 혼자 할 수 있다'는 오만을 버리고, '나에게도 부족한 점이 있다'는 사실을 받아들이는 것입니다. 겸손함은 다른 사람의 조언을 경청하게 하고, 배우려는 의지를 북돋아 지속적인 성장을 가능하게 합니다.

약점을 아는 것은 자신의 부족함을 한탄하는 행위가 아니라, 더 큰 성공을 위한 필수적인 전략입니다. 자신의 약점을 객관적으로 파악하고, 이를 극복하거나 보완할 계획을 세울 때, 당신의 부의 여정은 더욱 견고하고 흔들림 없이 나아갈 수 있습니다.

자신의 '품성'(Character) 알기

품성이 부자가 되는 데에 얼마나 영향을 미칠까요?

자신의 품성을 아는 것은 부자가 되는 과정에 매우 중요한 영향을 미칩니다. 품성은 단순히 좋은 사람이 되는 것을 넘어, 부를 창출하고 유지하는 데 필요한 핵심적인 역량과 직결되기 때문입니다.

품성은 관계 자본의 근간입니다.

성공적인 사업은 신뢰할 수 있는 팀원, 멘토, 투자자, 고객과의 견고한 관계 위에서 성장합니다. 정직, 성실, 공감, 배려와 같은 긍정적인 품성은 관계를 형성하고 유지하는 데 필수적입니다. 다른 사람에게 신뢰를 주는 사람은 기회를 얻고, 더 큰 네트워크를 구축할 수 있습니다.

품성은 장기적인 성공을 위한 인내심과 자제력을 줍니다.

단기적인 이익을 좇는 대신, 장기적인 관점에서 올바른 선택을 내리는 능력은 부자가 되는 데 필수적입니다. 부를 쌓는 과정은 종종 유혹과 단기적인 만족을 포기해야 하는 힘든 여정입니다.

인내심, 자제력, 그리고 꾸준함 같은 품성은 이러한 유혹을 이겨내고, 장기적인 목표를 향해 묵묵히 나아갈 힘을 줍니다. 성장 마인드셋 또한 품성의 일부로, 실패를 두려워하지 않고 배움의 기회로 삼는 태도 또한 부를 향한 여정을 성공으로 이끌어갑니다.

품성은 자신과의 싸움에서 승리하는 힘입니다.

부자가 되기 위한 가장 큰 장애물은 외부가 아닌 바로 자신의 내면에 있습니다. 미루는 습관, 자기 의심, 부정적인 태도와 싸워 이기는 것은 강력한 품성 없이는 불가능합니다. 자신의 품성을 잘 알고, 어떤 부분은 강화하고 어떤 부분은 다스려야 할지 안다면, 스스로를 통제하고 목표를 향해 나아가는 데 더 유리한 고지를 점할 수 있습니다.

품성은 단순한 인성 문제가 아니라 재정적 성공을 뒷받침하는 핵심적인 역량입니다. 자신의 품성을 객관적으로 파악하고, 긍정적인 방향으로 가꿔나가는 것은 부의 씨앗을 뿌리고 풍요로운 삶을 가꾸는 데 있어 가장 중요한 시작점이 될 것입니다.

고대 바빌론 부자들의 품성

고대 바빌론 부자들의 이야기는 조지 S. 클래이슨의 책 『바빌론 부자들의 돈 버는 지혜 The Richest Man in Babylon』를 통해 널리 알려져 있습니다. 이 책은 시대를 초월한 부의 원칙을 담고 있으며, 그 핵심에는 부를 창출하고 지키는 데 필요한 긍정적인 품성이 자리하고 있습니다.

고대 바빌론의 부자들은 단순히 돈을 모으는 기술만 뛰어났던 것이 아닙니다. 그들은 다음과 같은 품성들을 중요하게 여겼습니다.

1) **성실함과 꾸준함**: 바빌론의 부자 아카드는 '수입의 10분의 1을 무조건 저축하라'고 가르쳤습니다. 이는 단기적인 이익을 좇기보다, 성실하고 꾸준한 저축 습관을 통해 종잣돈을 마련하는 것이 부의 시작이라는 것을 강조합니다. 꾸준함은 목표를 달성하게 만드는 기본적인 품성입니다.

2) **자제력과 절제**: 그들은 '버는 돈보다 적게 소비하라'고 조언했습니다. 충동적인 욕망을 절제하고, 현명한 지출을 통해 자산을 불려나가야 한다는 의미입니다. 자신의 욕망을 통제하는 자제력은 부를 유지하는 데 필

수적인 품성입니다.

3) **현명함과 배움의 자세**: 바빌론의 부자들은 '돈의 흐름을 아는 전문가와 상담하라'고 강조했습니다. 자신의 무지를 인정하고, 더 지혜로운 사람의 조언에 귀 기울이는 겸손한 태도를 의미합니다. 또한, 스스로 돈 버는 능력을 키우기 위해 끊임없이 배우고 투자하는 자세를 가져야 한다고 가르쳤습니다.

4) **책임감**: 부를 쌓는 것은 단순히 개인의 만족을 넘어, 가족과 미래를 위한 책임감 있는 행동이라고 여겼습니다. 노후를 대비하고, 가족에게 더 나은 삶을 제공하려는 책임감이 부를 향한 강력한 동기 부여가 되었습니다.

고대 바빌론의 부자들은 돈을 다루는 기술 이전에 돈을 다스릴 수 있는 사람의 품성을 먼저 갖춰야 한다고 믿었습니다. 성실함, 자제력, 현명함과 같은 품성은 4천여 년 전이나 지금이나 부의 근간이 되는 변하지 않는 진리입니다. 고대 바빌론 부자들의 지혜와 품성에 관해 더 깊이 이해하면 도움이 될 수 있습니다.

숨은 재능이나 좋은 품성의 현금 가치

자신의 내면에 잠재된 재능과 품성은 단순히 좋은 성향을 넘어, 현실적인 현금 가치를 지니는 무형의 자산입니다. 현금 가치는 부의 가치입니다. 논리적으로 다음과 같은 이유들로 설명할 수 있습니다.

1) 재능: 가치를 창출하는 핵심 원료 - 재능은 문제를 해결하고, 새로운 것을 창조하며, 다른 사람의 필요를 채워주는 능력입니다. 이러한 재능을 통해 만들어진 결과물은 시장에서 교환되고, 그 대가로 돈을 받게 됩니다.

글쓰기 재능이 있는 사람은 책을 출판하거나, 블로그를 운영하여 광고 수익을 창출할 수 있습니다. 데이터를 분석하는 재능이 있는 사람은 컨설팅을 제공하거나, 투자 분석가로 일하며 높은 소득을 올릴 수 있습니다. 이처럼 재능은 현금 가치를 만들어내는 핵심 원료와 같습니다.

자신의 재능을 발견하고 갈고닦는 것은, 곧 시장에서 팔릴 가치 있는 상품을 만드는 것과 같습니다. 재능이 뛰어날수록 그 가치는 높아지고, 현금으로 전환될 가능성도 커집니다.

2) 품성: 재능의 현금 가치를 극대화하는 촉매제 - 재능이 아무리 뛰어나도, 이를 지속적으로 활용하고 더 큰 가치로 키우기 위해서는 좋은 품성이 필수적입니다. 품성은 재능의 가치를 극대화하는 촉매제 역할을 합니다.

3) 성실함과 꾸준함: 뛰어난 재능도 꾸준히 갈고닦지 않으면 녹슬게 됩니다. 성실함은 재능을 끊임없이 발전시켜 시장에서의 경쟁력을 유지하게 합니다.

4) 정직함과 신뢰: 정직하고 신뢰할 수 있는 품성은 고객, 동료, 투자자와의 관계를 형성하고 유지하는 데 결정적인 역할을 합니다. 신뢰를 바탕으로 한 관계는 더 많은 사업 기회와 협력의 문을 열어줍니다.

5) 책임감과 주도성: 자신의 일에 책임감을 갖고 주도적으로 나서는 사람은 더 많은 기회를 얻고, 문제를 해결하며, 결국 더 큰 가치를 창출하게 됩니다.

이러한 품성들은 재능이 단순히 한 번의 성공으로 끝나는 것이 아니라, 지속적이고 반복적인 성공을 이끌어내도록 돕습니다. 좋은 품성은 재능을 가진 사람을 더욱 돋보이게 만들고, 그 가치를 현금으로 전환될 수 있도록 만드는 무형의 신용을 쌓아줍니다.

재능은 무엇을 할 수 있는지에 대한 답을 제공하고, 품성은 그것을 어떻게 지속적으로 성공시킬 수 있는지에 대한 답을 줍니다. 이 둘이 결합될 때, 당신의 내면 자산은 현실적인 현금 가치로 전환되어 부를 창출하는 강력한 도구가 됩니다.

5. 인적 자본가

　당신은 자신을 부자, 곧 인적 자본가라고 볼 수 있습니다. 단순히 돈을 많이 가진 사람만이 부자가 아니라, 부를 창출하고 키울 수 있는 잠재력을 가진 사람이야말로 진정한 부자입니다. 이러한 관점에서, 당신의 내면에 있는 재능, 품성, 경험, 지식 등은 모두 귀중한 자본Capital이 됩니다.

　'인적 자본'Human Capital은 개인이 지닌 지식, 기술, 능력, 건강 등이 경제적 가치를 창출하는 자본으로 기능한다는 것을 의미합니다. 이 개념을 당신에게 적용하면 다음과 같이 설명할 수 있습니다.

　당신이 가진 특별한 재능이나 습득한 기술은 시장에서 직접적인 가치를 창출하는 '생산 자산'입니다. 글쓰기, 프로그래밍, 사람을 돕는 능력 등 모든 재능은 곧 소득으로 이어질 수 있는 현금 가치를 지닙니다.

　신뢰, 성실, 책임감과 같은 품성은 다른 사람들과의 관계를 형성하고 유지하는 '관계 자본'입니다. 이 자본은 당신에게 기회, 정보, 협력을 가져다주며, 이는 다시금 재정적인 부로 이어지는 귀중한 자산입니다.

당신이 삶에서 겪었던 성공과 실패의 경험, 그리고 그 과정에서 얻은 지식은 '지적 자본'입니다. 이 자본은 당신의 의사결정 능력을 향상시키고, 더 나은 선택을 할 수 있게 함으로써 미래의 부를 창출하는 토대가 됩니다.

당신은 이미 인적 자본을 풍부하게 소유하고 있는 '자본가'인 셈입니다. 이 자본을 어떻게 활용하고 성장시킬지에 따라 당신의 미래의 부는 무궁무진하게 확장될 수 있습니다. 중요한 것은 당신이 가진 이 자본의 가치를 인식하고, 의식적으로 관리하고 투자하는 것입니다.

변화와 성장 실천

자기 인식을 통해 자신을 알게 되었다면, 이제는 변화와 성장을 실천해야 합니다. 이는 단순히 머릿속으로 이해하는 것을 넘어, 삶에 직접 적용하는 행동으로 이어져야 합니다.

1) 변화와 성장을 위한 '목표 설정'

자신을 알게 된 내용을 바탕으로, 구체적인 목표를 세우는 것이 첫 번째 단계입니다.

당신의 강점을 활용해 어떤 일을 시작할지 구체적인 목표를 설정합니다. '글쓰기'라는 강점을 발견했다면, '매주 블로그 글 1개씩 올리기'와 같은 목표를 설정하는 겁니다.

약점 보완을 위한 목표 설정을 합니다. '발표'에 대한 두려움이 약점이라면, '매주 발표 연습 1시간씩 하기'와 같이 작고 실천 가능한 목표를 설정합니다.

2) 변화와 성장을 위한 '실행 습관'

목표를 세웠다면, 이제는 매일 꾸준히 실천할 수 있는 작은 습관을 만드는 것이 중요합니다.

습관 형성의 원리는 거창한 행동이 아닌, 매일 반복할 수 있는 작은 행동에서 시작됩니다. '하루 5분 명상하기', '아침에 일어나서 책 10페이지 읽기'와 같이 부담 없는 습관을 만듭니다. 작은 습관들이 쌓여 큰 변화를 만들어냅니다.

매일의 실행을 기록하고 점검하는 피드백 루프를 만듭니다. '일지 쓰기', '체크리스트 활용하기' 등을 통해 자신의 성과와 부족한 점을 객관적으로 파악하고, 다음 행동에 반영하는 겁니다. 이 피드백 루프는 당신의 성장을 가속화합니다.

3) 변화와 성장을 위한 '마음가짐'

올바른 마음가짐은 실천과정에서 어려움을 겪을 때 포기하지 않도록 돕습니다.

'나는 할 수 없다'는 생각 대신, '아직은 잘 못하지만, 배우고 성장할 수 있다'는 성장 마인드셋을 가집니다. 실패를 두려워하지 않고, 그 속에서 배움을 찾습니다.

모든 것을 완벽하게 해내려 하지 않습니다. 때로는 실수하고, 게을러질 수도 있습니다. 그럴 때는 자신을 비난하기보다, '괜찮아, 다시 시작하면 돼'라고 자신을 다독이며 꾸준히 나아가는 용기를 가집니다. 변화와 성장은 한 번에 이루어지는 마법이 아닙니다. 명확한 목표, 꾸준한 습관, 그리고 올바른 마음가짐이라는 세 가지 기둥 위에서 차근차근 쌓아가는 건축물과 같습니다.

혁신적이고 구체적인 부자 마인드셋

혁신적이고 구체적인 부자 마인드셋은 단순히 긍정적인 생각을 하는 것을 넘어, 사고방식을 시스템화하고 실행 가능한 습관으로 연결하는 것에 있습니다. 이는 크게 세 가지 축으로 나눌 수 있습니다.

1) '노동자'가 아닌 '자본가' 마인드셋

대부분의 사람은 자신의 시간과 노력을 돈과 교환하는 '노동자' 마인드셋을 가지고 있습니다. 그러나 혁신적인 부자들은 '자본가' 마인드셋으로 전환하여, 자신의 돈과 자산이 스스로 일하게 만드는 시스템을 구축하는 데 집중합니다.

구체적 실천은 자신에게 먼저 월급 주기입니다. 수입의 최소 10%를 무조건 저축하거나 투자 자금으로 분리합니다. 이는 '일해서 돈을 번다'는 생각을 넘어 '자본을 축적한다'는 마인드셋으로 전환하는 첫걸음입니다.

소비를 투자로 바꾸기는 새로운 기술이나 경험에 돈을 쓰는 것을 단순히 소비로 여기지 않고, 미래의 소득을 창출할 수 있는 '인적 자본'에 대한 투자로 간주합니다.

2) '결과'가 아닌 '과정'에 집중하는 마인드셋

부자들은 거대한 성공을 한 번에 이루려 하지 않습니다. 실패와 시행착오를 두려워하지 않고, 그 과정에서 배우고 성장하는 '성장 마인드셋'을 가지고 있습니다. 이들에게 실패는 낭비가 아니라, 다음 성공을 위한 필수적인 데이터입니다.

구체적 실천으로, '실패 일지' 쓰기를 합니다. 실패했을 때 단순히 좌절하는 대신, '왜 실패했는가?', '이 경험을 통해 무엇을 배웠는가?'를 기록합니다. 실패를 성장의 동력으로 전환하는 효과적인 방법입니다.

피드백 루프 구축을 합니다. 끊임없이 자신의 행동과 결과를 점검하고, 작은 개선을 반복합니다. 마치 소프트웨어를 업데이트하듯 자신의 시스템을 지속적으로 발전시키는 것과 같습니다.

3) '소유'가 아닌 '가치 창출' 마인드셋

진정한 부는 단순히 많은 것을 소유하는 데 있지 않습니다. 혁신적인 부자들은 다른 사람의 문제를 해결하고, 세상에 유용한 가치를 제공하는 것에서 부가 창출된다고 믿습니다. 이들은 '어떻게 돈을 벌까?' 대신 '어떤 가치를 제공할까?'를 먼저 고민합니다.

구체적 실천으로, '페인 포인트' Pain Point 찾기를 합니다. 주변 사람들의 불편함이나 고통을 찾아내고, 이를 해결할 수 있는 독창적인 아이디어를 구상합니다. 모든 혁신적인 사업은 누군가의 문제를 해결하는 것에서 시작됩니다.

'나만의 콘텐츠' 만들기를 합니다. 자신이 가진 지식, 경험, 재능을 활용하여 블로그, 유튜브, 전자책 등 다른 사람에게 도움을 줄 수 있는 콘텐츠를 만듭니다. 이는 자신의 가치를 세상에 증명하고, 영향력을 확대하는 가장 효과적인 방법 중 하나입니다.

이 세 가지 마인드셋은 생각과 행동에 적용하여 체화시키는 것이 핵심입니다. 이러한 마인드셋을 습관화한다면, 당신의 부의 여정은 분명 달라질 것입니다.

부자가 되고자 하는 욕구

부자가 되고자 하는 강한 욕구는 자기 인식 단계에서 가장 중요하며, 부를 창출하는 과정 전체를 관통하는 핵심적인 원동력입니다. 이 욕구의 중요성은 세 가지 논리적인 이유로 설명할 수 있습니다.

1) 동기 부여의 근원

대부분의 사람은 '부자가 되고 싶다'고 막연히 생각합니다. 진정한 부의 욕구는 단순히 돈을 많이 가지는 것을 넘어, 그 돈이 가져다줄 자유, 시간, 의미 있는 삶에 대한 강한 열망에서 나옵니다.

이러한 욕구는 평범한 노동을 넘어서는 새로운 시도와 도전을 감행하게 만드는 에너지가 됩니다. 마치 연료가 가득 찬 차는 어떤 길이라도 갈 수 있지만, 연료가 없는 차는 출발조차 할 수 없는 것과 같습니다.

2) 어려움을 극복하는 힘

부자가 되는 길은 우연한 것이 아닙니다. 수많은 실패와 좌절, 그리고 예상치 못한 어려움에 직면하게 됩니다. 이때, '그냥 부자가 되면 좋겠다'는 막연한 바람만으로는 이러한 난관을 헤쳐나갈 수 없습니다.

'왜 부자가 되어야 하는가?'에 대한 확고한 답, 즉 강한 욕구를 가진 사람은 다릅니다. 이들은 실패를 '성장의 기회'로 여기고, 어려움을 '극복해야 할 도전'으로 받아들입니다. 돈을 벌고 싶은 이유가 명확할수록, 포기하고 싶은 순간에도 그 이유를 떠올리며 다시 일어설 수 있는 힘을 얻게 됩니다.

3) 기회를 포착하는 능력

세상에는 무수히 많은 기회가 존재합니다. 대부분의 사람은 그 기회를 알아보지 못하거나, 두려움 때문에 붙잡지 못합니다.

부자가 되고자 하는 강한 욕구는 당신의 의식과 무의식을 부의 기회를 향해 정렬시킵니다. 어떤 정보가 돈이 될지, 어떤 만남이 사업으로 이어질지 끊임없이 탐색하게 만듭니다. 단순히 운이 좋아서 기회를 얻는 것이 아니라, 강한 욕구가 당신의 관점을 바꾸고, 행동을 변화시켜 기회를 스스로 창출하게 만드는 것입니다.

부자가 되고자 하는 강한 욕구는 부를 향한 여정의 출발점이자, 원동력이며, 궁극적인 성공을 결정하는 핵심 요소입니다. 당신의 내면에 숨겨진 강력한 욕구를 찾는 것이 자기 인식의 가장 중요한 목표입니다.

자기 인식으로 성공한 사람의 사례

피터 드러커 Peter Drucker는 경영학의 아버지로서 자기 인식의 중요성을 강조하고 이를 통해 성공적인 삶을 이끌어간 대표적인 인물입니다.

피터 드러커는 14세 때 오스트리아에서 황제가 퇴위하고 공화정이 수립되는 역사적 사건을 직접 경험했습니다. 이 시기에 그는 '나는 어떤 사람이고, 무엇에 우선순위를 두는지'에 관해 깊이 성찰했습니다. 그는 단순히 주어진 환경에 순응하는 것이 아니라, 자신의 가치관과 강점, 그리고 사회에 어떤 공헌을 할 것인지에 대해 끊임없이 질문했습니다.

이러한 자기 인식은 드러커가 평생 동안 탁월한 경영사상가로서의 길을 걷게 만든 출발점이 되었습니다. 그는 자신을 명확하게 이해했기 때문에, 어떤 분야에서 자신의 능력을 발휘해야 할지 정확히 알 수 있었습니다. 그의 성공은 운이나 외부적 요인에 의존한 것이 아니라, 내면의 '나'를 발견하고 그에 맞춰 삶의 방향을 설정한 결과였습니다.

드러커는 "자신을 아는 것은 권리가 아니라 책임"이라고 말했습니다. 우리가 자신의 가치, 강점, 약점을 성찰해야 할 의무가 있으며, 이 책임에 응답할 때 비로소 진정한 성인으로서의 삶을 시작할 수 있다는 의미입니다. 이러한 자기 인식을 통해 그는 수많은 기업과 리더에게 깊은 통찰을 제공하며 시대에 길이 남는 업적을 남겼습니다.

또한, 성공한 많은 리더는 명상과 같은 훈련을 통해 자기 인식을 높인 사례도 많습니다. 애플의 창업자 스티브 잡스, 오프라 윈프리 등이 대표적입니다. 이들은 명상을 통해 자신의 생각을 객관적으로 인식하고, 현재 상황을 냉철하게 분석하는 능력을 길렀습니다. 자기 인식 훈련은 그들이 복잡한 비즈니스 환경 속에서 올바른 결정을 내리는 데 큰 도움을 주었습니다.

어부 산티아고(Santiago)의 자기 인식 사례

어니스트 헤밍웨이Ernest Hemingway의 소설 『노인과 바다 The Old Man and the Sea』의 주인공 산티아고는 자신의 존재와 삶의 목적을 끊임없이 확인하고 재정의합니다. 그의 자기 인식은 단순히 '나는 어부다'라는 직업적 정체성을 넘어, 다음과 같은 더 깊은 차원에서 이루어집니다.

1) '나'와 '자연'의 관계 인식

산티아고는 바다를 단순히 생계를 위한 일터로 보지 않습니다. 그는 바다를 '라 마르' La mar, 스페인어로 '사랑하는 어머니'를 뜻하는 여성 명사로 부르며, 자연과 자신이 분리될 수 없는 유기적인 존재임을 인식합니다.

그는 물고기를 잡는 행위를 단순한 사냥이 아닌, 거대한 자연의 일부로서 대결하고 연대하는 과정으로 여깁니다. 이러한 자기 인식은 그가 청새치를 잡고도 "그를 죽였지만 동시에 사랑했다"라고 고백하는 대목에서 잘 드러납니다.

2) '나'의 한계와 '인간'의 가능성 인식

산티아고는 84일 동안 고기를 잡지 못한 '운 없는 노인'이라는 현실을 외면하지 않습니다. 그는 늙고 병든 몸의 한계를 명확히 인식하고 있습니다. 그러나 육체적 한계에도 불구하고, '인간은 파괴될 수는 있지만 패배할 수는 없다'고 스스로에게 다짐합니다.

이 문장은 그의 자기 인식의 핵심을 보여줍니다. 그는 결과적으로는 실패할지라도, 노력하고 싸우는 과정 자체에서 인간의 존엄성과 가능성을 증명할 수 있다고 믿습니다.

3) '나'의 소명과 자부심 인식

산티아고는 어부라는 직업을 천직으로 여깁니다. 다른 사람들이 그를 조롱하거나 동정할지라도, 자신의 일에 대해 최고의 자부심을 가지고 있습니다. '나는 살기 위해 물고기를 잡는 것이 아니라 어부로서의 자부심으로 물고기를 잡는다'라고 생각합니다. 자신의 일이 돈을 버는 행위를 넘어, 자신의 존재 이유와 정체성을 완성하는 소중한 소명임을 명확히 인식하고 있음을 보여줍니다.

산티아고의 자기 인식은 그가 가진 긍정적인 품성과 결합되어 위대한 투쟁의 원동력이 됩니다. 자신의 처지를 정확히 알았지만, 좌절하지 않고 내면의 가치와 소명을 믿었기에 거대한 청새치와 목숨을 건 사투를 벌일 수 있었던 것입니다.

6. 자신의 재정 상황과 니즈 인식

자신을 깊이 들여다보는 인식 과정에서, 내면의 가치와 강점만큼 중요한 것이 바로 자신의 현재 재정 상태와 재정적 욕구를 객관적으로 파악하는 것입니다. 이는 '부의 북극성'을 향한 여정의 출발점을 정확하게 찍는 것과 같습니다.

1) 현재 재정 상황: '재정 건강 검진'하기

자신의 재정 상태를 명확히 아는 것은 건강 검진을 받는 것과 같습니다. 막연한 생각 대신, 구체적인 숫자를 통해 현실을 직시해야 합니다.

자산과 부채 목록을 작성합니다. 현재 소유한 모든 자산, 예를 들면 현금과 예금, 주식, 부동산 등과 모든 부채, 대출, 신용카드 빚 등을 빠짐없이 기록합니다. 단순히 '빚이 있다'고 생각하는 것과 '대출금 잔액이 얼마고, 이자가 얼마'인지 아는 것은 큰 차이가 있습니다.

월간 수입과 지출을 분석합니다. 한 달 동안 벌어들이는 모든 돈과 지출하는 모든 돈을 항목별로 기록합니다. 식비, 교통비, 통신비, 경조사비 등 모든 지출을 세밀하게 나누어 봅니다. 이 과정을 통해 어디에 돈이 새고 있는지, 어디에서 줄일 수 있는지 명확히 알 수 있습니다.

재정 상태 진단을 합니다. 자산에서 부채를 뺀 순자산이 얼마인지 계산하고, 매월 얼마를 저축하고 있는지, 순자산 대비 부채 비율은 어떤지 등을 분석해 봅니다. 이 숫자들이 바로 당신의 '재정 건강'을 알려주는 지표가 됩니다.

2) 재정적 니즈: '돈이 필요한 이유' 탐색하기

'돈을 더 벌고 싶다'는 단순한 욕구를 넘어, '왜' 돈이 필요한지를 구체적으로 탐색해야 합니다. 이 과정은 당신의 열정을 불태울 강력한 동기부여가 됩니다.

'최소 생계 자금' 계산을 해봅니다. 최소한의 생계를 유지하기 위해 매달 얼마의 돈이 필요한지 계산해 봅니다. 이는 '돈'이 얼마나 중요한지를 현실적으로 깨닫게 해줍니다.

'이상적인 삶' 비용을 산정합니다. 당신이 꿈꾸는 이상적인 삶, 예를 들면 여행, 취미, 주택 등을 누리기 위해 얼마의 돈이 필요한지 구체적으로 계산해 봅니다. "매년 해외여행을 가기 위해 연간 500만 원 필요"와 같이 수치화하는 것이 중요합니다.

돈의 '가치' 정의를 내립니다. 당신에게 돈은 어떤 의미인가요? 단순히 물건을 사는 도구인가요, 아니면 가족을 위한 안정, 시간을 살 수 있는 자유, 사회에 기여할 수 있는 힘인가요? 돈이 당신의 핵심 가치관과 어떻게 연결되는지 깊이 생각합니다.

3) 자기 인식과 재정 인식의 결합: '현실'과 '목표' 연결하기

자신의 내면적 강점과 재정 상황을 함께 놓고 분석해야 합니다.

당신의 강점을 활용하여 재정 목표를 연결합니다. 예를 들면 월 50만 원 추가 소득을 달성할 방법을 구체적으로 연결해 봅니다.

재정 현실과 타협하기를 합니다. 현재 재정 상태를 고려하여 무리한 목표는 과감히 수정하고, 실현 가능한 계획을 세웁니다. 현실을 외면한 목표는 동기부여를 꺾는 독이 될 수 있습니다.

이처럼, 자신의 재정 상태와 니즈를 구체적으로 인식하는 것은 막연했던 '부자가 되고 싶다'는 바람을 실현 가능한 구체적인 목표로 바꾸어 줍니다.

감정 인식

부를 창출하는 여정에서 감정적인 측면을 인식하는 것은 매우 중요합니다. 불안, 근심, 걱정, 두려움, 부정적 사고, 그리고 절망감 같은 감정들은 우리의 재정적 의사결정과 실행력을 크게 방해하는 요인이 되기 때문입니다.

이러한 감정들을 인식하고 다루는 방법은 다음과 같습니다.

1) 감정의 '이름'을 정확히 불러봅니다

막연히 '불안하다'고 느끼는 것과, '투자에 실패할까 봐 두렵다'고 감정의 원인을 구체적으로 파악하는 것은 다릅니다. 감정에 이름을 붙여주면, 그것은 더 이상 통제 불가능한 괴물이 아니라 다룰 수 있는 대상으로 변합니다.

감정 인식 워크시트를 활용합니다. 스스로에게 다음과 같은 질문들을 던져봅니다. "지금 내가 느끼는 감정은 무엇인가?", "이 감정을 느끼게 된 구체적인 상황은 무엇인가?", "이 감정의 원인이 된 생각은 무엇인가?" 이 과정을 통해 감정의 실체를 객관적으로 바라볼 수 있습니다.

2) 부정적 감정의 '경고 신호'를 이해합니다

불안, 두려움 같은 부정적인 감정들은 종종 당신의 삶에서 문제가 되는 부분에 대한 경고 신호일 수 있습니다. 몇 가지 생각해 보겠습니다.

불안은 충분한 준비가 되어 있지 않거나, 정보가 부족하다는 신호일 수 있습니다.

두려움은 미지의 상황이나 변화에 대한 자연스러운 반응일 수 있습니다. 이는 더 신중하게 계획하고 대비해야 한다는 것을 알려줍니다.

부정적 사고는 과거의 실패 경험이나 주변의 부정적인 시선이 원인일 수 있습니다.

감정들을 무작정 억누르기보다 그 감정들이 당신에게 보내는 메시지를 해석하고, 이를 바탕으로 더 나은 계획을 세울 수 있습니다.

3) 긍정적 감정의 '연료'를 인식하고 키웁니다

부정적인 감정만 인식하는 것이 아니라 자신감, 희망, 기대와 같은 긍정적인 감정도 인식하고 키워야 합니다. 이러한 감정은 당신의 열정을 유지하는 강력한 연료가 됩니다.

성공 경험을 기록합니다. 과거에 성공했던 경험, 잘해냈던 순간들을 기록해 봅니다. 이는 당신의 자신감을 키우고 '나는 할 수 있는 사람'이라는 긍정적인 믿음을 강화합니다.

긍정적 자기 대화를 합니다. '나는 할 수 없어'라는 부정적 사고가 떠오를 때마다 '아직은 미숙하지만 배우면 된다'와 같이 긍정적인 말로 스스로를 격려합니다.

감정적인 면을 인식하는 것은 자신의 마인드셋을 관리하는 핵심입니다. 부정적인 감정을 무시하지 않고 객관적으로 바라보고, 긍정적인 감정을 의식적으로 키워나갈 때, 부를 창출하는 여정에서 흔들리지 않고 나아갈 수 있습니다.

'디자인 씽킹'의 공감과 문제 정의 적용

'디자인 씽킹'Design Thinking의 공감Empathize과 문제 정의Define 단계를 자기 인식 과정에 적용하면, 부의 여정을 위한 첫걸음을 훨씬 더 체계적이고 깊이 있게 만들 수 있습니다.

이 과정을 다음과 같은 내용으로 설명할 수 있습니다.

1) 공감: 나 자신이라는 '사용자'를 이해하기

디자인 씽킹의 첫 단계인 '공감'은 해결책을 제시하기 전에 사용자의 입장에서 그들의 생각, 감정, 경험을 깊이 이해하는 과정입니다. 부의 여정에서는 '나 자신'이 바로 사용자입니다. 자신과 심층 인터뷰를 합니다. 당신은 자신의 삶을 가장 잘 아는 사람입니다. 스스로에게 솔직하고 깊이 있는 질문을 던지며 내면의 목소리를 인터뷰해 봅니다.

"가장 행복했던 순간은 언제인가? 왜 그때 행복했는가?"
"가장 힘들었던 시기는 언제인가? 그때 나는 무엇을 극복하고 싶었는가?"
"돈이 있다면 무엇을 가장 먼저 할 것인가? 왜 그것을 하고 싶은가?"
"무엇이 나를 불안하고 걱정하게 만드는가? 그 감정의 근원은 무엇인가?"

일상생활에서 당신의 행동과 감정을 객관적으로 관찰합니다.
"어떤 일을 할 때 시간 가는 줄 모르고 몰입하는가?"
"어떤 상황에서 돈을 아끼지 않고 쓰는가? 그 소비의 숨은 이유는 무엇인가?"
"사람들이 나에게 어떤 일로 도움을 요청하는가? 나의 강점은 무엇인가?"
"어떤 상황에서 화가 나거나 절망감을 느끼는가?"

이 단계에서는 '옳고 그름'을 판단하는 대신, 모든 생각과 감정을 있는 그대로 받아들이고 기록하는 것이 중요합니다. 마치 한 명의 심리 치료사처럼 당신의 내면을 면밀히 관찰해야 합니다.

2) 문제 정의: '나'의 진짜 문제를 발견하고 재정의하기

'공감' 단계에서 수집한 정보를 바탕으로, 당신의 진짜 '문제'와 '니즈'를 명확히 정의합니다. 이는 부를 창출해야 하는 진정한 이유를 발견하는 과정입니다.

통찰Insight 도출을 합니다. 공감 단계에서 기록한 내용을 바탕으로 패턴과 핵심 통찰을 찾습니다.

"행복했던 순간은 항상 가족과 함께 있을 때였다관찰. 이는 '가족의 안정'이 나의 가장 중요한 가치임을 보여준다통찰."

"돈을 쓸 때마다 불안감을 느낀다관찰. 이는 '미래의 불확실성'에 대한 두려움이 크다는 것을 의미한다통찰."

도출된 통찰을 바탕으로, 당신의 '진짜 문제'를 새롭게 정의합니다.

잘못된 문제 정의는 "돈을 더 많이 벌어야 한다"입니다.
새로운 문제 정의는 "나는 가족의 안정과 시간을 확보하기 위해 지속적으로 성장하는 수익 시스템을 만들어야 한다"입니다.

잘못된 문제 정의는 "빚을 갚아야 한다"입니다.
새로운 문제 정의는 "나는 재정적 자유를 얻고 미래의 불확실성을 없애기 위해 빚을 상환하고 자산을 불릴 구체적인 계획을 세워야 한다"입니다.

이처럼 디자인 씽킹을 적용하면 막연했던 '부자가 되고 싶다'는 바람을 개인의 깊은 욕구와 연결된 명확하고 실행 가능한 문제 정의로 바꿀 수 있습니다. 이 단계를 성공적으로 거치면 부를 향한 다음 단계인 '발상'과 '설계'는 훨씬 더 구체적이고 효과적인 방향으로 나아갈 수 있습니다.

인식 적용 사례

자기 인식 적용 사례를 소개합니다. K의 사례를 통해 구체적으로 살펴보겠습니다.

[사례] K의 자기 인식 여정

K(35세, 직장인): 10년 차 평범한 회사원입니다. 매달 월급을 받지만, 미래에 대한 막연한 불안감과 함께 '돈이 더 있었으면 좋겠다'는 생각을 자주 합니다. 하지만 무엇을 어떻게 해야 할지 몰라 고민만 하고 있습니다. 그는 내면에서 자신과 대화를 합니다.

1) 공감Empathize: 나 자신을 탐색하기

K는 먼저 스스로를 깊이 들여다보는 '인터뷰'와 '관찰'을 시작했습니다. 인터뷰를 하면서 스스로 질문하고 답하는 형식을 예시로 보겠습니다.

"가장 행복했던 순간은 언제인가?"
"친구들과 함께 주말마다 캠핑을 다니며 자유롭게 웃고 떠들 때. 그때만큼은 회사 걱정을 잊고 온전히 나 자신으로 있었던 것 같아."

"가장 힘들었던 시기는 언제였지?"
"회사에서 야근을 밥 먹듯 하며 지쳤을 때. 돈은 조금 더 벌었지만, 내 시간이 없다는 사실이 너무 힘들었어."

"돈이 있다면 무엇을 가장 먼저 하고 싶은가?"
"작은 캠핑카를 사서 전국을 여행하며 나만의 시간을 갖고 싶어. 그리고 언젠가는 시골에 작은 집을 짓고 살고 싶어."

다음은 관찰하는 기법을 활용해 봅니다.

첫 번째 관찰은 주말마다 캠핑 장비를 관리하고, 새로운 캠핑 용품 정보를 찾아보며 즐거워하는 자신의 모습을 발견합니다.

두 번째 관찰은 퇴근 후에도 틈틈이 자연 다큐멘터리를 보거나, 시골에서 살아가는 사람들의 유튜브를 즐겨 보는 것을 발견합니다.

세 번째 관찰은 회사에서는 보고서 작성이나 데이터를 분석하는 일을 꽤 잘하고, 동료들에게도 인정받는다는 것을 깨달았습니다.

2) 문제 정의Define: '진짜' 문제와 니즈Needs 발견

K는 공감 단계에서 얻은 통찰을 바탕으로, 자신의 진짜 문제를 새롭게 정의했습니다.

먼저 통찰Insight을 도출합니다.

첫 번째 통찰은 "나는 자유로운 시간과 자연 속에서의 삶을 가장 중요

하게 생각하는구나. 돈은 자유를 얻기 위한 도구일 뿐이구나."

두 번째 통찰은 "나는 캠핑과 자연에 대한 관심이 많고, 회사에서는 데이터 분석 능력이 강점이라는 것을 알게 되었어."

세 번째 통찰은 "현재의 수동적인 월급 생활은 나의 핵심 니즈인 '자유'를 충족시켜 주지 못하고, 오히려 시간을 빼앗는 '문제'였구나."

다음은 문제를 재정의합니다.
이전 문제 정의는 "월급을 더 많이 받고 싶다"입니다.
새로운 문제 정의는 "나는 나의 강점인 데이터 분석 능력과 캠핑/자연에 대한 깊은 관심을 결합하여, 나의 시간을 통제하고 자유를 얻을 수 있는 수동적 소득 시스템을 구축해야 한다"입니다.

이 사례에서 K는 단순히 '돈'이라는 결과에 집중하는 대신, '공감'과 '재정의' 단계를 통해 자신이 진정으로 원하는 삶과 가치를 발견했습니다. 그리고 이 가치를 충족시키기 위해 자신의 강점을 어떻게 활용해야 할지 구체적인 문제 정의를 내렸습니다.

이렇게 재정의된 문제는 K가 앞으로 어떤 투자와 어떤 자기계발을 해야 할지 명확한 방향을 제시해 줍니다. 그는 이제 막연히 주식에 투자하는 대신, '캠핑장 데이터 분석 컨설팅'을 하거나, '캠핑 관련 유튜브 채널'을 운영하는 등 자신의 강점과 관심사를 활용한 구체적인 실행 계획을 세울 수 있게 된 것입니다.

디자인 씽킹을 활용한 자기 인식은 '무엇'을 할 것인가에 앞서, '왜' 그 것을 해야 하는가에 대한 깊은 해답을 찾아주는 효과적인 방법입니다.

인식의 자가 진단

자기 인식을 위한 15가지 자가 진단 설문입니다. 질문들에 솔직하게 답하며 당신의 내면을 깊이 탐색해 봅니다.

당신의 가치관과 목적

(1) 돈이 아닌, 당신의 삶에 영향을 주는 가장 중요한 가치 3가지는 무엇인가요? 예를 들면 자유, 안정, 성장, 가족, 영향력 등입니다.

(2) 만약 당신에게 돈과 시간이 무한정 주어진다면 가장 먼저 하고 싶은 것은 무엇인가요?

(3) 당신이 세상을 떠난 후, 사람들이 당신을 어떤 사람으로 기억해 주길 바라시나요? 당신이 세상에 남기고 싶은 유산Legacy은 무엇인가요?

(4) 당신은 어떤 일을 할 때 가장 큰 성취감과 보람, 의미를 느끼나요? 최근에 그러한 경험을 한 것은 언제였나요?

당신의 강점과 재능

(5) 주변 사람들이 당신에게 자주 칭찬하거나 도움이나 자문을 요청하는 분야는 무엇인가요?

(6) 당신이 시간을 잊을 정도로 몰입하는 일은 무엇인가요? 돈을 받지

않아도 즐겁게 할 수 있는 일은 어떤 것이 있나요?

(7) 당신이 가장 쉽게 배우고 빨리 습득하는 기술이나 지식은 무엇인가요?

(8) 당신의 성공 경험은 무엇인가요? 그 성공을 가능하게 했던 당신의 강점은 무엇이었다고 생각하나요?

당신의 약점과 감정

(9) 당신은 어떤 상황에서 불안이나 두려움을 느끼나요? 그 감정의 근원은 무엇인가요?

(10) 당신의 목표 달성을 방해하는 습관이나 태도는 무엇인가요? 예를 들면 미루기, 완벽주의, 자기 의심 등입니다.

(11) 과거에 실패했던 경험에서 얻은 교훈은 무엇인가요?

(12) 당신의 감정을 객관적으로 바라보는 연습이나 훈련을 해보셨나요? 당신의 부정적인 감정인 불안, 걱정이 당신에게 주는 메시지는 무엇인가요?

당신의 재정 상태와 마인드셋

(13) 당신에게 '돈'은 어떤 의미인가요? 단순히 물건을 사는 도구인가요, 아니면 자유, 안정, 기여를 위한 도구인가요?

(14) 현재 당신의 재정 상태에 대해 얼마나 솔직하게 알고 있나요? 예를 들면 수입, 지출, 자산, 부채 등입니다.

(15) 당신의 목표에 장애물이 생겼을 때, 어떤 마음가짐으로 극복하고 싶으신가요? 예를 들면 성장 마인드셋, 책임감, 긍정 등입니다.

이 질문들에 대한 솔직한 답변은 부의 여정을 위한 당신만의 '부의 북극성'을 찾는 데 큰 도움이 될 것입니다.

인식 단계 정리

자기 인식 단계의 최종 정리입니다. 부의 방향을 정하는 이 과정은 단순히 돈을 많이 벌고 싶다는 막연한 생각을 넘어, 당신의 삶과 부를 연결하는 핵심 열쇠입니다.

1) 나는 누구인가?

내면을 깊이 들여다보세요. 당신이 진정으로 중요하게 생각하는 핵심 가치관은 무엇인가요? 돈이 어떤 의미를 가지나요? 당신이 죽기 전에 어떤 유산을 남기고 싶은가요? 이러한 질문에 대한 답이 당신의 '부의 북극성'이 됩니다.

2) 나는 무엇을 할 수 있는가?

당신 안에 숨겨진 재능과 강점을 발견하세요. 사람들은 어떤 일로 당신에게 도움을 요청하나요? 시간 가는 줄 모르고 몰입하는 일은 무엇인가요? 재능과 강점은 돈을 벌 수 있는 가장 강력한 무기입니다. 동시에 약점도 솔직하게 인정하고 보완책을 마련합니다. 약점은 실패의 원인이 되기도 하지만, 새로운 성장의 기회가 될 수도 있습니다.

3) 나의 현실은 어떤가?

감정을 객관적으로 바라봅니다. 돈 때문에 느끼는 불안, 두려움, 걱정은 재정 상태가 보내는 경고 신호입니다. 이 감정들을 무시하지 말고, 원인을 파악하여 해결책을 찾아야 합니다. 또한 현재의 재정 상태를 냉정하게 파악하고 재정적 니즈를 명확히 정의합니다.

자기 인식은 위 세 가지 질문에 대한 답을 찾는 과정이며, 부를 창출하고 유지하는 데 필요한 모든 결정의 기준이 됩니다.

당신은 이미 부의 근원인 인적 자본을 가진 사람입니다. 내면의 가치를 발견하고, 강점을 활용하며, 현실을 직시할 때 비로소 진정한 부의 여정을 시작할 수 있습니다.

이제 당신만의 부의 방향을 명확히 하고, 다음 단계인 '대안 탐색'으로 나아갈 준비가 되셨습니다. 다음 장에서는 2단계 발상을 다룹니다.

5장

2단계: I 발상(Ideate)
- 당신의 황금 열쇠 찾기

1단계 인식을 통해 당신의 '부의 북극성'을 찾았다면, 이제 그 목표에 도달하기 위한 구체적인 길을 찾아야 합니다. 2단계 발상은 마치 보물섬 지도를 펼쳐 놓고 최적의 경로를 찾는 것과 같습니다. 단순히 여러 투자 방법을 나열하는 것이 아니라, 당신의 가치관과 강점에 맞는 맞춤형 수익 창출 대안을 발견하는 과정입니다.

2단계 발상에서는 '디자인 씽킹'의 대안 탐색과 연관이 됩니다. 1단계 인식을 기반으로 가능하면 많은 아이디어를 떠올립니다.

1. 수익 창출 대안

1) '나'라는 지도를 펼쳐라

웰스 디자인 씽킹의 RICH 시스템 2단계는 디자인 씽킹의 2단계인 아이디어 발상에 바탕을 두고 있습니다. 대안 탐색의 첫걸음은 당신이 1단계에서 찾은 '인식'의 결과물을 다시 한번 살펴보는 것입니다.

핵심 가치관과 연결합니다. 당신의 핵심 가치관과 연결되는 대안은 무엇일까요? '자유'가 중요하다면, 시간과 장소에 구애받지 않는 사업이나 투자에 초점을 맞출 수 있습니다. '안정'이 우선이라면, 비교적 변동성이 적은 장기 투자나 안정적인 부업을 찾아볼 수 있을 것입니다. 항상 부를 먼저 창출하는 것이 기본입니다.

먼저 자신의 강점을 활용합니다. 당신의 강점, 예를 들면 글쓰기, 분석 능력, 사람을 돕는 능력을 활용할 수 있는 대안을 찾습니다. 강점을 활용하면 단순히 돈을 버는 것을 넘어 즐겁게 일하며 탁월한 성과를 낼 수 있습니다.

다음은 재정 상태를 고려합니다. 현재의 재정 상황을 고려하여 현실적인 대안을 탐색해야 합니다. 종잣돈이 많지 않다면, 자본 없이 시작할 수 있는 지식 기반 사업이나 부업부터 시작할 수 있습니다.

2) '세상'이라는 바다를 항해하라

이제 당신의 지도를 바탕으로 세상에 존재하는 다양한 부의 대안들을 탐색할 시간입니다. 이 과정은 당신이 몰랐던 새로운 기회를 발견하는 여정입니다.

전통적인 대안은 주식, 부동산, 채권 등 오랜 역사를 가진 안정적인 투자 대안들을 탐색해 보는 것입니다. 이 대안들은 많은 정보가 축적되어 있어 비교적 예측 가능한 투자처가 될 수 있습니다.

현대적인 대안은 챗GPT와 같은 인공지능AI 신기술을 활용한 새로운 사업 모델을 찾아보는 것입니다. 이 분야는 경쟁이 치열하지만, 빠른 성장과 높은 수익률을 기대할 수 있습니다.

당신만의 대안을 찾습니다. 당신의 강점과 관심사를 결합하여 세상에 없는 새로운 대안을 만들어봅니다. 예를 들어, 캠핑을 좋아하는 사람이 강점인 '데이터 분석 능력'을 활용해 '캠핑장 데이터 분석 컨설팅' 사업을 구상하는 것입니다.

3) '나만의 포트폴리오'를 설계하라

발상의 최종 목표는 하나의 정답을 찾는 것이 아니라 당신의 목적에 맞는 다양한 수익 창출 대안을 조합하여 '나만의 포트폴리오'를 만드는 것입니다.

'N잡러' 모델은 안정적인 직장 생활을 유지하면서 저녁이나 주말 시간을 활용해 부업이나 소액 투자를 병행하여 수입원을 다각화하는 방식입니다. '1인 사업가' 모델은 전문성을 활용해 전자책, 온라인 강의, 컨설팅 등 지식 기반 사업을 시작하여 주 수입원으로 삼는 방식입니다. '투자자' 모델은 충분한 종잣돈을 모았다면, 부동산이나 주식 투자로 자본 소득을 늘려나가는 방식입니다.

이처럼 대안 탐색은 당신의 내면과 외부의 기회를 연결하는 창의적인 과정입니다. 이제 당신만의 '황금 열쇠'를 찾을 준비가 되셨나요?

내면의 부를 외부의 가치 창출 아이디어로 연결하려면, 자신이 가진 것 중 핵심에 집중해야 합니다. 이는 마치 보물지도에서 가장 중요한 표식을 찾아내는 것과 같습니다. 다음 세 가지에 초점을 맞춰봅니다.

내면의 부와 외부의 가치 창출

1) 핵심 강점과 기술

당신이 가장 잘하고, 남들보다 쉽게 해내는 것은 무엇인가요? 예를 들어, 다른 사람의 이야기를 잘 들어주는 능력, 복잡한 문제를 단순하게 설명하는 재능, 데이터를 깔끔하게 정리하는 습관 등이 모두 당신만의 강점입니다.

이러한 핵심 강점을 활용해 봅니다. 당신의 강점이 사람들의 어떤 문제를 해결해 줄 수 있을까요? 데이터를 정리하는 강점이 있다면, 이 재능으로 1인 사업가나 소상공인을 위한 재무 관리 컨설팅 서비스를 제공할 수 있습니다.

2) 깊은 관심사와 열정

돈을 벌기 위해 억지로 하는 일이 아니라, 당신이 진정으로 좋아하고 몰입하는 일에 집중합니다. 당신이 시간 가는 줄 모르고 즐기는 일은 무엇인가요? 이러한 관심사 속에는 다른 사람에게는 없는 당신만의 깊은 지식과 경험이 녹아 있습니다.

예를 들어, 취미로 시작한 가죽 공예에 깊은 애정이 있다면, 단순히 물건을 파는 것을 넘어 가죽 공예 클래스를 열거나, 관련 지식을 담은 전자책을 출판하는 등 다양한 방법으로 가치를 창출할 수 있습니다.

3) 독특한 경험과 스토리

당신의 삶에서 겪었던 성공과 실패, 그 과정에서 얻은 교훈은 그 어떤 것과도 바꿀 수 없는 독특한 자산입니다. 당신의 경험은 다른 사람에게는 없는 강력한 스토리가 됩니다.

힘든 실패를 겪고 극복한 경험이 있다면, 비슷한 어려움을 겪는 사람들에게 당신의 이야기를 들려주고 용기를 줄 수 있습니다. 이것은 강의나 책, 컨설팅 등 다양한 형태로 현금 가치를 만들어낼 수 있습니다.

핵심 강점, 깊은 관심사, 독특한 경험은 모두 당신 안에 있는 보물입니다. 이 세 가지를 교차하는 지점에서 당신만의 혁신적인 아이디어를 찾을 수 있습니다.

기업가 정신

내면의 부를 외부의 가치 창출 아이디어로 연결하는 과정에서 가장 중요한 것은 기업가 정신입니다. 이는 단순히 사업을 시작하는 사람에게만 필요한 것이 아니라, 자신의 삶을 주도적으로 설계하고 부를 창출하려는 모든 사람에게 필수적인 사고방식입니다.

기업가 정신은 크게 세 가지 핵심 요소로 구성됩니다.

첫 번째는 위험 감수 Risk-taking입니다. 불확실성을 두려워하지 않고 새로운 아이디어에 도전하는 용기입니다. 안정적인 월급에 안주하기보다, 실패의 가능성을 감수하고 자신만의 길을 개척하는 태도를 말합니다.

두 번째는 혁신 Innovation입니다. 기존의 방식에 얽매이지 않고, 새로운 가치를 창출하려는 창의성입니다. 세상의 불편함을 찾아내고, 이를 해결할 독창적인 해결책을 제시하는 능력입니다.

세 번째는 책임감 Responsibility입니다. 자신의 결정과 행동에 대한 온전한 책임을 지는 자세입니다. 성공했을 때의 보상뿐만 아니라, 실패했을 때의 결과 또한 겸허히 받아들이는 성숙한 태도입니다.

이러한 기업가 정신은 당신의 내면 자본을 현실의 부로 연결하는 데 결정적인 역할을 합니다.

1) 기회를 '문제'로 인식하게 합니다

대부분의 사람은 일상적인 불편함을 당연하게 여깁니다. 하지만 기업가 정신을 가진 사람은 그 불편함을 '해결해야 할 문제'이자 '기회'로 인식합니다. 예를 들어, 캠핑을 좋아하는 사람이 '캠핑장 정보를 한눈에 보기 어렵다'는 불편함을 느꼈을 때, 단순히 불평으로 끝내지 않고 '캠핑장 정보 플랫폼'이라는 사업 아이디어로 연결하는 힘이 바로 기업가 정신입니다.

2) 실행의 동력이 됩니다

아무리 좋은 아이디어가 있어도, 그것을 현실로 옮기지 못하면 아무런 가치가 없습니다. 기업가 정신은 아이디어를 구체적인 계획으로 만들고, 실행에 옮길 수 있는 강력한 동기가 됩니다. 실패를 두려워하지 않는 위험 감수성과 난관에 부딪혔을 때 포기하지 않는 책임감이 당신을 움직이게 만듭니다.

3) 가치를 창출하고 소유하게 만듭니다

단순히 남이 만든 시스템 안에서 일하는 것이 아니라, 당신만의 시스템을 만들고 그 가치를 소유하게 만듭니다. 당신의 재능과 아이디어를 통해 만들어진 플랫폼, 콘텐츠, 서비스는 당신에게 노동 소득을 넘어선 자본 소득을 가져다줄 것입니다. 시간과 노력을 덜 투입하면서도 부를 계속해서 키울 수 있는 기반이 됩니다.

기업가 정신은 내면에 있는 무형의 자산을 현실의 부로 바꾸는 강력한 촉매제입니다. 당신이 가진 재능과 품성이라는 '씨앗'을 심고, '수익'이라는 열매를 맺기 위해서는 반드시 이 정신이 필요합니다.

2. 셀프 브레인스토밍과 테크닉

돈을 벌 수 있는 가치와 연결된 핵심 아이디어를 찾는 것은 1단계 인식과 2단계 발상의 교차점에서 이루어지는 매우 중요한 작업입니다. 아래에 효과적인 셀프 브레인스토밍 방법과 테크닉을 정리합니다.

1) '세 가지 원' 브레인스토밍

간단하면서도 효과적인 방법입니다. 종이 한가운데에 세 개의 원을 겹치게 그리고, 각 원에 다음을 적습니다.

첫째 원, 잘하는 강점이나 재능: 예를 들면 데이터 분석, 글쓰기, 공감 능력, 문제 해결, 꼼꼼함 등입니다.

둘째 원, 좋아하는 관심사나 열정: 예를 들면 캠핑, 독서, 영화, 그림 그리기, 새로운 기술 배우기 등입니다.

셋째 원, 세상이 필요로 하는 시장이나 니즈: 예를 들면 편리한 정보,

정신적 위로, 건강관리, 시간 절약, 학습 방법 등입니다.

이 세 원의 교집합이 당신의 핵심 아이디어가 있는 곳입니다. '데이터 분석 능력'과 '캠핑'을 좋아하고 '편리한 정보'를 필요로 하는 사람들을 발견 했다면, '캠핑장 데이터 분석 플랫폼'이라는 아이디어를 얻을 수 있습니다.

2) '불편함'을 기록하는 습관
위대한 사업 아이디어는 대부분 불편함을 해결하는 것에서 시작됩니다. 일상생활에서 느끼는 사소한 불편함을 무시하지 말고, 매일 기록하는 습관을 만듭니다.

방법은 '불편함 노트'를 만드는 것입니다.
"매번 새로운 요리 레시피를 찾을 때마다 너무 많은 블로그 광고를 봐야 해"라면 "광고 없이 깔끔하게 레시피만 정리해 주는 앱이나 웹사이트를 만들면 어떨까?"라고 작성해 볼 수 있습니다.
"우리 동네에는 노인분들을 위한 마땅한 여가 활동이 없어"라면 "노인들을 위한 취미 클래스, 예를 들면 스마트폰 활용법, 그림 그리기 등을 운영하는 1인 사업을 시작해 보자"라고 기록할 수 있습니다.
이 과정을 통해 당신의 관점은 '소비자'에서 '문제 해결사'로 바뀝니다.

3) '타깃 고객'을 구체화하는 테크닉
당신의 아이디어가 누구를 위한 것인지 명확히 할수록, 아이디어는 더 구체적이고 현실적으로 변합니다. 이에 적합한 것은 페르소나 만들기를 하는 것입니다.

당신의 서비스를 이용할 가상의 인물인 페르소나를 구체적으로 설정합니다. 다음과 같이 예를 들어봅니다.

이름: 정민아(32세 워킹맘)
문제점은 "퇴근 후 지쳐서 요리할 시간이 없고, 배달 음식은 질린다. 건강한 집밥을 먹고 싶지만 번거롭다"입니다.
그녀의 니즈는 15분 안에 만들 수 있는 건강한 저녁 식사 레시피와 재료 배송 서비스가 필요합니다.
아이디어로 정민아를 위한 '15분 건강 집밥 키트' 배송 서비스를 구상할 수 있습니다.

타깃 고객을 구체화하면, 그들의 진짜 필요를 더 정확하게 파악할 수 있고, 당신의 아이디어가 시장에서 성공할 가능성이 높아집니다.

이러한 방법들을 통해 내면에 있는 가치와 외부의 기회를 연결하는 실질적인 아이디어를 찾을 수 있습니다. 아이디어는 한 번에 완벽하게 나오는 것이 아니라, 끊임없는 탐색과 기록을 통해 다듬어지는 과정입니다.

게임체인저(Game Changer) 아이디어 찾기

더 창의적이고 혁신적인 게임체인저가 될 아이디어를 찾으려면 기존의 사고방식을 벗어나야 합니다. 시장의 판도를 바꿀 만한 아이디어를 발굴하기 위한 방법들을 소개합니다.

1) '아날로그'와 '디지털'을 연결한다

아날로그 시대에 존재하던 불편함이나 비효율적인 과정을 디지털 기술과 연결하는 것에서 혁신적인 아이디어가 탄생하는 경우가 많습니다. 기업의 사례를 통해 아이디어에 대한 생각을 어떻게 하는지 이해할 수 있습니다.

우버Uber는 '택시 잡기'라는 오래된 아날로그 행위에 '스마트폰 앱'이라는 디지털 기술을 결합하여 교통 시장을 완전히 바꿨습니다. 카카오 택시도 비슷하다고 볼 수 있습니다. 이러한 비즈니스도 처음에는 한 개인의 게임체인저 아이디어에서 시작했습니다.

에어비앤비Airbnb는 '남는 방'이라는 아날로그 자산에 '온라인 플랫폼'이라는 디지털 기술을 연결하여 숙박 시장에 혁명을 일으켰습니다.

당신이 일상에서 당연하게 여기는 아날로그 행위나 습관은 무엇인가요? 그곳에 어떤 기술을 적용할 수 있을지 고민해 볼 수 있습니다.

2) '다른 분야'의 관점을 가져온다

혁신적인 아이디어는 종종 전혀 다른 분야의 지식이나 방식을 가져와 기존 문제에 적용할 때 나타납니다.

스티브 잡스Steve Jobs는 캘리그래피 수업을 듣던 경험을 바탕으로, 딱딱한 컴퓨터에 아름다운 서체를 적용하여 '개성'을 중요하게 여기는 혁신적인 제품을 만들어냈습니다.

당신이 좋아하는 분야와 전혀 관계없어 보이는 분야를 연결해 보면 의외의 창의적인 아이디어를 얻을 수 있습니다.

3) '불가능'을 뒤집어 생각한다

모두가 "그건 불가능해"라고 말하는 곳에 진정한 혁신의 기회가 숨어있습니다. 이는 사람들이 당연하게 여기는 규칙이나 한계를 의도적으로 깨는 사고방식입니다.

테슬라Tesla는 '전기차는 느리고 비싸다'는 고정관념을 깨고, 빠르고 매력적인 디자인의 전기차를 선보였습니다. 이때 일론 머스크의 '제1원리 씽킹'이 성과를 달성한 것입니다.

넷플릭스Netflix는 '영화는 극장이나 TV로 봐야 한다'는 인식을 뒤집고, 스트리밍 서비스를 통해 개인의 집에서 언제든 영화를 볼 수 있는 문화를 만들었습니다.

지금까지 당연하게 여겨왔던 규칙이나 한계를 나열해 봅니다. 그리고 "만약 이 규칙이 존재하지 않는다면?"이라는 질문을 던져봅니다. 이 사고방식은 기존의 문제를 완전히 다른 방식으로 해결할 수 있는 아이디어를 제시할 것입니다.

이러한 방법들을 통해 당신의 아이디어는 단순히 기존의 것을 개선하는 것을 넘어, 완전히 새로운 시장을 창출하는 게임체인저가 될 수 있습니다. 새로운 관점, 역발상, 파괴적 사고, 뒤집어 보기, 의심하기, 호기심 갖기 등은 당신에게 혁신적인 아이디어를 가져다준다는 생각을 해

봅니다.

기존의 틀을 깨는 혁신적인 아이디어를 찾는 것은 부의 판도를 바꾸는 '게임체인저'가 되는 첫걸음입니다. 이러한 사고방식은 단순히 운이나 재능에 의존하는 것이 아니라, 의식적인 훈련을 통해 기를 수 있습니다. 몇 가지 예를 들어봅니다.

게임체인저 아이디어 찾기 훈련

1) 역발상: '당연한 것'에 의문을 던진다

모두가 옳다고 믿는 가정이나 규칙을 뒤집어보는 것에서 혁신이 시작됩니다. "왜 항상 이래야만 할까?"라는 질문을 던져봅니다.

아이폰은 '스마트폰은 키보드가 있어야 한다'는 생각을 뒤집고, 터치스크린만으로 모든 기능을 제어하는 혁신을 이끌어냈습니다.

2) 파괴적 사고: '더 좋은 것'이 아닌 '새로운 것'을 만든다

파괴적 사고는 기존 시장을 단순히 개선하는 것이 아니라, 새로운 가치를 제공하며 시장 자체를 재편하는 것을 목표로 합니다. 이는 기존 시장의 고객이 아닌, 새로운 고객층을 만들어내는 데 초점을 맞춥니다.

인스타그램은 '사진은 전문가의 영역'이라는 인식을 깨고, 누구나 손쉽게 멋진 사진을 찍고 공유할 수 있는 플랫폼을 만들어 새로운 SNS 시장을 창출했습니다.

한 개인 사업가는 버려진 블루진 옷을 수거하여 친환경 가방을 만들어

온라인으로 판매하여 큰 수익을 올렸습니다. 사업을 확장하여 종이로 가방을 만들어 상품화했습니다.

3) 뒤집어 보기: '문제'와 '해결책'의 관점을 바꾼다

문제를 다른 각도에서 바라보면 예상치 못한 해결책을 찾을 수 있습니다. '버려진 것'에서 새로운 가치를 발견할 수 있습니다. 남는 방이나 유휴 시간을 활용해 돈을 벌게 해주는 에어비앤비나 에어클래스와 같은 플랫폼이 여기에 해당합니다. 특정 비용이 드는 행위를 오히려 수익 창출의 기회로 바꿔봅니다.

나이키 런클럽은 운동을 '제품 구매'가 아닌 '함께 참여하고 연결되는 문화'로 재정의하여 강력한 브랜드 커뮤니티를 구축했습니다.

4) 의심하기와 호기심 갖기로 '왜'와 '만약'을 던진다

혁신의 시작은 '왜'라는 의심과 '만약'이라는 호기심에서 비롯됩니다. "왜 사람들은 이 문제를 이렇게 해결해야만 하는가?", "이 문제의 근본적인 원인은 무엇인가?"와 같은 본질을 파고드는 질문을 통해 표면적인 문제 뒤에 숨은 진짜 니즈를 찾아냅니다.

'만약'이라는 질문으로 상상력 확장합니다. "만약 돈이 모든 것을 해결해 준다면?", "만약 기술의 한계가 없다면?"과 같은 질문을 통해 현실의 제약에서 벗어나 자유롭게 아이디어를 확장해 봅니다.

이러한 사고방식은 당신의 내면에 있는 잠재력을 깨우고, 부를 창출하는 새로운 길을 열어줄 것입니다.

관찰, 몰입, 호기심

관찰, 몰입, 호기심은 혁신적인 아이디어를 발굴하고 부를 창출하는 과정에서 필수적인 사고 도구입니다. 이 세 가지를 의식적으로 활용하면, 평범한 일상 속에서 남들이 보지 못하는 기회를 발견할 수 있습니다.

1) 관찰: '문제'를 찾는 능력

관찰은 단순히 보는 것을 넘어, 주변 환경과 사람들의 행동에서 패턴과 불편함을 찾아내는 능력입니다. 이는 모든 혁신의 출발점입니다.

활용법은 일상의 불편함을 기록하는 것입니다. '불편함 노트'를 만들어봅니다. 출퇴근길, 장보기, 온라인 쇼핑 등 일상에서 겪는 사소한 불편함을 기록합니다. "왜 이 과정은 이렇게 복잡하지?", "더 효율적인 방법은 없을까?"와 같은 질문을 던져봅니다.

사람들을 관찰합니다. 사람들이 어떤 일을 할 때 어려움을 겪는지, 어떤 서비스를 사용하며 만족하는지, 어떤 것에 돈을 아끼지 않는지 주의 깊게 살펴봅니다. 그들의 행동에서 해결되지 않은 니즈를 발견할 수 있습니다.

에어비앤비의 창업자들은 샌프란시스코의 한 아파트에서 열린 산업 디자인 컨퍼런스에서 호텔 방이 부족하다는 문제를 관찰하고, 이를 해결할 '남는 방을 빌려주는 서비스'를 구상했습니다.

2) 몰입: '솔루션'을 개발하는 능력

몰입은 당신의 강점과 열정을 활용하여 문제 해결에 깊이 파고드는 능력입니다. 문제와 아이디어에 완전히 집중하여 창의적인 해결책을 찾는 과정입니다.

활용법은 '관찰'로 찾은 문제에 몰입하는 것입니다. 당신이 기록한 '불편함 노트'에서 가장 흥미로운 문제를 하나 선택하고, 그 문제에 대해 깊이 생각합니다. 다른 분야의 아이디어를 가져와 적용해 보거나 여러 가지 해결책을 상상해 봅니다.

좋아하는 일에 몰입합니다. 당신이 좋아하는 일에 몰입하는 과정에서 얻은 깊은 지식과 경험은 당신만의 독특한 경쟁력이 됩니다.

스티브 잡스는 캘리그래피 수업에 몰입했던 경험을 컴퓨터에 아름다운 글꼴을 적용하는 아이디어로 연결하여, 애플 제품의 핵심적인 디자인 요소로 삼았습니다.

3) 호기심: '새로운 방향'을 찾는 능력

호기심은 정답이 정해진 길을 걷지 않고, '만약 ~라면?'이라는 질문을 던지며 새로운 가능성을 탐색하는 태도입니다. 이는 기존의 사고방식을 깨고 게임체인저가 될 아이디어를 찾는 원동력입니다.

활용법은 '만약' 질문을 던지는 것입니다. "만약 돈을 벌기 위해 일하지 않아도 된다면, 나는 무엇을 할까?", "만약 이 문제가 돈과 기술의 제약 없이 해결될 수 있다면?"과 같이 상상력을 자극하는 질문을 던져봅니다.

경계를 허무는 호기심을 가집니다. '예술'과 '과학', '경영'과 '심리학'처럼 전혀 다른 분야를 연결해 보세요. 이 과정에서 예상치 못한 시너지를 발견할 수 있습니다.

한 의사가 '게임'의 보상 시스템에 호기심을 갖고 이를 재활 치료에 적용하여 환자의 치료 의지를 높이는 새로운 방법을 개발한 사례가 있습니다.

관찰, 몰입, 호기심은 당신의 내면에 있는 잠재력을 깨우고, 부를 창출할 수 있는 강력한 아이디어로 연결하는 중요한 도구입니다. 이 세 가지를 꾸준히 활용하여 당신만의 길을 찾아봅시다.

AI 활용하기

AI를 아이디어 찾기에 활용하는 것은 당신의 창의성을 극대화하고, 혁신적인 아이디어를 체계적으로 발굴하는 데 매우 효과적인 방법입니다. AI는 단순히 정보를 제공하는 것을 넘어, 당신의 생각과 관점을 확장시키는 강력한 '씽킹 파트너' 역할을 할 수 있습니다.

1) '페르소나'를 활용한 심층 인터뷰 시뮬레이션

당신의 아이디어를 필요로 할 가상의 고객, 즉 페르소나를 설정하고 AI에게 그 역할을 맡겨봅니다.

예를 들면 "AI, 당신은 30대 워킹맘 '정민아'입니다. 퇴근 후 30분 내 저녁이 필요합니다. 내가 만들 '15분 건강 집밥 키트' 관점에서, 가장 큰 어려움과 시도했던 해결책, 구매장벽, 원하는 가치(가격/기능)를 구체적 수치로 답하세요"라고 설정할 수 있습니다. 이 시뮬레이션을 통해 당신은 실제 고객의 입장에서 그들의 고통과 니즈를 구체적으로 파악할 수 있습니다.

2) '만약' 질문을 활용한 사고 확장

당신이 찾은 아이디어를 AI에게 제시하고, 기존의 사고방식을 뒤집는 질문을 던져봅니다.

예를 들면 "내가 '15분 건강 집밥 키트'를 만들려고 합니다. 기존 키트와 차별화된 아이디어를 3가지 제시해 주세요. 그리고 '만약 이 키트를 구독하는 사람이 매일 요리 동영상을 직접 제작해야 한다면?' 이라는 규칙을 적용했을 때, 어떤 새로운 서비스가 가능할까요?"라고 질문해 볼 수 있습니다.

AI는 당신이 상상하지 못한 새로운 관점과 가능성을 제시하며, 아이디어를 혁신적으로 발전시키는 데 도움을 줄 것입니다.

3) 강약기위: '강점, 약점, 기회, 위협 분석'과 '경쟁사 분석' 전문가로 활용하기

당신의 아이디어가 시장에서 얼마나 경쟁력이 있는지 AI에게 분석을 요청합니다.

예를 들면 "내가 구상 중인 '친환경 캠핑 용품 구독 서비스'에 대해 강점, 약점, 기회, 위협 요소를 구체적으로 알려주세요. 또한, 이 아이디어의 잠재적 경쟁사를 3곳 선정하고, 그들의 비즈니스 모델을 분석해 주세요"라고 요청할 수 있습니다.

이러한 과정을 통해 당신은 아이디어를 객관적으로 평가하고, 시장 진입 전략을 더 견고하게 세울 수 있습니다. AI는 당신의 아이디어 탐색 과정에서 단순한 도구를 넘어 끊임없이 질문하고, 분석하고, 새로운 관점을 제시하는 창의적인 파트너가 될 것입니다.

서로 관련 없는 사물들을 연결하기

서로 관련 없는 사물들을 연결하여 창의적인 아이디어를 찾는 방법은 강제 결합Forced Connection 또는 강제 연관Forced Association 으로 불리는 기법입니다. 평소에 생각하지 못했던 새로운 관점을 얻고, 혁신적인 해결책을 찾는 데 매우 효과적입니다.

이 방법을 구체적으로 적용하는 프로세스는 다음과 같습니다.

1) 핵심 문제 정의하기

가장 먼저 해결하고 싶은 핵심 문제를 명확하게 정의해야 합니다. 이 문제가 모호하면 아이디어도 모호해지기 쉽습니다.

예를 들면 "직장인의 점심시간을 어떻게 더 즐겁게 만들 수 있을까?"라는 문제에 관해 생각해 볼 수 있습니다.

2) 무작위 사물 목록 만들기

해결하려는 문제와는 전혀 관련 없는 무작위 사물들을 2~3개 선택합니다. 이 사물들은 일상생활에서 쉽게 접할 수 있는 것이 좋습니다.

예를 들면 '카메라', '자전거', '책' 등입니다.

3) 사물의 특징과 연관시키기

이제 선택한 사물들의 본질적인 특징을 분석하고, 이를 핵심 문제와 억지로 연결해 봅니다. 논리적일 필요는 없습니다. 상상력을 마음껏 발휘하는 것이 중요합니다.

'카메라'와 연결하기:

카메라의 특징은 순간을 기록한다. 새로운 시각을 보여준다. 결과물을 공유한다.

아이디어 연결은 점심시간에 직원들이 서로의 식사 사진을 찍어 공유하면 소셜 미디어를 통해 보상을 받는 '점심 사진 챌린지 앱'을 만든다.

카메라의 특징인 '기록'과 '공유'를 활용하여 점심시간을 특별한 이벤트로 만드는 것입니다.

'자전거'와 연결하기:

자전거의 특징은 이동 수단, 운동, 자유로움, 친환경적이다.

아이디어 연결은 점심시간 동안 자전거를 타고 주변 공원을 둘러보며 도시락을 먹는 '런치 바이크 투어 서비스'를 기획한다.

자전거의 '이동'과 '자유로움'을 활용하여 답답한 사무실을 벗어나 새로운 경험을 제공합니다.

'책'과 연결하기:

책의 특징은 지식과 정보, 조용한 사색, 새로운 이야기, 휴식이다.

아이디어 연결은 점심시간에 회사 주변의 조용한 카페와 제휴하여 '점심 독서 모임'을 만든다.

책의 '지식'과 '휴식'이라는 특징을 활용하여 직원들에게 재충전의 시간을 제공하는 것입니다.

4) 아이디어 다듬고 구체화하기

마지막으로, 도출된 아이디어들을 현실에 적용 가능한 형태로 다듬습니다. 각 아이디어가 어떤 문제를 해결하고, 어떤 가치를 제공하는지 구체화하는 단계입니다.

이처럼 서로 관련 없는 사물들을 연결하는 것은 익숙한 문제에 새로운 관점을 불어넣어 줍니다. 이 과정에서 비논리적으로 보이는 아이디어가 오히려 가장 혁신적인 해결책으로 발전할 수 있습니다.

3. 두뇌의 부의 창조 아이디어 도출

인간 두뇌의 무한한 잠재력을 활용하여 부의 창조 아이디어를 도출하는 또 다른 방법들을 소개합니다. 이 방법들은 단순히 논리적 사고를 넘어, 잠재의식과 직관을 활용하는 데 초점을 맞추고 있습니다.

1) 무의식적 사고 Unconscious Thinking 활용하기

우리의 뇌는 의식적으로 노력하지 않을 때, 오히려 더 창의적인 아이디어를 떠올리곤 합니다. 무의식적으로 정보를 재조합하고 새로운 연결을 만들기 때문입니다.

활용법은 문제 정의하기입니다. 해결하고 싶은 문제를 명확하게 정의합니다. 정보 입력으로 그 문제와 관련된 정보를 충분히 수집하고, 핵심적인 내용들을 머릿속에 담습니다.

의도적 휴식을 취해 며칠 동안 그 문제에 대해 의식적으로 생각하는 것을 멈춥니다. 산책, 명상, 샤워, 잠자기 등 전혀 다른 활동에 집중합니다. 아이디어 포착은 무의식이 새로운 아이디어를 떠올리면, 즉시 메모합니다. 유레카처럼 갑자기 떠오르는 아이디어가 바로 이것입니다.

2) 마음속 '아바타'와 대화하기

당신의 생각과 경험을 객관적으로 바라보기 위해, 당신 안에 있는 가상의 인물, 즉 '아바타'를 만들어 대화하는 방법입니다.

활용법은 아바타 설정하기입니다. 당신의 아이디어를 냉철하게 평가하는 '비평가 아바타', 새로운 가능성을 제시하는 '창조자 아바타' 등 다양한 성격의 아바타를 만듭니다.

질문과 답변을 합니다. 당신의 아이디어를 아바타에게 제시하고, 그들의 관점에서 질문과 답변을 주고받습니다.

나: "새로운 온라인 강의 플랫폼을 만들고 싶어."

비평가 아바타: "그 플랫폼이 기존 것과 뭐가 다른데? 사람들이 왜 네 것을 사용해야 해?"

창조자 아바타: "그 플랫폼에 '인공지능 튜터' 기능을 추가하면 어떨까? 개인 맞춤형 학습을 제공하는 거야."

통합: 아바타들의 다양한 의견을 통합하여 아이디어를 발전시킵니다. 이 과정은 당신의 뇌가 한 가지 관점에 갇히지 않도록 도와줍니다.

3) '오감'을 자극하는 환경 만들기

창의성은 때로는 논리적인 분석보다 감각적인 경험에서 비롯됩니다. 오감을 자극하는 환경은 뇌의 다른 영역을 활성화시켜 새로운 아이디어를 이끌어냅니다.

활용법은 새로운 장소 방문하기입니다. 평소 가지 않던 카페, 도서관, 박물관, 공원 등 새로운 장소에서 아이디어를 구상해 봅니다. 낯선 환경은 뇌를 깨웁니다.

음악 듣기도 좋은 활용법입니다. 당신의 기분에 맞는 음악을 틀어놓고 생각합니다. 음악은 감정과 사고를 연결하는 강력한 도구가 될 수 있습니다.

손으로 직접 만들기를 합니다. 아이디어를 노트에 쓰거나, 마인드맵으로 그리거나, 레고 등으로 직접 만들어봅니다. 손을 움직이는 과정은 뇌의 창의적인 부분을 자극합니다.

이러한 방법은 당신의 뇌가 가진 잠재력을 최대한 활용하여, 논리적 사고만으로는 찾기 어려운 독창적인 아이디어를 발굴하는 데 큰 도움이 될 것입니다.

무작정 남의 아이템 따라 하는 위험

많은 사람들이 인식 단계와 발상 단계를 거치지 않고 남들이 하는 아이템을 모방하다가 실패를 합니다. 모방이 성공의 지름길처럼 보이지만, 사실은 실패로 향하는 가장 흔한 함정입니다.

1) '나'와 맞지 않는 옷을 입는 행위

성공한 아이템은 그 아이템을 만든 사람의 가치관, 강점, 경험이 녹아 있습니다. 예를 들어, IT 전문가가 만든 앱 서비스와 요리사가 만든 레스토랑은 그들의 고유한 인적 자본을 바탕으로 성공한 것입니다.

하지만 그들의 아이템을 따라하는 것은 내 몸에 맞지 않는 옷을 억지로 입는 것과 같습니다. 당신의 강점과 품성이 그 사업 모델에 맞지 않으면, 아무리 열심히 해도 좋은 성과를 내기 어렵습니다. 결국 사업은 즐거운 일이 아니라, 고통스러운 노동이 되어버립니다.

2) '결과'만 보고 '과정'을 놓치는 오류

사람들은 성공한 사업가의 화려한 결과만 봅니다. 그러나 그 결과 뒤에는 수많은 시행착오와 실패, 그들만의 독특한 노하우가 숨어 있습니다. 겉으로 보이는 비즈니스 모델을 그대로 따라한다고 해서, 그 사업가의 경험과 지식까지 얻을 수는 없습니다.

원본이 가진 깊은 통찰력과 문제 해결 능력 없이 겉모습만 흉내 내는 꼴이 됩니다. 사소한 문제 하나에도 흔들리고, 시장의 변화에 유연하게 대처하지 못해 쉽게 무너지게 됩니다.

3) 경쟁에서 살아남기 어려운 '차별성 부족'

누군가의 성공 아이템을 따라하는 순간, 당신은 이미 '2인자'가 됩니다. 시장에는 이미 원조가 존재하고, 그들은 이미 고객층을 확보하고 있습니다. 후발 주자가 시장에 진입하기 위해서는 원조보다 더 나은 독특한 가치와 차별성을 제공해야 합니다.

자기 인식 없이 남의 아이디어를 따라한 사람은, 자신만의 강점과 스토리가 없기 때문에 차별성을 만들기가 어렵습니다. 결국 '싸구려' 또는 '짝퉁'이라는 꼬리표를 달고, 치열한 경쟁 속에서 살아남지 못하고 사라지게 됩니다.

성공을 원한다면, 남들이 가는 길을 무작정 따라할 것이 아니라, 나의 강점에 맞는 나만의 길을 찾아야 합니다. 이것이 실패의 함정을 피하고 진정한 부를 창출하는 방법입니다.

'최고'(Best)보다는 '독특한'(Unique) 아이디어

많은 사람이 '최고' Best의 아이디어를 찾으려 하지만, 부를 창출하는 데는 '독특함' Unique이 훨씬 더 중요합니다. 이는 논리적으로 다음과 같은 이유들로 설명할 수 있습니다.

첫째, '최고'는 따라 할 수 있지만, '독특함'은 따라 할 수 없습니다. 최고의 아이디어는 이미 시장에 존재합니다. 사람들은 최고를 모방하고 개선하려 합니다. 예를 들어, 최고 성능의 스마트폰이 있다면, 다른 회사들은 더 좋은 성능의 스마트폰을 만들려 노력합니다. 이 과정은 엄청난 자본과 기술력이 필요하며, 경쟁 또한 매우 치열합니다.

반면, 독특한 아이디어는 당신의 고유한 경험, 재능, 가치관에서 비롯되기 때문에 아무도 따라 할 수 없습니다. 당신이 가진 이야기가 녹아 있는 아이템은 단순히 복제품을 만드는 경쟁자로부터 안전합니다. 이는 당신의 사업에 독점적인 경쟁력을 부여합니다.

둘째, '최고'는 1등만 살아남지만, '독특함'은 모두가 살아남을 수 있습니다. 최고를 목표로 하는 시장은 승자 독식의 싸움과 같습니다. 1등만이 모든 것을 가져가는 제로섬 게임이죠. 예를 들어, 동영상 플랫폼 시장은 유튜브가 압도적 트래픽을 가져갑니다. 나머지 회사는 모두 2등 이하에 머물러야 합니다.

하지만 독특한 아이디어는 새로운 시장을 창출합니다. 당신의 아이디어가 기존에 없던 독특한 가치를 제공한다면, 당신은 그 시장의 유일한 존재가 될 수 있습니다. 당신의 고객들은 최고를 찾아다니는 것이 아니라, 당신이 제공하는 독특한 가치를 찾아올 것입니다. 이는 모두가 성공할 수 있는 포지셔닝을 가능하게 합니다.

셋째, '최고'는 노력의 결과지만, '독특함'은 발견의 결과입니다. 최고의 아이디어를 만들려면 끝없는 노력과 자원 투입이 필요합니다. 하지만 독특한 아이디어는 당신의 내면을 깊이 들여다보는 자기 인식과 관찰을 통해 발견됩니다.

당신이 좋아하는 일, 잘하는 일, 그리고 세상의 불편함이 만나는 교차점에서 독특한 아이디어가 탄생합니다. 이는 외부의 경쟁을 이기는 데 필요한 노력이 아닌, 내면의 보물을 찾는 즐거운 과정입니다.

따라서 최고가 되려고 애쓰기보다, 당신만의 독특함을 찾아야 합니다.

그것이 바로 경쟁 없는 시장을 만들고, 당신의 부를 진정으로 확장시키는 가장 강력한 무기입니다.

왜 창의적인 아이디어 만들기를 어려워할까요?

사람들이 창의적인 아이디어를 만드는 것을 어려워하는 이유는 개인의 능력 부족보다 심리, 인지적 편향과 사회, 조직 환경의 영향이 크기 때문입니다. 우리 뇌가 익숙한 것을 선호하고 사회적 환경이 창의성을 억누르는 경향도 영향을 받습니다.

1) 고정관념과 습관적 사고

우리 뇌는 효율성을 위해 익숙한 패턴대로 생각하려는 경향이 있습니다. 이를 '고정관념'이나 '습관적 사고'라고 부릅니다. 예를 들어, '스마트폰 키보드가 있어야 한다'는 고정관념에 갇혀 있었다면, 스티브 잡스처럼 터치스크린만으로 작동하는 혁신적인 아이디어를 떠올리기 어려웠을 것입니다. 새로운 아이디어를 떠올리려면 익숙한 사고의 틀을 깨야 하는데, 이는 많은 에너지를 소모하는 일입니다.

2) 실패에 대한 두려움

창의적인 아이디어는 필연적으로 실패의 위험을 동반합니다. 남들이 가지 않는 길을 가야 하기 때문이죠. '이게 될까?', '남들이 비웃으면 어떡하지?'와 같은 두려움은 새로운 아이디어를 실행에 옮기기도 전에 포기하게 만듭니다. 사회적으로 실패를 부정적으로 바라보는 시선 또한 두려움을 부추기는 원인이 됩니다.

3) '정답'을 찾는 교육 환경

대부분의 교육 환경은 정해진 답을 찾는 데 초점을 맞춥니다. '가장 올바른 해결책'을 빠르게 찾아내는 능력은 키울 수 있지만, '정답이 없는 문제'에 대해 다양한 해결책을 상상하는 능력은 훈련하기 어렵습니다. 이러한 환경 속에서 자란 사람들은 정답이 없는 창의적 사고를 낯설고 불편하게 느낄 수 있습니다.

4) 정보 과부하와 피로감

현대 사회는 너무 많은 정보로 넘쳐납니다. 새로운 아이디어를 떠올리려면 뇌가 여러 정보를 연결하고 재조합하는 시간이 필요한데, 정보 과부하는 이러한 뇌의 기능을 방해합니다. 매일 반복되는 바쁜 일상 속에서 뇌는 창의성을 발휘할 여유를 잃게 됩니다.

창의적인 아이디어를 만드는 것은 단순히 재능의 문제가 아닙니다. 익숙한 사고방식에서 벗어나고, 실패를 두려워하지 않으며, 창의적 사고를 위한 충분한 시간을 확보하는 의식적인 노력이 필요합니다.

고정관념, 부정적 확증편향, 고정 마인드셋, 정답 찾기 행동 변화

고정관념, 부정적 확증편향, 고정 마인드셋, 정답 찾기 등의 행동을 변화시키는 방법은 개인의 사고방식을 의식적으로 재구성하는 데서 시작됩니다. 이러한 행동은 오랜 습관으로 굳어진 경우가 많으므로, 꾸준한 훈련과 실천이 필요합니다.

1) 고정관념 깨기: '왜?'라는 질문을 습관화하기

고정관념은 우리가 당연하다고 여기는 것들에서 비롯됩니다. 이를 깨려면 '왜?'라는 질문을 스스로에게 던지는 습관을 들여야 합니다.

실천법은 일상생활에서 당연하게 생각하는 것, 예를 들면 '커피는 카페에서 마셔야 한다', '업무는 사무실에서 해야 한다' 등을 하나 정하고, "왜 그렇게 해야만 하지?"라고 질문해 봅니다. 이 질문은 당신의 뇌가 익숙한 사고방식에서 벗어나도록 합니다.

2) 부정적 확증편향 바꾸기: '반대 증거' 찾기

부정적 확증편향은 자신의 부정적인 믿음을 뒷받침하는 정보만 선택적으로 받아들이는 경향입니다. 이를 극복하려면 의도적으로 반대 증거를 찾아야 합니다.

'나는 실패할 거야'라는 부정적인 생각이 들 때, "내가 성공했던 경험은 무엇이지?" 또는 "어떤 사람들이 나보다 더 어려운 상황에서도 성공했지?"와 같이 긍정적인 증거를 찾아봅니다. 이 과정을 통해 당신의 뇌는 새로운 패턴을 학습하고, 부정적인 믿음의 허점을 발견하게 됩니다.

3) 고정 마인드셋을 성장 마인드셋으로 바꾸기

고정 마인드셋은 자신의 능력은 고정되어 있어서 변하지 않는다고 믿는 것입니다. 반대로 성장 마인드셋은 노력과 학습을 통해 얼마든지 발전할 수 있다고 믿는 것입니다.

실천법은 '실패'를 '피드백'으로 재정의하는 것입니다. 실패했을 때 '나는 재능이 없어'라고 생각하는 대신, "이것을 통해 무엇을 배웠지?"라고 스스로에게 질문해 봅니다. 실패를 배움의 기회로 바라보는 습관은 성장을 위한 강력한 동기가 됩니다.

과정 칭찬하기를 합니다. 결과보다는 노력하고 도전하는 과정을 칭찬해 줍니다. "이번 결과는 아쉬웠지만, 새로운 시도를 한 것은 정말 대단해"와 같이 스스로를 격려하면, 다음 도전에 대한 두려움이 줄어듭니다.

4) '정답 찾기'를 '대안 찾기'로 바꾸기

정답 찾기 사고방식은 문제에 대한 완벽한 하나의 답만 존재한다고 믿는 것입니다. 이를 바꾸려면 다양한 대안을 찾는 연습을 해야 합니다.

어떤 문제가 발생했을 때, "어떻게 하면 이 문제를 해결할 수 있을까?"라는 질문 대신, "이 문제를 해결할 수 있는 방법 10가지를 말해볼까?"라고 질문해 봅니다. 이 연습은 당신의 뇌가 더 넓은 범위의 가능성을 탐색하도록 훈련시킵니다. 이러한 방법들은 마치 근육을 단련하듯 꾸준한 연습을 통해 내면의 사고방식을 건강하게 바꿔나가는 과정입니다.

4. 인지 심리학자들이 말하는 메타인지

　메타인지는 당신의 생각을 생각하는 힘입니다. 요즘 인지 심리학자들이 가장 중요하게 여기는 개념 중 하나는 바로 메타인지입니다. 메타인지는 단순히 아는 것을 넘어, '내가 무엇을 알고 무엇을 모르는지를 아는 능력'을 말합니다. 마치 당신의 뇌 안에 또 다른 뇌가 있어서, 당신의 사고 과정을 객관적으로 관찰하고 통제하는 것과 같습니다.

　메타인지는 부의 창출과 성장을 위한 필수적인 사고 도구로써 객관적인 자기 인식의 토대를 만듭니다. 메타인지는 당신이 1단계 인식 과정에서 발견한 모든 것, 강점, 약점, 감정, 재정 상태 등을 객관적으로 바라보게 해줍니다.

　메타인지가 부족하면 '나는 잘하고 있어'라고 착각하거나, 반대로 '나는 부족해'라고 과소평가하게 됩니다. 하지만 메타인지를 통해 당신은 자신의 상태를 냉정하게 파악하고, 불필요한 감정이나 착각을 배제한 채 현실적인 계획을 세울 수 있습니다.

메타인지가 높은 사람은 실패했을 때 '나는 왜 실패했을까?'라고 생각합니다. 그들은 자신의 접근 방식, 판단, 노력의 양을 되돌아보고, 다음번에는 어떻게 개선해야 할지 정확하게 파악합니다. 반면 메타인지가 부족한 사람은 실패를 단순히 '운이 없었다'거나 '재능이 부족했다'고 치부하며, 같은 실수를 반복하는 경향이 있습니다.

메타인지가 높은 사람은 문제에 부딪혔을 때, 어떤 지식이 필요한지, 어떤 전략이 효과적일지 미리 판단할 수 있습니다. 그들은 자신의 사고 과정을 점검하며, "지금 내가 이 문제에 대해 잘못 생각하고 있는 것은 아닐까?", "다른 관점에서 바라볼 방법은 없을까?"와 같은 질문을 스스로에게 던집니다. 이는 창의적인 아이디어를 발굴하고, 시행착오를 줄이는 데 결정적인 역할을 합니다. 메타인지를 키우는 방법은 다음과 같습니다.

첫째, 훈련을 통해 얼마든지 향상할 수 있습니다.

'생각 일기'를 써봅니다. 매일 밤, 하루 동안 있었던 일뿐만 아니라 당신이 어떤 생각을 했고, 왜 그런 결정을 내렸는지 기록합니다. 이 과정은 당신의 사고방식을 객관적으로 관찰하는 훈련이 됩니다.

'왜?'라는 질문 던지기를 합니다. 어떤 결정을 내리거나 특정 행동을 했을 때, 스스로에게 "나는 왜 이런 결정을 했을까?", "그 이유는 무엇일까?"라고 질문하세요. 이 질문은 당신의 생각의 근원을 파고들게 합니다.

둘째, 타인의 피드백을 적극적으로 구합니다. 다른 사람의 관점을 듣는 것은 자신의 사고방식에 대한 객관적인 시야를 넓히는 가장 좋은 방법 중 하나입니다. 당신의 아이디어나 결정에 대해 솔직한 피드백을 요청해 봅니다.

메타인지는 부의 여정을 위한 강력한 무기입니다. 당신의 생각을 지켜보는 또 다른 당신을 깨우고, 더 현명하고 효과적인 부의 창출 전략을 만듭니다.

부정적 마인드셋은 창의적 아이디어의 걸림돌

부정적 마인드셋은 창의적 아이디어를 만드는 데 심각한 걸림돌이 됩니다. '비관적으로 생각하는 것'을 넘어, 우리 뇌의 작동 방식과 밀접하게 연결되어 있기 때문입니다.

1) '회피' 중심의 뇌 작동 방식

부정적 마인드셋은 뇌를 '문제 해결'이 아닌 '위험 회피' 모드로 작동하게 만듭니다. '이 아이디어는 실패할 거야', '남들이 비웃을 거야' 같은 부정적인 생각은 뇌의 편도체를 자극해 생존을 위한 경계 태세를 갖추게 합니다. 이 모드에서는 새로운 가능성을 탐색하거나, 다양한 아이디어를 연결하는 창의적 사고를 할 여유가 사라집니다. 뇌는 오직 위험으로부터 벗어날 가장 안전한 길만 찾으려 하기 때문입니다.

2) 사고의 확장을 막는 '터널 시야'

부정적 마인드셋은 우리의 시야를 좁힙니다. 마치 터널 안에서 한 방향만 바라보는 것처럼, 부정적인 가능성에만 초점을 맞추게 됩니다. "이 아이디어의 약점은 뭐지?"라는 질문은 중요하지만, 부정적 마인드셋은 그 약점에만 갇히게 만듭니다. "이 아이디어의 강점은 무엇일까?", "어떤 새로운 가능성이 있을까?"와 같은 사고의 확장을 막아버려, 결국 아이디어는 발전하지 못하고 사장됩니다.

3) 실패에 대한 두려움을 키워 실행력을 억누른다

창의적인 아이디어는 실패의 위험을 동반합니다. 하지만 부정적 마인드셋은 실패를 '성장의 과정'으로 보지 않고, '절대 피해야 할 것'으로 인식합니다. 이는 아이디어를 구체화하고 실행에 옮기는 것을 억누르는 가장 큰 장애물이 됩니다. 아이디어는 머릿속에만 머물러 있을 뿐, 현실로 이어지지 못하게 되는 것입니다.

따라서 창의적인 아이디어를 만들고 부를 창출하려면, 부정적 마인드셋을 극복하고 긍정적인 사고방식을 의식적으로 훈련해야 합니다. 단순히 '행복한 생각'을 하라는 의미가 아니라, 실패를 두려워하지 않고 새로운 가능성을 탐색하며, 문제를 해결하는 데 뇌의 모든 잠재력을 활용하는 태도를 갖추는 것입니다.

다양한 시각의 이해

독창적인 아이디어를 찾는 데에 직장인 시각, 창업가 시각, 개인사업자 시각, 사회 준비생 시각 등 각 개인이 가진 고유한 관점이 결정적인 영향을 미칩니다. 같은 현상을 보더라도 어떤 관점을 가지고 보느냐에 따라 전혀 다른 아이디어를 떠올릴 수 있기 때문입니다.

1) 직장인 시각

직장인은 특정 조직이나 산업 내의 문제를 잘 이해합니다. 이들의 관점은 비효율적인 프로세스, 반복적인 업무, 부서 간의 소통 문제 등 내부적인 '페인 포인트' Pain Point 를 해결하는 데 초점을 맞춥니다.

예를 들면, 회사의 반복적인 업무를 자동화하는 프로그램 개발, 부서 간 협업을 원활하게 만드는 사내용 솔루션 제안 등입니다. 이들의 아이디어는 당장 실현 가능하고, 내부 혁신을 이끌어낼 잠재력이 큽니다.

2) 창업가 시각

창업가는 기존 시장의 판도를 바꿀 만한 파괴적 혁신을 추구합니다. 이들은 '왜 이 시장은 항상 이랬을까?'라는 근본적인 질문을 던지며, 아무도 시도하지 않은 새로운 시장을 개척하는 데 관심이 많습니다.

예를 들면, '차량 공유'라는 개념으로 택시 시장의 패러다임을 바꾼 우버 Uber, '스트리밍'이라는 방식으로 영화 감상 문화를 바꾼 넷플릭스 Netflix 등입니다. 창업가의 아이디어는 불확실성이 크지만, 성공했을 때의 파급력은 매우 큽니다.

3) 개인사업자 시각

개인사업자는 고객과 직접 소통하며 그들의 니즈를 가까이서 파악합니다. 이들의 관점은 고객의 불편함을 해결하고, 만족도를 높이는 실용적인 아이디어에 집중합니다.

예를 들면, 고객의 피드백을 반영해 메뉴를 끊임없이 개선하는 레스토랑, 단골 고객의 취향을 분석해 맞춤형 상품을 추천하는 온라인 쇼핑몰 등입니다. 개인사업자의 아이디어는 고객과의 관계를 강화하고, 충성도를 높이는 데 효과적입니다.

4) 사회 준비생 시각

사회 준비생은 아직 특정 분야의 고정관념에 갇히지 않았기 때문에 새롭고 자유로운 관점을 가질 수 있습니다. 이들은 기성세대가 보지 못하는 새로운 트렌드나 기술에 민감하며, 문제 해결에 신선한 아이디어를 적용합니다.

예를 들면, 새로운 SNS 플랫폼을 활용한 마케팅 전략, MZ세대의 취향을 저격하는 콘텐츠 제작, 사회 문제 해결에 기술을 접목한 '소셜 벤처' 아이디어 등입니다. 이들의 아이디어는 젊은 세대의 트렌드를 반영하고, 미래의 시장을 선점할 잠재력이 있습니다.

독창적인 아이디어는 특정 관점 하나에서만 나오는 것이 아닙니다. 각자의 관점에서 문제를 정의하고, 서로 다른 관점을 가진 사람들과 소통하며 아이디어를 융합할 때, 비로소 강력한 혁신이 탄생할 수 있습니다.

5. 독창적 아이디어를 찾는 융합적 사고

독창적인 아이디어를 찾는 데 '융합적 사고'Convergent Thinking는 핵심적인 역할을 합니다. 이는 단순히 여러 아이디어를 합치는 것을 넘어, 서로 다른 요소들을 결합해 완전히 새로운 가치를 창출하는 사고방식입니다.

1) '최고'를 넘어선 '새로운 영역'을 개척합니다

융합적 사고는 기존의 '최고'Best 아이디어에 머무르지 않고, 서로 관련 없는 지식과 경험을 합쳐 새로운 시장이나 영역을 개척하는 데 도움을 줍니다. '아날로그'와 '디지털'을 연결하거나, '예술'과 '기술'을 결합하는 것과 같습니다. 잡스Steve Jobs는 '기술'과 '아름다운 디자인'을 융합해 아이폰을 만들었고, 스마트폰을 단순한 기기가 아닌 예술품으로 인식하게 만들었습니다.

2) '창의성'에 '현실성'을 더합니다

많은 아이디어가 현실성이 부족해 사라집니다. 하지만 융합적 사고는 당신의 '창의적인 아이디어'에 '실제적인 해결책'을 결합해 줍니다. 당신의 아이디어가 '인공지능' AI이라는 창의적인 요소라면, 이를 '고객의 불편함'이라는 현실적인 문제와 융합해 보세요. 그 결과는 '인공지능 기반의 맞춤형 학습 튜터'와 같은 현실적이고 독창적인 서비스가 될 수 있습니다.

3) '익숙함'에 '낯섦'을 더해 차별성을 만듭니다

융합적 사고는 사람들이 이미 익숙하게 느끼는 것에 낯선 요소를 더해 독특한 차별성을 만들어냅니다. '독서'라는 익숙한 행위에 '소셜 미디어'라는 낯선 요소를 결합해 '독서 기록을 공유하는 플랫폼'을 만들 수 있습니다. 이러한 아이디어는 이미 존재하는 시장에서 경쟁하는 대신, 새로운 가치를 제공하며 고객을 끌어들입니다.

따라서 융합적 사고는 당신의 아이디어를 단순히 '좋은 아이디어'에서 '시장을 바꾸는 아이디어'로 발전시키는 강력한 도구입니다.

시장의 룰과 판을 바꿀 수 있는 아이디어

시장의 룰을 바꾸고 판을 바꿀 수 있는 혁신적인 아이디어, 즉 '게임체인저'는 단순히 돈을 벌기 위한 기술이나 전략을 넘어, 특별한 철학과 목적, 그리고 태도를 가진 사람들에 의해 탄생합니다.

1) 철학: '인간 중심'의 철학

혁신적인 아이디어의 근간에는 항상 인간에 대한 깊은 이해와 존중이 깔려 있습니다. 이들은 '무엇을 만들까?'가 아니라, '사람들의 삶을 어떻게 더 나아지게 할까?'를 고민합니다.

애플의 스티브 잡스 Steve Jobs는 '기술' 그 자체가 아닌, '사용자가 더 아름답고 직관적인 경험'을 하는 것을 철학으로 삼았습니다. 그의 제품은 기술적 우수성을 넘어 인간의 감성과 연결되었습니다.

2) 목적: '기존의 문제 해결'이라는 목적

게임체인저들은 기존 시장의 비효율성이나 불편함을 당연하게 받아들이지 않습니다. 그들은 "왜 사람들이 이런 불편함을 감수해야 할까?"라는 질문을 던지며, '해결되지 않은 문제' Unmet Needs를 찾아냅니다.

에어비앤비 Airbnb의 창업자들은 '비싼 호텔'과 '남아도는 방'이라는 두 가지 문제를 연결해, 모두에게 윈-윈이 되는 공유 경제 플랫폼을 만들었습니다.

3) 태도: '성장 마인드셋'과 '도전 정신'의 태도

혁신적인 아이디어를 현실로 만드는 과정은 수많은 실패와 좌절을 동반합니다. 이때, '성장 마인드셋'과 '도전 정신'은 포기하지 않는 원동력이 됩니다.

성장 마인드셋은 실패를 '끝'이 아니라, '배움의 과정'으로 여깁니다. 그들은 '이번에는 실패했지만, 다음에는 더 나은 방법을 찾을 수 있다'고 믿습니다.

　도전 정신은 안전한 길을 택하기보다, 미지의 영역에 도전하는 용기를 가집니다. '안 될 거야'라는 주변의 만류에도 불구하고, 자신의 비전을 믿고 나아가는 뚝심이 있습니다.

4) 결론: '가치 창조자'가 되어라

　결국, 시장의 룰을 바꾸는 사람들은 '돈을 버는 사람'이 아니라, '가치를 창조하는 사람'입니다. 그들은 돈을 벌기 위해 일하는 것이 아니라, 자신의 철학을 실현하고, 세상을 더 나은 곳으로 만들고자 하는 목적을 가지고 도전합니다. 그리고 그 결과로 부는 자연스럽게 따라오는 것입니다.

자연으로부터 영감을 얻어 창의적 아이디어를 발견하기

　자연으로부터 영감을 얻어 창의적 아이디어를 발견하는 경우는 매우 많습니다. 이를 '생체 모방' Biomimicry이라고 하는데, 자연의 원리와 디자인, 시스템을 모방하여 인간의 문제를 해결하는 혁신적인 접근법입니다. 수많은 과학기술과 제품이 자연에서 영감을 얻어 탄생했습니다.

1) 벨크로 Velcro

　벨크로는 유명한 생체 모방 사례입니다. 스위스의 공학자 조르주 드 메스트랄 George de Mestral은 1941년 알프스 산맥을 걷다가 옷에 달라붙은 도꼬마리 열매를 보고 영감을 얻었습니다. 그는 현미경으로 열매의 갈고리 모양을 관찰하고, 이를 모방하여 한쪽에는 고리가, 다른 한쪽에는 부드러운 섬유가 있는 새로운 형태의 잠금장치를 개발했습니다. 이것이 바로 우리가 흔히 사용하는 벨크로입니다.

2) 항공기 설계

항공기 설계는 새들의 비행 원리에서 많은 영감을 받았습니다. 새들의 날개 모양은 양력을 극대화하고 공기 저항을 최소화하도록 진화했습니다. 19세기의 발명가들은 새의 날개를 연구하며 유선형 날개와 동체 디자인을 고안했고, 현대 항공기의 기본 설계에 큰 영향을 주었습니다. 또한, 비행기가 활주로에 착륙할 때 사용하는 보조 날개인 플랩 flap도 새들이 착륙할 때 날개를 펼치는 모습에서 착안된 것입니다.

3) 초고속 열차, 신칸센

일본의 신칸센은 터널을 지날 때 발생하는 엄청난 소음 문제로 고민했습니다. 이때 엔지니어들은 물속으로 뛰어드는 물총새의 부리를 관찰했습니다. 물총새는 공기 저항이 큰 공중에서 물속으로 들어갈 때 거의 물튀김을 만들지 않고 빠르게 이동합니다. 엔지니어들은 물총새의 부리 모양을 모방해 신칸센의 앞부분을 길고 뾰족하게 디자인했습니다. 그 결과, 소음이 줄어들었을 뿐만 아니라 공기 저항까지 줄어 열차의 속도를 더욱 높일 수 있었습니다.

4) 거미줄을 모방한 섬유

거미줄은 강철보다 5배나 강하지만, 무게는 매우 가벼운 놀라운 소재입니다. 과학자들은 거미줄의 특성을 모방하여 더 튼튼하고 가벼운 섬유를 개발하려는 연구를 활발히 진행하고 있습니다. 방탄복, 인공 인대, 수술용 실 등 다양한 분야에서 혁신적인 변화를 가져올 잠재력을 가지고 있습니다.

자연은 수십억 년 동안 진화를 거듭하며 효율적이고 완벽한 시스템을 만들어왔습니다. 따라서 자연을 깊이 관찰하고 그 원리를 이해하려는 태도는 우리에게 무궁무진한 창의적 아이디어를 제공할 수 있습니다.

사람을 이해하고 공감하는 태도

사람을 이해하고 공감하는 태도는 창의적인 아이디어를 찾는 데 필수적인 능력입니다. 좋은 인성을 넘어, 혁신적인 아이디어가 탄생하는 근본적인 출발점이 됩니다.

1) '문제'를 발견하는 능력

창의적인 아이디어는 대부분 사람들의 '고통스러운 문제' Pain Point를 해결하는 것에서 시작됩니다. 공감하는 능력은 다른 사람의 불편함, 어려움, 그리고 숨겨진 욕구를 포착하게 해줍니다.

에어비앤비 Airbnb의 창업자들은 컨퍼런스 기간 동안 숙박할 곳을 찾지 못하는 사람들의 문제를 직접 겪고, 다른 사람의 남는 방을 빌려주는 아이디어를 떠올렸습니다. 그들은 '숙박'이라는 행위를 넘어, 사람들의 '불편함'에 공감했기 때문에 혁신적인 아이디어를 만들 수 있었습니다.

2) '가치'를 창출하는 능력

공감은 고객이 제품이나 서비스를 구매하는 이유를 넘어, 그들이 진정으로 원하는 가치가 무엇인지 파악하게 해줍니다.

스타벅스 Starbucks는 단순히 커피를 파는 곳이 아닙니다. 그들은 '집'과 '회사' 사이의 제3의 공간을 원하는 사람들의 심리에 공감했습니다. 편안한 분위기, 무료 와이파이, 맞춤형 서비스 등을 제공하며, '커피'라는 제품을 넘어 '경험'이라는 가치를 창출했습니다.

3) '스토리'를 만드는 능력

사람들은 제품의 기능보다 그 안에 담긴 스토리에 더 깊이 공감하고 지갑을 엽니다. 공감하는 태도는 고객의 삶과 연결되는 진정성 있는 스토리를 만들게 해줍니다.

탐스 TOMS는 신발 한 켤레를 사면 한 켤레를 기부하는 '1+1' One for One 캠페인으로 유명합니다. 이 캠페인은 가난한 아이들의 삶에 공감하는 사람들의 마음을 움직여, 단순한 신발 회사를 넘어 사회적 가치를 창출하는 브랜드로 성장했습니다.

결국 사람을 이해하고 공감하는 태도는 창의적인 아이디어를 발굴하는 강력한 도구입니다. 당신의 아이디어가 사람들의 삶에 어떤 긍정적인 변화를 가져올지 깊이 고민할 때, 진정으로 혁신적인 아이디어를 찾을 수 있습니다.

사람들의 불편에 공감하고 문제를 정의한 후 상품이나 서비스를 위하여 아이디어를 발견한 한 개인의 사례를 소개합니다.

[사례] '1인 가구'의 불편함에 공감하여 창업한 김다혜
김다혜는 평범한 직장인이었지만, 혼자 사는 '1인 가구'로서 일상에서 여러 가지 불편함을 겪었습니다. 특히 그녀를 가장 힘들게 했던 것은 '집밥' 문제였습니다. 그녀는 차근차근 단계적으로 접근했습니다.

1단계 인식: 사람들의 불편함에 공감하고 문제 정의하기
김다혜는 다음과 같은 문제를 발견했습니다.

관찰: 퇴근 후 지친 몸으로 마트에 가면, 1인 가구에게는 양이 너무 많은 채소나 식재료 때문에 고민했습니다. 결국 필요한 만큼만 사고 싶어도 그럴 수 없었고, 남은 재료는 버려지는 경우가 많았습니다.

공감: 그녀는 "나처럼 요리를 좋아하지만, 재료 관리 때문에 집밥을 포기하는 사람이 많겠구나"라고 생각했습니다. 배달 음식에 지치고, 건강한 식사를 하고 싶지만 현실적인 어려움에 부딪히는 사람들의 심정에 깊이 공감했습니다.

문제 정의: 이 모든 것을 종합하여 그녀는 다음과 같이 문제를 정의했

습니다. "1인 가구는 신선한 식재료를 소량으로 구매하기 어렵고, 이로 인해 건강한 집밥을 해 먹기 힘들다."

2단계 발상: 아이디어 발견과 실행

김다혜는 자신의 경험과 공감을 바탕으로, 이 문제를 해결할 수 있는 아이디어를 떠올렸습니다.

아이디어: '1인 가구가 한 끼 식사를 만들기에 딱 좋은 양의 신선한 재료를 소분해 배송해 주는 서비스를 만들자. 거기에 간단한 레시피 카드까지 넣어주면 좋겠다.'

실행: 그녀는 즉시 퇴사하지 않고, 주말 시간을 활용하여 아이디어를 검증했습니다. 먼저 주변 1인 가구 친구 5명을 대상으로 소분한 재료와 레시피 카드를 담은 '한 끼 집밥 키트'를 만들어 직접 배달했습니다.

피드백: 친구들은 "이렇게 필요한 만큼만 재료를 받아보니 버릴 것이 없어 좋았다", "복잡한 레시피가 아니라 쉽게 따라 할 수 있어 요리가 즐거워졌다"라고 긍정적인 반응을 보였습니다. 이 피드백을 통해 김다혜는 자신의 아이디어가 시장성을 가질 수 있다는 확신을 얻었습니다.

그녀는 3단계인 설계 단계에서 사업을 확장할 그림을 그립니다. 그런 다음 사업의 성공 가능성을 확인한 후, 4단계 습관 단계에서 '나만의 집밥 키트'라는 이름으로 정식 사업을 시작했습니다.

그녀는 인스타그램과 블로그를 통해 자신의 창업 스토리를 공유하며,

1인 가구들의 공감을 얻어 빠르게 성장했습니다. 현재 그녀의 회사는 1인 가구의 '집밥' 문제를 해결하는 대표적인 서비스로 자리 잡았고, 그녀는 성공한 사업가이자 사회적 가치를 창출하는 기업가로 인정받고 있습니다.

6. 2단계 발상 정리

발상 단계는 1단계 인식에서 발견한 당신의 내면적 자본을 바탕으로, 부를 창출할 수 있는 구체적인 수익 모델과 아이디어를 찾아내는 과정입니다. 이 단계는 단순히 돈을 버는 방법을 나열하는 것이 아니라, 당신에게 가장 잘 맞는 '황금 열쇠'를 찾는 작업입니다.

1) 관점의 전환: '노동자'에서 '기업가'로

가장 먼저 필요한 것은 사고방식의 전환입니다. 당신의 시간과 노력을 돈과 맞바꾸는 '노동자'의 시각에서 벗어나, 돈과 아이디어가 스스로 일하게 만드는 '기업가'의 시각을 가져야 합니다.

- **노동 소득의 한계**: 열심히 일하는 것만으로는 부자가 되기 어렵습니다. 시간과 체력에는 한계가 있기 때문입니다.

- **자본 소득의 중요성**: 당신의 아이디어나 자본이 스스로 돈을 벌게 만드는 시스템을 구축해야 합니다.

2) 아이디어 발굴: '나'와 '세상'의 교집합 찾기

아이디어는 당신의 내면적 자본과 외부의 기회가 만나는 지점에서 탄생합니다. 다음 세 가지를 결합해 봅니다.

- 당신이 잘하는 것 강점, 재능: 당신의 글쓰기, 분석 능력, 공감 능력 등은 모두 현금 가치를 가진 자산입니다.
- 당신이 좋아하는 것 관심사, 열정: 당신이 시간 가는 줄 모르고 즐기는 일에 부의 창출 기회가 숨어 있습니다.
- 세상이 필요로 하는 것 시장, 니즈: 사람들의 불편함, 해결되지 않은 문제, 숨겨진 욕구를 찾아냅니다.

이 세 가지 원의 교집합에서 '독창적'이지만 '가치' 있는 아이디어가 탄생합니다.

3) 창의적 사고 기법 활용하기

평범한 아이디어에 머무르지 않고, 게임체인저가 될 만한 아이디어를 찾으려면 다음과 같은 사고 기법들을 활용합니다.

- 강제 결합 Forced Connection: 서로 관련 없는 사물이나 개념을 억지로 연결하여 새로운 아이디어를 만듭니다.

- **역발상**: 사람들이 당연하다고 여기는 규칙이나 고정관념을 뒤집어 봅니다.
- **융합적 사고**: '아날로그'와 '디지털'처럼 서로 다른 분야의 지식과 경험을 결합해 새로운 가치를 창출합니다.

4) 가설 검증: 아이디어를 현실로 만들기

아이디어는 머릿속에만 있으면 아무 가치가 없습니다. 당신의 아이디어가 실제로 돈을 벌 수 있는지, 사람들의 문제를 해결할 수 있는지 검증해야 합니다.

최소한의 실행 가능한 상품인 MVPMinimum Viable Product를 만듭니다. 완벽한 제품을 만들기 전에, 아이디어를 검증할 최소한의 형태를 만들어 고객들의 반응을 살펴봅니다. 피드백과 설문조사를 통해 가망 고객에게 직접 아이디어를 설명하고, 그들의 불편함과 니즈를 다시 한번 확인합니다.

이처럼 대안 탐색은 단순히 '돈'을 좇는 것이 아니라, 당신의 가치관과 강점에 맞는 '나만의 길'을 찾는 과정입니다.

다음 단계는 가치를 창조하여 돈을 벌 수 있는 아이디어를 어떻게 수익 모델로 연결할 수 있는지에 관한 것입니다. 3단계 설계입니다.

리치 씽킹

내 안에 잠든
부의 씨앗을 발견하라

6장

**3단계: C 설계(Canvas)
– 아이디어를 돈으로 바꾸는
공식**

'웰스 디자인 씽킹'의 'RICH 시스템' 3단계도 '디자인 씽킹'에 기반을 두고 있습니다.

1단계 인식Recognize을 통해 당신의 '부의 북극성'을 찾고, 2단계 발상Ideate으로 '나만의 황금 열쇠'를 발굴했다면, 이제 3단계 설계Canvas를 통해 그 열쇠로 돈의 문을 열 차례입니다. 이 단계는 당신의 아이디어가 어떻게 현실적인 수익으로 이어질지 구체적으로 설계하는 과정입니다.

1. 가치와 수익

1) '가치 창조'와 '수익 모델'의 연결고리

수익 설계의 핵심은 "내가 창조한 가치를 고객이 어떻게 지불할까?"에 대한 답을 찾는 것입니다. 제공하는 아이디어의 가치가 명확할수록 수익 모델은 더욱 강력해집니다.

이는 고객의 어떤 불편함을 해결하고, 긍정적인 경험을 주는지와 고객이 이 가치를 얻기 위해 어떤 방식으로 돈을 지불할 의사가 있는지를 파악하는 것입니다.

예를 들어, '1인 가구용 집밥 키트'가 제공하는 '건강한 식사'와 '시간 절약'의 가치에 대해 고객은 '매월 구독료'를 지불합니다.

2) 다양한 수익 모델, '나만의 포트폴리오' 만들기

하나의 수익 모델에만 의존하는 것은 위험하므로, 투자 포트폴리오처럼 아이디어를 여러 수익 모델과 연결하여 수익의 안정성을 높여야 합니다.

구독 모델은 지속적인 서비스를 제공하고 매달 일정 금액을 받는 방식입니다. 장점은 안정적인 현금 흐름을 확보할 수 있습니다.

거래 수수료 모델은 플랫폼을 제공하고, 거래 발생 시 수수료를 받는 방식입니다. 장점은 사용자가 많아질수록 수익이 기하급수적으로 늘어난다는 것입니다.

광고와 스폰서십 모델은 사용자 트래픽traffic을 확보했을 때, 광고 수익이나 기업 스폰서십을 받습니다. 장점은 영향력 확대입니다.

지식 상품 모델은 전문 지식과 경험을 상품화하여 판매하는 방식입니다. 장점은 초기 비용이 적고 전문성을 활용할 수 있다는 점입니다.

3) MVP Minimum Viable Product를 통한 수익 모델 검증

수익 모델 확정 전, 최소한의 실행 가능한 형태MVP로 실제로 고객들이 돈을 지불하는지 검증하는 것이 필수입니다.

예를 들어, '온라인 강의' 아이디어 검증 시 정식 플랫폼 대신 소수의 인원을 모아 이메일이나 비공개 SNS 그룹에서 강의를 진행하고, 수강료를 받습니다.

이 과정을 통해 아이디어가 돈이 될 만한 가치가 있는지, 어떤 방식이 가장 효율적인지 직접 확인할 수 있습니다.

수익 설계는 아이디어를 꿈이 아닌 현실의 부로 연결하는 다리입니다. 이제 아이디어를 '수익 모델 캔버스' 위에 그려 복잡한 비즈니스 모델을 한눈에 파악하고, 아이디어를 구체적인 수익으로 연결해 봅니다.

2. 웰스 디자인 캔버스
(Wealth Design Canvas, WDC)

'웰스 디자인 캔버스'Wealth Design Canvas는 WDC라고 간략하게 기억하는 것이 도움이 될 것입니다. WDC는 '수익 모델 캔버스'라고도 합니다. 캔버스는 그림을 그리듯이 한 장의 종이에 수익 모델을 그리는 것입니다.

기업에서는 '비즈니스 모델'이라고도 합니다. 기업이 어떻게 사업을 펼쳐나가는지 설계하는 것입니다. 개인에게도 비슷한 개념을 도입합니다.

기업의 비즈니스 모델은 수많은 페이지로 만들게 되지만, 이것을 단 한 장의 캔버스로 만들 수 있는 획기적인 방법이 알려지기 시작했습니다. 창시자는 알렉산더 오스터왈더Alexander Osterwalder와 이브 피그뉴어Yves Pigneur 교수입니다.

우리가 사용하는 WDC, 수익 모델 캔버스는 이들의 도구를 활용한 것도 있고 간단한 캔버스도 있습니다. 당신의 선호에 따라 선택할 수 있습니다.

A4 용지에 다음과 같은 항목의 질문에 답하면 원하는 부를 설계하게 됩니다. 이것을 '롱폼' Long Form이라고 하겠습니다.

1) 가치 제안 Value Proposition

질문: 당신의 아이디어가 고객에게 어떤 '가치'를 제공하나요? 어떤 문제를 해결해 주고, 어떤 욕구를 충족시키나요?

작성: 당신이 창조하는 핵심 가치를 한 문장으로 명확하게 정의합니다.

예시: "1인 가구에게 건강한 집밥과 시간적 여유를 제공한다."

2) 핵심 고객 Customer Segments

질문: 당신의 가치를 가장 필요로 하는 사람은 누구인가요? 그들의 특징은 무엇인가요?

작성: 당신의 아이디어를 구매할 타깃 고객을 구체적으로 설명합니다. 예를 들면 나이, 직업, 라이프 스타일, 그들이 겪는 문제 등입니다.

예시: "20~30대 혼자 사는 직장인. 요리를 좋아하지만 재료 관리와 시간 부족에 시달리는 사람."

3) 수익 모델 Revenue Streams

질문: 고객은 당신의 가치를 얻기 위해 어떻게 돈을 지불할까요?

작성: 다양한 수익 모델을 나열하고, 가장 적합한 모델을 선택합니다. 예를 들면 다음과 같습니다.

정기 구독료: 매주 또는 매월 '집밥 키트'를 배송하고 구독료를 받는다.

단품 구매: 한 끼 분량의 키트를 단품으로 판매한다.

프리미엄 콘텐츠: 고급 레시피나 쿠킹 클래스를 추가 비용으로 제공한다.

4) 핵심 활동 Key Activities

질문: 당신의 가치를 고객에게 전달하기 위해 어떤 '핵심적인 활동'을 해야 하나요?

작성: 아이디어의 핵심적인 프로세스를 기술합니다.

예시: "신선한 식재료 소싱과 소분, 맞춤형 레시피 개발, 효율적인 배송 시스템 구축, 온라인 채널을 통한 고객 소통."

5) 핵심 자원 Key Resources

질문: 핵심 활동을 수행하는 데 필요한 '가장 중요한 자원'은 무엇인가요?

작성: 당신이 가진 인적 자원, 물적 자원, 지적 자원 등을 모두 기록합니다.

예시: "레시피 개발 능력지식, 신선한 식재료를 공급해 줄 농장물적, 마케팅에 필요한 SNS 채널지적."

6) 채널 Channels

질문: 당신의 아이디어를 어떻게 고객에게 알리고, 어떻게 판매할까요?

작성: 고객과 접점을 만드는 모든 채널을 나열합니다.

예시: "인스타그램, 블로그, 유튜브, 자사 웹사이트, 지인 추천, 온라인

커뮤니티."

7) 비용 구조 Cost Structure

질문: 사업을 운영하는 데 어떤 비용이 발생하나요?

작성: 고정 비용과 변동 비용을 구분하여 작성합니다.

예시:

고정 비용 – 웹사이트 유지비, 재료 보관 공간 임대료.

변동 비용 – 식재료 구매 비용, 배송비, 포장재 비용.

'수익 모델 캔버스'를 활용하여 당신의 아이디어를 시각화해 봅니다. 각 항목을 채워나가다 보면, 막연했던 아이디어가 하나의 견고한 사업 모델로 구체화되는 것을 경험하게 될 것입니다.

수익 모델 캔버스를 간소화하여 핵심에만 집중할 수 있도록 재구성합니다. 복잡한 항목들을 묶고, 가장 중요한 질문 4가지에만 집중하는 방식입니다. 좀 더 간단한 항목들을 선택하여 WDC를 만들어 볼 수 있습니다. 이것을 '숏폼' Short Form 이라고 합니다.

간소화된 수익 모델 캔버스

1) 가치 Value

질문: 당신의 아이디어가 누구에게, 어떤 '가치'를 주나요?

핵심: 당신의 아이디어가 해결하는 문제와 그 문제를 겪는 고객을 한

문장으로 정의합니다.

예시: "2030 1인 가구에게 건강한 집밥과 시간적 여유를 제공한다."

2) 수익 Revenue

질문: 고객은 당신이 제공하는 가치에 어떻게 돈을 지불할까요?

핵심: 당신이 선택한 수익 모델을 명확히 합니다. 어떤 방식으로 돈이 들어올지 구체적으로 적어봅니다.

예시: "매주/매월 정기 구독료를 받고, 추가적인 고급 레시피는 단품으로 판매한다."

3) 실행 Execution

질문: 당신의 아이디어를 현실로 만들기 위해 가장 중요한 활동과 자원은 무엇인가요?

핵심: '가치'를 '수익'으로 바꾸는 과정에서 필요한 핵심 활동과 가진 자원을 묶어서 생각합니다.

예시: "신선한 재료 소싱, 레시피 개발, 효율적인 배송 시스템 구축활동, 나의 요리 지식, SNS 채널, 소수의 초기 고객자원."

4) 확산 Channels

질문: 당신의 아이디어를 어떻게 고객에게 알리고 확산시킬까요?

핵심: 고객과 만나는 접점을 명확히 합니다.

예시: "인스타그램, 블로그, 유튜브, 입소문을 통해 고객을 만난다."

이렇게 간소화된 캔버스는 복잡한 생각에 압도되지 않고, 아이디어의 핵심을 빠르게 파악하고 실행하는 데 도움을 줄 것입니다.

경제적 부를 창출하는 수익 모델을 일반인이 A4 한 장에 그릴 수 있는 가장 단순하고 쉽고 적용 가능한 모델은 어떻게 만들 수 있을까요? 복잡한 용어는 빼고, 핵심적인 네 가지 질문에만 집중하는 방식입니다.

A4 초간단 수익 캔버스

1) 고객의 '고통'을 무엇으로 해결해 줄 것인가? 가치

고객: 당신의 제품이나 서비스를 가장 필요로 하는 사람은 누구인가요? 예를 들면 30대 워킹맘, 캠핑을 좋아하는 직장인, 강아지를 키우는 1인 가구 등입니다.

고통: 그들은 어떤 문제를 겪고 있나요? 무엇 때문에 불편하고 힘들어하나요? 예를 들면 건강한 집밥을 해 먹기 힘듦, 좋은 캠핑 장소를 찾기 어려움, 믿고 맡길 수 있는 펫시터가 없음 등입니다.

해결책: 당신의 아이디어가 그 문제를 어떻게 해결해 주나요?

2) 어떻게 돈을 벌 것인가? 수익

지불 방식: 고객이 당신의 해결책에 어떻게 돈을 지불할까요? 예를 들면 한 번에 결제, 매월 구독료, 플랫폼 이용 수수료 등입니다.

가격: 얼마를 받아야 당신과 고객 모두 만족할 수 있을까요?

수익 다각화: 돈을 버는 방법은 하나만 있는 것이 아닙니다. 다른 수익

모델을 추가할 수 있을까요? 예를 들면 제품 판매+온라인 강의, 서비스 이용료+광고 수익입니다.

3) 나는 무엇을 가지고 있는가? 자원

재능: 당신이 남들보다 잘하는 것은 무엇인가요? 예를 들면 글쓰기, 영상 편집, 요리 실력, 사람들과 소통하는 능력 등입니다.

경험: 당신이 겪었던 독특한 경험이나 지식은 무엇인가요? 예를 들면 10년간의 직장 경험, 해외 생활, 특정 취미에 대한 깊은 지식 등입니다.

자본: 돈이 될 만한 유형 또는 무형의 자산은 무엇인가요? 예를 들면 적은 종잣돈, 보유한 장비, 구축해 놓은 SNS 채널 등입니다.

4) 어떻게 고객에게 전달할 것인가? 실행

채널: 당신의 해결책을 어떻게 고객에게 알리고 판매할까요? 예를 들면 인스타그램, 블로그, 유튜브, 오픈마켓, 지인 추천 등입니다.

첫걸음: 이 모델을 현실로 만들기 위해 당장 내일 무엇을 할 수 있나요? 거창할 필요 없습니다. 예를 들면 시장 조사를 위해 고객 3명과 인터뷰하기, 아이디어 검증을 위한 랜딩 페이지 만들기 등입니다.

이 A4 초 간단 모델은 당신의 아이디어를 복잡하게 만들지 않고, 가장 중요한 가치, 수익, 자원, 실행이라는 네 가지 핵심 요소에 집중하게 해줍니다. 이제 이 네 가지 질문에 솔직하고 구체적으로 답하며 당신만의 수익 모델을 그려봅니다.

3. 타깃 고객

타깃 고객Target을 명확하게 정하는 것은 사업 성공의 첫걸음입니다. '모두'를 위한 제품은 결국 '아무도' 찾지 않는 제품이 될 가능성이 높기 때문이죠. 타깃 고객을 정하는 방법은 다음과 같습니다.

1) 핵심 문제와 공감하기

가장 먼저, 당신의 아이디어가 해결하고자 하는 핵심 문제를 다시 살펴봅니다. 그리고 그 문제에 깊이 공감하는 사람들부터 찾아야 합니다.

질문하기를 합니다. "이 문제를 가장 심각하게 겪고 있는 사람은 누구인가?", "이 문제 때문에 가장 많은 불편을 느끼는 사람은 누구인가?"

예를 들어 '1인 가구용 집밥 키트'를 만들고 싶다면, '집밥'을 해 먹기 힘들다는 문제에 공감하는 사람들 중에서도 특히 '시간이 부족한 20~30대 워킹맘'처럼 구체적인 집단을 떠올려 봅니다.

2) 페르소나 Persona 만들기

타깃 고객을 마치 실제 인물처럼 구체화하는 작업입니다. 가상의 인물에게 이름, 나이, 직업, 라이프스타일, 그리고 그들이 가진 문제점까지 부여해 봅니다.

[예시]

이름: 정민아

나이: 32세

직업: IT 회사 마케터

문제점: 매일 야근 후 집에 오면 녹초가 된다. 건강한 집밥을 해 먹고 싶지만, 재료 손질과 남은 재료 처리 때문에 늘 포기한다. 매번 배달 음식을 시켜 먹는 것에 죄책감을 느낀다.

이렇게 페르소나를 만들면, 당신의 아이디어가 정민아와 같은 사람들의 문제를 어떻게 해결해 줄 수 있을지 더 명확하게 알 수 있습니다.

3) 시장 규모와 잠재성 판단하기

마지막으로, 당신이 정한 타깃 고객이 충분한 시장성을 가지고 있는지 판단해야 합니다.

질문하기는 "이 페르소나와 같은 사람이 우리 사회에 얼마나 존재하는가?", "이들이 우리 제품이나 서비스에 돈을 지불할 의사와 능력이 있는가?"와 같이 해볼 수 있습니다.

검증하기는 페르소나와 유사한 사람들 몇 명을 찾아가 아이디어에 대한 피드백을 직접 받아봅니다. 그들이 당신의 아이디어에 기꺼이 돈을 지불할 의사를 보인다면, 당신의 타깃 고객은 충분한 잠재성을 가지고 있다고 볼 수 있습니다.

이러한 과정을 통해 당신은 막연한 '고객'이 아닌, '누구'의 문제를 해결해 줄 것인지 명확히 알게 될 것입니다.

강력한 마케팅과 영업전략

강력한 마케팅과 영업 전략은 단순히 제품을 판매하는 것을 넘어, 고객의 마음을 사로잡고 장기적인 관계를 구축하는 데 있습니다. 다음 세 가지 전략을 통해 당신의 아이디어를 성공적으로 시장에 안착시킵니다.

1) 고객 공감 기반의 콘텐츠 마케팅

고객들은 더 이상 일방적인 광고에 반응하지 않습니다. 그들은 자신의 문제를 해결해 주고, 삶에 가치를 더해주는 정보에 귀를 기울입니다.

문제 해결형 콘텐츠는 당신의 타깃 고객이 겪는 어려움에 대해 공감하고, 그 문제를 해결해 줄 수 있는 유용한 정보를 제공합니다. '1인 가구 집밥 키트'를 예로 들면, '자투리 채소 보관법', '15분 만에 만드는 건강 요리 레시피' 같은 콘텐츠가 될 수 있습니다.

스토리텔링은 당신의 창업 스토리를 진솔하게 들려줍니다. 왜 이 사업을 시작했는지, 어떤 어려움을 겪었고 어떻게 극복했는지에 대한 이야기는 고객과의 정서적 유대감을 형성하는 데 매우 효과적입니다.

고객들이 서로 소통하고 정보를 교환할 수 있는 온라인 커뮤니티를 만듭니다. 고객들은 단순히 제품을 구매하는 것을 넘어, 당신의 브랜드가 제공하는 '경험'과 '소속감'에 더 큰 가치를 느낍니다.

2) 지속적인 관계 구축을 위한 영업 전략

영업은 단순히 계약을 성사시키는 것을 넘어, 고객을 당신의 '팬'으로 만드는 과정입니다.

개인화된 맞춤형 제안: 고객의 구매 이력이나 피드백을 바탕으로, 그들의 니즈에 맞는 맞춤형 제안을 합니다. 이는 고객이 존중받고 있다고 느끼게 하여, 장기적인 충성도를 높입니다.

우선 피드백 순환 시스템을 만듭니다. 고객의 의견에 귀 기울이고, 제품이나 서비스 개선에 적극적으로 반영합니다. "고객님의 의견으로 더 좋은 서비스를 만들었습니다"라고 소통하는 과정은 고객을 공동 창조자로 만들고, 브랜드에 대한 신뢰를 강화합니다.

그리고 고객 추천 프로그램을 만듭니다. 기존 고객이 새로운 고객을 추천할 경우 혜택을 제공합니다. 만족한 고객의 추천은 어떤 광고보다 강력한 힘을 가집니다.

3) 데이터 기반의 의사결정

감에 의존하는 대신, 데이터를 활용해 마케팅과 영업 전략의 효율성을 높입니다.

첫째, 핵심 기준을 설정합니다. 당신의 마케팅 활동이 성공적인지 판단할 수 있는 구체적인 기준, 예를 들면 웹사이트 방문자 수, 콘텐츠 공유 수, 전환율 등을 설정하고 꾸준히 모니터링합니다.

둘째, A/B 테스트를 합니다. 두 가지 다른 버전의 광고나 웹페이지를 만들어 어떤 것이 더 효과적인지 실험합니다. 이 과정을 통해 어떤 메시지나 디자인이 고객에게 더 잘 통하는지 과학적으로 파악할 수 있습니다.

셋째, 고객 데이터를 분석합니다. 고객이 어떤 경로를 통해 당신의 브랜드를 접하고, 어떤 콘텐츠에 가장 많이 반응하는지 분석합니다. 이 데이터는 마케팅 예산을 가장 효과적인 채널에 집중하는 데 도움을 줍니다.

이러한 전략들을 통해 당신의 아이디어를 단순히 판매하는 것을 넘어, 강력한 브랜드로 성장시킬 수 있습니다.

다양한 SNS 마케팅 전략

다양한 SNS 마케팅 전략은 단순히 게시물을 올리는 것을 넘어, 각 플랫폼의 특성과 고객의 행동방식을 이해하는 데서 시작합니다. 다음 세 가지 핵심 전략을 통해 효과적으로 고객에게 다가갑니다.

1) 플랫폼별 맞춤형 콘텐츠 제작

모든 SNS 플랫폼에 똑같은 콘텐츠를 올리는 것은 효과적이지 않습니다. 각 플랫폼의 주 사용층과 특징에 맞는 콘텐츠를 만들어야 합니다.

인스타그램: 시각적인 요소가 가장 중요합니다. 브랜드의 감성을 담은

고품질 사진이나 짧고 트렌디한 릴스Reels 영상이 효과적입니다. 제품의 아름다움을 강조하거나, 라이프스타일과 연결된 이미지를 보여주는 것이 좋습니다.

블로그, 브런치: 깊이 있는 정보를 제공하는 데 적합합니다. 제품 사용 후기, 전문적인 지식, 창업 스토리 등 긴 호흡의 글을 통해 고객의 신뢰를 얻을 수 있습니다. 검색 엔진 최적화Search Engine Optimization, SEO를 고려한 글쓰기로 잠재 고객을 유입시키는 데도 유리합니다. SEO는 웹사이트나 웹페이지가 검색엔진 결과 페이지에서 더 높은 순위를 차지하도록 만들기 위한 일련의 기술과 전략을 말합니다.

2) 관계 구축을 위한 인터랙티브Interactive 전략

고객과 일방적으로 소통하는 대신, 양방향으로 관계를 맺는 것이 중요합니다. 댓글 및 DMDirect Message 관리로 고객이 남긴 댓글이나 메시지에 빠르게 반응하며 친밀감을 높입니다. 단순한 문의를 넘어, 고객의 의견에 귀 기울이고 있음을 보여주는 것이 중요합니다.

이벤트와 챌린지로 고객 참여를 유도하는 이벤트를 진행합니다. '제품 사용 인증 챌린지'나 '친구 태그 이벤트' 등을 통해 고객이 자발적으로 브랜드 콘텐츠를 생산하고 확산하게 만들 수 있습니다.

실시간 라이브 방송을 통해 고객과 직접 소통합니다. 제품에 대한 궁금증을 바로 해소해 주거나, Q&A 시간을 가지며 고객과의 신뢰를 쌓을 수 있습니다.

3) 데이터 기반의 효율적인 광고 전략

무분별한 광고 집행 대신, 데이터를 활용해 타깃 고객에게만 효율적으로 노출합니다.

타깃팅 광고는 SNS 플랫폼의 광고 기능을 활용해 당신의 잠재 고객의 나이, 관심사, 지역 등에게만 광고를 노출시킵니다. '인스타그램 광고 관리자'와 같은 도구를 사용하면 광고 예산을 낭비하지 않고 효과를 극대화할 수 있습니다.

인플루언서 마케팅은 당신의 브랜드와 가치관이 맞는 인플루언서와 협업합니다. 팔로워 수가 많지 않더라도, 특정 분야에 깊은 영향력을 가진 '마이크로 인플루언서'와의 협업이 더 높은 전환율을 가져올 수도 있습니다.

이러한 전략들을 통해 당신의 브랜드를 단순한 제품 판매자를 넘어, 고객과 소통하고 공감하는 강력한 파트너로 성장시킬 수 있습니다.

4. 레버리지 활용법

레버리지Leverage는 '지렛대'라는 뜻으로, 작은 힘으로 큰 효과를 내는 것을 의미합니다. 부를 창출하는 데 있어 레버리지는 당신의 시간, 돈, 노력을 극대화하여 훨씬 더 큰 가치를 만들어내는 핵심 전략입니다.

1) 시간 레버리지: 시스템을 통해 자유를 얻는다

가장 흔한 레버리지는 당신의 시간을 확장하는 것입니다. 당신 혼자만의 힘으로 일하는 데는 한계가 있습니다.

반복적인 업무를 자동화하는 시스템을 구축합니다. 이메일 자동 응답, 재고 관리 프로그램 등은 당신의 귀중한 시간을 절약해 줍니다.

아웃소싱으로 당신이 잘하지 못하거나 중요도가 낮은 일은 전문가에게 맡깁니다. 예를 들면 회계, 웹사이트 관리, 디자인 등입니다. 이는 당신이 핵심 업무에만 집중할 수 있게 합니다.

한번 만들어두면 지속적으로 수익을 창출하는 '디지털 자산'을 만듭니다. 예를 들면 전자책, 온라인 강의, 유튜브 채널 등입니다. 이는 당신이 잠을 자는 동안에도 돈을 벌어주는 강력한 시간 레버리지입니다.

2) 돈 레버리지: '내 돈'이 아닌 '남의 돈'으로 불린다

레버리지의 전통적인 의미로, '남의 돈'을 활용하여 투자의 효과를 극대화하는 것입니다.

대출: 부동산이나 사업 자금 마련을 위해 은행 대출을 활용하는 것입니다. 이때는 투자 수익률이 대출 이자율보다 높을 때만 활용해야 합니다.
지분 투자를 활용합니다. 당신의 아이디어가 있다면, 외부 투자자로부터 자금을 유치하여 사업을 확장할 수 있습니다. 이는 당신의 자본 없이도 사업을 크게 키울 수 있는 강력한 레버리지입니다.

3) 지식 레버리지: '지식'으로 부를 창출한다

당신이 가진 지식과 경험을 레버리지로 활용하여 돈을 버는 방법입니다.
지식 상품화를 합니다. 당신의 전문성을 온라인 강의, 전자책, 컨설팅 등의 형태로 만들어 판매합니다. 한번 만들어두면 여러 사람에게 판매할 수 있는 강력한 지식 레버리지입니다.
네트워크 활용은 당신의 지식과 경험을 나누며 다른 전문가들과 교류합니다. 서로의 지식을 공유하고 협력하면, 혼자서는 얻을 수 없었던 더 큰 기회를 창출할 수 있습니다.

4) 인적 레버리지: 사람의 힘을 빌린다

혼자서는 할 수 없는 일을, 다른 사람의 힘을 빌려 성과를 내는 것입니다.

팀 구축을 합니다. 당신의 비전을 공유하고 함께 일할 사람들을 모읍니다. 이는 당신의 시간을 확장하는 것뿐만 아니라, 서로의 강점을 결합하여 더 큰 시너지를 만들어낼 수 있습니다.

커뮤니티 형성이 중요합니다. 당신의 제품이나 서비스를 사랑하는 고객 커뮤니티를 만듭니다. 이들은 당신의 가장 강력한 지지자가 되어, 자발적으로 홍보를 해주고 피드백을 제공해 줍니다.

인적 레버리지는 당신의 한계를 뛰어넘어, 부의 여정을 훨씬 더 빠르고 효과적으로 만들어줄 것입니다.

파트너십(Partnership)

파트너십은 둘 이상의 개인이나 기업이 공동의 목표를 달성하기 위해 자원과 역량을 결합하는 협력 관계를 의미합니다. 단순한 거래 관계를 넘어, 서로의 성공을 돕는 '동반자' 관계입니다.

첫째, 파트너십의 중요성을 설명합니다. 파트너십은 혼자서는 이룰 수 없는 성과를 가능하게 합니다.

먼저 자원과 역량 보완입니다. 각자의 부족한 점을 서로 채워줄 수 있습니다. 당신이 가진 아이디어와 다른 파트너의 자본, 기술, 유통망 등을 결합하여 사업을 훨씬 더 빠르게 확장할 수 있습니다.

다음은 리스크 분산입니다. 사업을 하다 보면 여러 어려움과 리스크에 직면합니다. 파트너십을 통해 리스크를 공유하고, 문제 해결을 위한 지혜를 모을 수 있습니다.

그리고 새로운 기회 창출입니다. 서로 다른 관점과 전문성을 가진 파트너들은 혼자서는 발견하지 못했던 새로운 아이디어나 시장 기회를 찾아낼 수 있습니다.

둘째, 파트너십은 다양한 형태로 나타납니다.

전략적 제휴를 합니다. 서로 다른 기업이 특정 목적을 위해 협력하는 관계입니다. IT 기업이 물류 기업과 손잡고 배송 서비스를 혁신하는 경우가 여기에 해당합니다.

지분 파트너십을 만듭니다. 공동의 목표를 위해 함께 자금을 투자하고, 수익과 손실을 지분 비율에 따라 나누는 관계입니다. 창업가들이 공동 창업을 할 때 흔히 사용됩니다.

콘텐츠 파트너십을 이룹니다. 서로의 콘텐츠를 교환하거나 함께 제작하여 서로의 영향력을 키우는 관계입니다. 예를 들어, 한 유튜버와 다른 블로거가 협력해 콘텐츠를 공동 제작하는 경우가 있습니다.

셋째, 성공적인 파트너십을 구축하려면 다음과 같은 조건이 필요합니다.

명확한 목표와 역할 분담을 합니다. 파트너십을 통해 무엇을 달성하고 싶은지 명확한 목표를 설정해야 합니다. 또한, 각자의 강점에 맞춰 역할을 명확하게 분담해야 불필요한 마찰을 줄일 수 있습니다.

신뢰와 소통을 쌓습니다. 성공적인 파트너십의 가장 중요한 요소는 신뢰입니다. 서로에 대한 믿음을 바탕으로 솔직하게 소통하며 문제를 해결해 나가야 합니다.

서로에게 없는 강점을 보완해 줄 수 있는 파트너를 찾는 것이 중요합니다. 단순히 비슷한 사람을 찾기보다, 당신의 부족한 점을 채워줄 수 있는 사람을 찾는 것이 더 효과적입니다.

5. 수익 모델 설계

수익 모델을 실제로 설계하려면, 이론적인 틀을 넘어 구체적인 실행 계획을 세워야 합니다. 다음 세 가지 핵심 단계를 통해 당신의 아이디어를 현실적인 수익으로 연결해 봅니다.

첫째는 핵심 가치 제안 Core Value Proposition을 명확히 해야 합니다. 수익 모델 설계의 첫 단계는 당신의 아이디어가 고객에게 어떤 '가치'를 제공하는지 다시 한번 명확히 하는 것입니다. 고객이 왜 당신의 제품이나 서비스에 돈을 지불해야 하는지에 대한 답을 찾는 과정입니다.

당신의 아이디어가 해결하는 가장 큰 문제, 즉 고객의 '고통' Pain Point은 무엇인가요? 예를 들면 '1인 가구는 건강한 집밥을 해 먹기 힘들다'는 고통입니다.

고객의 '이득'을 강조하는 것이 중요합니다. 당신의 아이디어를 통해 고객이 얻게 될 가장 큰 이득은 무엇인가요? 예를 들면 '시간 절약', '건강한 식단', '음식물 쓰레기 감소'라는 이득입니다.

이 과정을 통해 당신의 아이디어가 제공하는 핵심 가치를 명확히 할 수 있습니다.

둘째는 수익 모델을 '테스트'하는 것입니다. 수익 모델은 머릿속으로만 구상하는 것이 아니라, 실제 시장에서 검증해야 합니다. 고객이 어떤 방식으로 돈을 지불할 때 가장 반응이 좋은지 직접 테스트해 봅니다.

'가격' 테스트는 여러 가격대를 설정하고 소수의 고객에게 판매해 봅니다. A 그룹에는 1만 원에, B 그룹에는 1만 2천 원에 제공하여 어떤 가격에 더 많은 고객이 구매하는지 비교할 수 있습니다.

'결제 방식' 테스트는 구독 모델, 단품 구매, 프리미엄 모델 등 여러 결제 방식을 소규모로 시험해 봅니다. 예시를 들면 '한 끼 집밥 키트'를 1회 구매 방식과 1주일 정기 구독 방식으로 판매해, 어느 쪽이 고객에게 더 매력적인지 파악합니다.

이러한 테스트를 통해 당신의 아이디어에 가장 적합한 수익 모델을 찾을 수 있습니다.

셋째는 수익 모델을 '최적화'하는 것입니다. 테스트를 통해 얻은 데이터를 바탕으로 수익 모델을 끊임없이 개선해야 합니다. 고객의 피드백을 반영하고 시장의 변화에 맞춰 유연하게 조정하는 것이 중요합니다.

고객 피드백을 활용합니다. 고객이 "이런 기능이 추가되면 돈을 더 지불할 의향이 있다"라고 말한다면, 그 피드백을 반영하여 새로운 상품이나 프리미엄 서비스를 만들어 봅니다.

넷째는 수익 다각화를 하는 것입니다. 하나의 수익 모델에만 의존하지 않습니다. 처음에는 단품 판매로 시작했더라도, 고객층이 확장되면 '정기 구독 모델'이나 '지식 콘텐츠 판매' 등 새로운 수익원을 추가하여 안정성을 높일 수 있습니다.

비용 구조 관리를 합니다. 수익 모델이 확정되면 재료비, 배송비, 마케팅 비용 등 사업 운영에 필요한 비용을 효율적으로 관리하는 방법을 고민해야 합니다.

이처럼 수익 모델 설계는 한 번에 끝나는 것이 아니라, 끊임없는 실험과 개선을 통해 완성됩니다.

능동적 수익, 수동적 수익, 자동적 수익

능동적 수익, 수동적 수익, 그리고 자동적 수익은 부의 창출 과정을 이해하는 데 매우 중요한 개념입니다. 이 세 가지는 돈을 버는 방식과 노력, 그리고 당신의 자유가 어떻게 연결되는지를 보여줍니다.

1) 능동적 수익 Active Income

가장 기본적인 형태의 수익으로, 당신의 시간과 노동을 직접 투입하여 얻는 수입을 말합니다. '노동 소득'으로도 불리며, 대부분의 사람이 경제 활동을 시작할 때 접하는 수익 모델입니다.

특징은 일한 만큼 벌고, 일하지 않으면 돈을 벌 수 없습니다. 시간과 수입이 정비례하는 구조입니다.

예를 들면 직장인의 월급, 아르바이트 시급, 프리랜서의 프로젝트 수입, 자영업자의 가게 운영 수익 등이 능동적 수익에 해당합니다.

2) 수동적 수익 Passive Income

초기에 상당한 노력이나 투자를 한 후, 그 이후로는 지속적인 노동 없이 얻는 수익을 말합니다. 처음에는 능동적인 노력이 필요하지만, 일정 시스템을 구축하고 나면 최소한의 관리만으로 수익이 창출됩니다.

특징은 당신의 시간과 노동이 아닌, '자산'이 스스로 일하게 만드는 구조입니다. 이 시스템이 한번 구축되면 당신이 잠을 자는 동안에도 돈을 벌어줍니다.

예를 들면 임대 수익은 부동산을 구매하여 월세를 받는 경우입니다. 지식 재산권은 전자책, 온라인 강의, 음원 등을 제작하여 판매할 때 발생하는 수익입니다. 배당금은 주식이나 펀드에 투자하여 받는 배당금입니다.

3) 자동적 수익 Automated Income

수동적 수익의 개념을 한 단계 더 발전시킨 형태로, AI나 로봇 등 기술을 활용하여 수익 창출 과정을 완벽하게 자동화한 수입을 말합니다. 시스템 구축 이후에는 인간의 개입이 거의 필요하지 않습니다.

특징은 수익 창출과 관련된 거의 모든 과정을 기술이 대신합니다. 이는 레버리지의 끝판왕이라고 할 수 있습니다.

예를 들면 AI 기반 추천 시스템인데 넷플릭스나 아마존의 AI 추천 시스템은 고객의 데이터를 분석하여 자동으로 맞춤형 상품을 추천하고 매출을 발생시킵니다.

광고 자동화 시스템은 AI가 블로그 콘텐츠에 가장 적합한 광고를 자동으로 배치하여 광고 수익을 창출합니다. 자동 투자 프로그램은 AI 기반으로 주식 매매를 자동화하는 프로그램에서 발생하는 수익입니다. 자동적 수익은 우리 모두의 가장 큰 바람입니다.

경제적 자유

많은 부자가 '경제적 자유'를 얻었다고 말할 때, 그것은 능동적 수익의 한계에서 벗어나 수동적, 그리고 자동적 수익을 통해 돈의 흐름을 통제하게 되었다는 의미와 같습니다. 당신의 부의 여정 또한 능동적 수익으로 시작해, 점차 수동적, 자동적 수익의 파이프라인을 구축하는 방향으로 나아갈 수 있습니다.

소득, 저축, 투자 등의 과정이 부를 창출하고 축적하여 풍요롭게 하고 경제적 자유를 얻게 하는데, 어떤 과정일까요?

돈을 벌고 소득, 모으고 저축, 불리는 투자 과정은 단순히 돈의 액수를 늘리는 것을 넘어, 경제적 자유와 풍요로운 삶을 얻기 위한 논리적인 여정입니다. 이 과정은 마치 건물을 짓는 것과 같습니다. 차곡차곡 그리고 꾸준히 이 과정을 이어가면서 경제적 자유를 누리게 됩니다.

이 과정을 건축에 비유하여 살펴보겠습니다.

1) 기반 다지기: 소득 창출

건물을 짓기 위한 가장 첫 번째 단계는 단단한 땅을 확보하는 것입니다. 소득은 바로 이 기반을 다지는 과정입니다. 당신의 시간, 지식, 기술이라는 자원을 활용해 돈을 벌어들이는 행위입니다.

능동적 소득은 직장 생활, 사업 등 당신이 직접 일하여 버는 돈입니다. 이는 부의 여정을 시작하는 첫 번째 주춧돌이 됩니다.

소득 파이프라인 다각화를 하는데 이것은 하나의 소득원에만 의존하면 기반이 흔들릴 수 있습니다. 부업이나 새로운 사업을 통해 소득원을 여러 개로 늘려 안정적인 기반을 만듭니다.

2) 재료 모으기: 저축

기반이 준비되면, 건물을 지을 재료를 모아야 합니다. 저축은 재료를 모으는 과정입니다. 남은 돈을 모으는 것이 아니라, 미래의 투자를 위한 씨앗을 심는 행위입니다.

억만장자, 오마하의 현인 워렌 버핏은 "지출하고 남는 돈을 저축하는 것이 아니라, 저축하고 남는 돈을 지출하라"라고 충고했습니다.

소득 > 지출의 원칙을 잊지 마시기 바랍니다. 당신의 소득이 지출보다 항상 많아야 합니다. 이 차액이 바로 저축이 됩니다.

명확한 저축 목표를 세워야 합니다. "무작정 모으자" 대신 "1년 안에 투자 종잣돈 1,000만 원 모으기"와 같은 구체적인 목표를 세웁니다. 목표가 명확해야 저축에 대한 의지가 흔들리지 않습니다.

3) 건물 올리기: 투자

충분한 재료 저축가 모였다면, 이제 건물을 올릴 차례입니다. 투자는 돈이 당신을 위해 일하게 만들어, 자본을 복리의 힘으로 불리는 과정입니다. 투자는 돈을 모아두는 것이 아니라, 돈을 '자산'으로 바꿔 더 큰돈을 벌어오게 하는 행위입니다.

리스크와 보상의 균형을 유지합니다. 모든 투자에는 위험이 따릅니다. 당신의 투자 성향과 목표에 맞는 적절한 리스크를 감수하며, 장기적인 관점에서 꾸준히 투자해야 합니다.

4) 자유를 누리기: 경제적 자유

건물이 완성되면 그 안에서 풍요로운 삶을 누릴 수 있습니다. 경제적 자유는 소득, 저축, 투자의 과정을 통해 당신의 노동 없이도 생활을 유지할 수 있는 자산 소득을 만들어내는 최종 목표입니다.

이러한 논리적 과정을 거쳐 소득, 저축, 투자를 반복하고 확장할 때, 당신은 부를 창출하고 축적하여 진정한 경제적 자유를 얻게 될 것입니다.

6. 고대 바빌론 부자들의 부의 설계

고대 바빌론의 부자들은 '돈의 7가지 법칙'을 통해 부를 설계하고, 이를 후대에 전수했습니다. 앞에서도 소개한 조지 S. 클래이슨George S. Clason의 책 『바빌론 부자들의 돈 버는 지혜The Richest Man in Babylon』에 나오는 이 법칙들은 수천 년이 지난 지금도 유효한 부의 원칙들입니다.

1) 수입의 10분의 1을 저축하라

바빌론 부자들은 수입의 최소 10%를 저축하는 것을 '자신에게 지불하는 것'이라 가르쳤습니다. 이는 돈을 모으는 가장 기본적인 습관으로, 소득이 아무리 적더라도 이 원칙을 지키는 것이 부의 시작이라고 강조했습니다.

2) 지출을 통제하라

돈을 버는 것만큼 중요한 것이 바로 지출을 관리하는 것입니다. 바빌론 부자들은 '필요한 지출'과 '욕망에 의한 지출'을 구분하여, 예산을 계획하고 통제하는 방법을 가르쳤습니다. 불필요한 지출을 막고 저축을 늘리는 핵심적인 방법입니다.

3) 돈을 불려라

저축한 돈을 그대로 두는 것이 아니라, 돈이 돈을 벌어오게 만들어야 합니다. 바빌론 부자들은 저축한 돈을 현명하게 투자하여 이자나 수익을 얻는 방법을 가르쳤습니다.

4) 재산 손실을 막아라

모든 투자는 위험을 수반합니다. 바빌론 부자들은 투자하기 전에 충분히 배우고, 현명한 사람들의 조언을 구하며 돈을 잃지 않는 방법을 강조했습니다. 섣부른 투자로 소중한 재산을 잃는 것을 막기 위한 중요한 원칙입니다.

5) 거주지를 재산으로 만들어라

바빌론 부자들은 집을 단순히 사는 곳으로 보지 않았습니다. 집을 소유하고 관리하는 것은 자산 가치를 높이는 행위이며, 곧 부의 증식으로 이어진다고 믿었습니다.

6) 미래를 대비하라

미래의 소득이 끊길 상황에 대비하는 것이 부의 설계에서 중요한 부분입니다. 은퇴 후를 위한 저축이나 보험 등을 통해 미래를 위한 안정적인 재정 계획을 세우는 것이 중요하다고 가르쳤습니다.

7) 능력을 키워라

가장 위대한 자산은 바로 당신 자신입니다. 바빌론 부자들은 끊임없이 배우고 능력을 향상하는 것이 소득을 늘리고 더 큰 부를 얻는 가장 확실한 방법이라고 강조했습니다.

이처럼 바빌론의 부자들은 돈을 버는 기술뿐만 아니라, 돈을 관리하고 불리는 지혜로운 습관을 통해 부를 설계했습니다. 이는 오늘날에도 성공적인 재정 관리를 위한 핵심적인 교훈을 제공합니다.

팝 아티스트(Pop Artist) 앤디 워홀(Andy Warhol)의 수익 창출 모델

팝 아티스트 앤디 워홀은 '예술은 비즈니스'라는 철학을 가지고, 예술 작품을 대량 생산하고 상업화하는 독특한 수익 모델을 구축했습니다. 그는 기존의 가난하고 고독한 예술가의 이미지를 벗어나 성공적인 사업가이자 브랜드로 자신을 포지셔닝했습니다.

1) '예술 상품'의 대량 생산

워홀은 작품 제작 방식을 혁신적으로 바꾸어 수익을 극대화했습니다. 손으로 직접 그리는 대신, 실크스크린이라는 인쇄 기법을 활용해 작품을 대량 생산했습니다. 이는 코카콜라 병이나 캠벨 수프 캔처럼 익숙한 소비재 이미지를 반복적으로 찍어내는 데 최적화된 방법이었습니다.

그는 자신의 작업실을 '팩토리'Factory, 공장라고 부르며, 조수들을 고용해 작품을 생산했습니다. 마치 공장에서 상품을 찍어내듯, 예술 작품을 효율적으로 생산하는 시스템을 구축한 것입니다. 가수들의 음반도 대량으로 생산됩니다. 차도 대량으로 생산합니다. 예술품도 같은 시스템을 활용할 수 있다는 발상일 것입니다.

2) '셀프 브랜딩'을 통한 영향력 확대

워홀은 작품뿐만 아니라, 자기 자신을 하나의 강력한 브랜드로 만들었습니다.

그는 미디어를 활용했습니다. 잡지, TV 쇼, 영화 등 다양한 미디어를 통해 존재감을 드러냈습니다. 그는 인터뷰에서 명확한 답을 피하는 '신비화 전략'을 구사하며 대중의 호기심을 자극했고, 이는 그의 작품에 대한 관심을 더욱 높이는 결과를 가져왔습니다.

유명인들과의 교류 또한 활발하게 했습니다. 그는 작업실 '팩토리'에 유명인들을 초청해 파티를 열고, 마릴린 먼로와 같은 유명인의 초상화를 제작하며 그들의 명성을 자신의 작품에 투영했습니다. 이는 그의 작품 가치를 높이는 동시에, 그를 시대의 아이콘으로 만들었습니다.

3) 수익의 다각화

워홀은 작품 판매 외에도 다양한 분야로 수익을 확장했습니다. 사업을 광고 및 상업 디자인 분야로 확장했습니다. 그는 상업 예술가로 경력을 시작했으며, 잡지와 기업 광고를 제작하여 수익을 올렸습니다.

그뿐만 아니라 잡지 발행과 영화 제작에도 관여했습니다. ≪인터뷰 Interview≫라는 잡지를 발행하고, 여러 영화를 제작하며 예술가로서의 영향력과 수익을 동시에 확대했습니다.

앤디 워홀은 예술과 상업의 경계를 허물고, 예술 작품을 대량 생산되는 '상품'으로, 자신을 '브랜드'로 만들어 막대한 부를 창출했습니다. 그의 수익 모델은 '예술도 비즈니스'라는 새로운 패러다임을 제시하며 현대 예술계에 큰 영향을 주었습니다.

피카소(Picasso)의 창의적 지혜

인상파 미술이 사진 기술로 인해 위기를 맞았을 때, 파블로 피카소는 기존 예술의 판을 완전히 뒤집어 버리는 혁신적인 방법으로 응수했습니다. 사진이 현실을 완벽하게 재현하는 시대가 도래하자, 화가들은 더 이상 현실을 똑같이 그리는 것에 의미를 두지 않게 되었습니다. 인상파 화가들은 이 상황에 대응하여 눈에 보이는 찰나의 빛과 색을 포착하는 데 집중했습니다. 하지만 피카소는 여기서 한발 더 나아가, 아예 '보는 방식' 자체를 바꿈으로써 예술의 새로운 길을 개척했습니다.

1) '보이는 대로'가 아닌, '아는 대로' 그리기

피카소는 사진이 완벽하게 해내는 사실적 묘사에 정면으로 도전했습니다. 그는 눈에 보이는 대상을 하나의 시점에서만 그리는 전통적인 방식을 버렸습니다. 대신, 여러 시점에서 본 대상의 모습을 한 화면에 동시에 담아냈습니다. 예를 들면 사람의 얼굴을 그릴 때, 정면의 눈과 옆모습의 코를 한 화면에 합쳐 표현했습니다.

그는 게임체인저적 태도를 가지고 있었습니다. '사진이 현실을 똑같이 찍는다면, 그림은 현실을 다르게 표현해야 한다'는 태도로 회화의 존재 이유를 재정의했습니다.

2) '해체'와 '재조합'이라는 새로운 언어

피카소의 이러한 시도는 입체파 Cubism 라는 새로운 사조를 탄생시켰습니다. 대상을 기하학적인 도형으로 해체하고, 화폭 위에서 다시 재조합했습니다.

그의 핵심 철학은 대상의 본질적인 형태와 구조를 탐구하는 데 집중했습니다. 즉, 눈에 보이는 표면이 아니라, 대상이 가진 속성을 다각적으로 보여주는 데 몰두했습니다. 그가 받은 영감의 원천은 아프리카 조각상이나 폴 세잔의 기하학적인 형태 연구에서 많은 영향을 받았습니다.

3) 미술의 판도를 뒤집은 결과

피카소의 입체파는 현대 미술의 방향을 완전히 바꿔 놓았습니다. 이것은 새로운 미술의 시작입니다. 입체파는 기존의 사실주의와 인상주의를 넘어 추상 미술로 가는 중요한 다리가 되었습니다. 이후의 예술가들은 더 이상 현실 묘사에 얽매이지 않고, 자신만의 시각과 감정을 자유롭게 표현하는 길을 걷게 되었습니다.

그의 예술은 새로운 가치를 창조했습니다. 사진이 등장하자 '회화의 종말'을 예언하는 목소리도 있었지만, 피카소는 오히려 이 위기를 기회로 삼아 회화만이 할 수 있는 새로운 가치를 창조했습니다.

피카소는 사진이라는 강력한 경쟁자가 등장했을 때, 그 경쟁자가 잘하는 것을 따라 하거나 경쟁하는 대신, 경쟁자가 할 수 없는 영역인 다시점과 해체로 옮겨가 예술의 규칙 자체를 새로 썼습니다.

3단계 설계에서는 사람들에게 주고자 하는 가치를 정하고 어떻게 고객에게 다가가는지를 구체적으로 구상합니다. WDC를 만들어 그대로 실행하도록 하는 부의 창출 계획은 A4 용지만 있으면 쉽게 만들 수 있습니다. 개인의 경우 간단한 숏폼으로 설계할 수 있는 방법을 이해했을 줄 믿습니다.

다음은 4단계 습관입니다. WDC를 어떻게 실행하는지 다양한 방법들을 알게 됩니다.

7장

4단계: H 습관(Habit)
- 실행 습관 만들기

4단계의 H 습관Habit 단계는 제프 베이조스의 '데이 원 씽킹'에 기반을 두고 있습니다. 데이 원 씽킹에 대해서는 앞에서 이미 다루었습니다.

습관 단계는 수익 모델, WDCWealth Design Canvas를 실천하는 단계입니다.
실행 습관 단계는 당신의 아이디어를 현실의 부로 연결하는 가장 중요한 단계입니다. 이 단계는 단순히 아이디어를 구상하는 것을 넘어, 실제로 행동하고, 배우고, 끊임없이 개선하는 과정을 의미합니다. 수익 모델과 WDC를 실천하는 구체적인 방법은 다음과 같습니다.

웰스 디자인 씽킹, WDT의 4단계 RICH 시스템은 실행을 습관으로 만듭니다. 목표는 수익 모델과 WDC를 바탕으로 실제 행동을 시작하고, 피드백을 통해 꾸준히 개선하는 습관을 형성하는 것입니다.

1. 실천 행동 프로세스

실천 행동은 체계적으로 할 때 효과가 최대화됩니다. 방향과 단계를 거쳐서 한다면 그만큼 성과가 높은 것입니다. 다음과 같이 단계를 밟아가 봅니다.

1) MVP Minimum Viable Product 실행과 테스트

실행 습관의 첫걸음은 3단계에서 설계한 MVP 최소 기능 제품를 실제로 시장에 내놓는 것입니다. 이 과정은 당신의 아이디어를 직접 경험하는 고객들로부터 피드백을 얻는 시간입니다.

적극적인 실행을 위해 당신의 아이디어를 담은 MVP를 소셜 미디어, 블로그, 지인 등을 통해 알리고 고객을 모집합니다. '1인 가구 집밥 키트'의 경우, 소량의 키트를 직접 만들어 판매하고 배송하는 것 자체가 실행입니다.

테스트 차원에서 고객이 제품을 사용하는 과정을 면밀히 관찰하고, 그들의 솔직한 반응과 불만, 개선점 등을 기록합니다. 이때 중요한 것은 비판적인 피드백을 개인적인 공격으로 받아들이지 않고, 아이디어를 개선할 귀한 정보로 여기는 태도입니다.

2) WDC 수정과 반복

MVP 테스트에서 얻은 피드백은 WDC를 수정하고 개선하는 중요한 데이터가 됩니다. WDC는 한 번 작성하고 끝내는 것이 아니라, 현실의 피드백에 따라 끊임없이 업데이트되어야 합니다.

피드백 반영을 하는데 고객들이 '배송비'에 부담을 느낀다면 WDC의 '비용 구조'를 다시 설계하고, '더 다양한 레시피'를 원한다면 '핵심 활동'에 레시피 개발을 추가하는 식입니다.

피드백을 통해 새로운 문제나 기회를 발견했다면, WDC의 '가치' 부분을 수정하고 새로운 가설을 설정합니다. 그리고 그 가설을 검증할 또 다른 MVP를 만들어 다시 테스트를 진행합니다.

3) 작은 성공의 경험과 성장 마인드셋

이 모든 과정은 당신의 성장 마인드셋을 강화하는 훈련이 됩니다. 작은 성공에 집중하기 위해 첫 달에 5명의 고객에게 제품을 판매하는 것처럼, 작지만 달성 가능한 목표를 세우고 그 성공을 축하합니다. 작은 성공의 경험은 당신의 실행력을 유지하는 중요한 원동력이 됩니다.

테스트 과정에서 실패하더라도 실패를 '피드백'으로 전환하여, '이 방법은 통하지 않았다'는 유용한 피드백을 얻었다고 생각합니다. 실패를 통해 무엇을 배웠는지 명확히 파악하는 습관은 당신을 더 나은 기업가로 성장시킵니다.

'습관' 단계는 당신의 수익 모델과 WDC를 끊임없는 테스트와 피드백을 통해 현실의 시장에 맞춰 완성해 나가는 과정입니다. 이는 단순한 사업의 성공을 넘어, 도전하고 배우는 '부의 습관'을 당신의 삶에 내재화하는 중요한 시간입니다.

작은 성공을 경험하며 모멘텀을 얻고 지속적으로 행동하기 위한 루틴은 WDT의 실행 습관 단계를 구체화한 것입니다. 이는 의지력에만 의존하는 것이 아니라, 체계적인 시스템을 구축하여 자연스럽게 행동을 이끌어내는 데 중점을 둡니다.

다음은 WDT 기반으로 지속적인 행동을 위한 4가지 루틴입니다.

지속적인 행동을 위한 4가지 루틴

지속적인 행동을 위한 루틴은 습관을 형성하기 때문에 매우 중요합니다. 행동이 없다면 아무런 결과를 얻지 못합니다. 의도적인 습관 만들기를 하는 방법을 터득하는 것이 반드시 필요합니다.

1) 15분 계획 – 실행 – 기록 루틴

매일 아침 또는 저녁, 15분이라는 짧은 시간을 활용하여 하루의 계획을 세우고, 실행 결과를 기록하는 루틴입니다.

먼저 계획(5분)으로, WDC를 바탕으로 오늘 해야 할 가장 중요한 '작은 행동' 1~3가지를 정합니다. 예를 들면 '고객 후보 1명에게 DM 보내기', '랜딩 페이지 문구 1개 수정하기'입니다.

정해진 행동을 하루 동안 실천합니다.

기록(5분)은 하루를 마감하며 오늘 실행한 내용을 기록하고, 어떤 피드백을 얻었는지, 고객 반응, 내 생각 등 간략하게 정리합니다. 이 기록은 다음 날의 계획을 세우는 중요한 자료가 됩니다.

작은 성공 경험을 매일 쌓아가며, '할 수 있다'는 자신감을 강화합니다. 또한, 막연한 목표를 구체적인 행동으로 쪼개어 실천함으로써 부담감을 줄일 수 있습니다.

2) 주간 점검과 WDC 업데이트 루틴

주간 단위로 지난 한 주간의 성과를 점검하고, WDC를 업데이트하는 루틴입니다.

지난 한 주간의 15분 기록들을 모아 어떤 가설이 맞았고 틀렸는지, 어떤 피드백이 가장 의미 있었는지 분석합니다.

분석 결과를 바탕으로 WDC의 '가치 제안', '고객 채널', '수익원' 등의 내용을 수정합니다. 예를 들면 "고객 피드백을 보니, 초보자용 강의가 더 필요하겠군. '가치'를 수정해야겠다"와 같이 점검할 수 있습니다.

이 루틴의 효과는 큰 그림을 놓치지 않고, 고객과 시장의 변화에 맞춰 유연하게 전략을 수정할 수 있게 됩니다. 이는 사업의 방향성을 잃지 않는 나침반 역할을 합니다.

3) 지식 습득과 아이디어 충전 루틴

당신의 분야와 관련된 새로운 지식, 트렌드, 아이디어를 습득하는 루틴입니다.

매일 15분 이상 관련 뉴스레터나 블로그를 읽거나, 일주일에 한 편씩 관련 유튜브 영상을 시청합니다. '아이디어 노트'를 만들어 영감을 주는 모든 것들을 기록합니다.

이 루틴의 효과는 시장을 보는 안목을 키우고, WDC를 개선할 새로운 아이디어를 얻는 원동력이 됩니다. 이는 당신의 '인적 자본'을 지속적으로 성장시키는 중요한 투자입니다.

4) 휴식과 회복 루틴

번아웃을 방지하고 지속 가능한 행동을 위한 회복 루틴입니다.

일주일에 하루는 일과 관련된 모든 것을 내려놓고 온전히 쉬는 시간을 갖습니다.

취미 활동, 운동, 명상 등을 통해 스트레스를 해소하고 에너지를 충전합니다. 몸과 마음의 건강을 유지해야 장기적으로 부의 여정을 이어갈 수 있습니다.

이러한 루틴들은 '지속적인 행동'을 습관으로 만들고, WDT 기반의 부자 매뉴얼을 현실에서 성공적으로 실천하는 데 큰 도움이 될 것입니다.

전체적인 관리, 점검, 확인을 위한 행동 습관

전체적인 관리, 점검, 확인을 위한 행동 습관은 WDT의 실행 루틴을 구체적으로 실천하는 데 필수적입니다. 목표를 세우고 행동하는 것을 넘어, 성과를 객관적으로 파악하고, 문제점을 찾아 개선하는 시스템을 구축하는 과정입니다.

다음은 WDT 기반의 부의 여정을 성공적으로 관리하고 점검하기 위한 구체적인 행동 습관입니다.

1) 목표와 핵심 결과 시각화

부의 설계 캔버스, WDC와 주요 지표를 눈에 잘 보이는 곳에 붙여놓습니다. 당신의 최종 목표 즉, WDC의 가치 제안과 이를 달성하기 위한 핵심 결과를 시각화하면, 매일의 행동이 큰 그림과 어떻게 연결되는지 명확히 인식할 수 있습니다. 예를 들어, '한 달 안에 유료 고객 5명 확보'라는 목표를 달성하기 위해 '주 10회 SNS 포스팅'과 같은 핵심 결과 지표를 설정하고 이를 매일 확인하는 것입니다.

2) 회고와 피드백 루프 Feedback Loop

주간 및 월간 회고를 통해 '배움의 시간'을 가집니다. 한 주 또는 한 달의 끝에 다음 질문에 답하며 스스로를 점검합니다.

"무엇이 잘 되었는가?"
"무엇이 아쉬웠는가?"

"무엇을 배웠는가?"

"다음 주에는 무엇을 시도해 볼 것인가?"

이러한 질문에 답하며 WDC의 가설이 맞는지, 어떤 부분을 수정해야 할지 파악하고, 다음 행동 계획을 세울 수 있습니다.

3) 지표 기록 및 분석

매일의 성과를 스프레드시트나 노트에 기록하고, 주기적으로 분석합니다. '15분 계획 – 실행 – 기록 루틴'에서 기록한 데이터, 예를 들면 SNS 포스팅 수, 좋아요 수, 고객 문의 수를 주간 또는 월간 단위로 모아 분석합니다.

"SNS 포스팅의 어떤 내용이 고객 문의로 이어졌는가?"와 같은 질문에 답하며 가장 효과적인 전략을 찾아내는 것입니다. 감에 의존하는 것이 아니라, 객관적인 데이터로 판단하는 습관이 중요합니다.

4) 외부 전문가와 커뮤니티 활용

당신의 분야 전문가나 같은 길을 걷는 사람들과 소통합니다. 혼자서 모든 문제를 해결하려 하지 말고 멘토를 찾거나, 관련 커뮤니티에 참여하여 아이디어와 고민을 나누고 외부 피드백을 받는 것은 매우 중요합니다. 다른 사람의 시각은 당신의 사각지대를 발견하는 데 큰 도움이 됩니다.

이러한 행동 습관들은 RICH 시스템을 단순한 이론이 아닌, 살아 움직이는 시스템으로 만들 수 있게 돕습니다. 지속적인 관리, 점검, 확인을 통해 부의 여정에서 길을 잃지 않고 꾸준히 전진할 수 있을 것입니다.

학습, 조사, 연구, 독서, 경제지 읽기 루틴

지속적인 학습을 일상에 녹여내기 위한 루틴은 '꾸준함'이 핵심입니다. 이를 일별, 주간, 월별로 나누어 체계적으로 실천하면, 학습을 지루한 의무가 아닌 즐거운 습관으로 만들 수 있습니다.

1) 일일 루틴으로 '틈새 시간'을 활용해 지식 쌓기

15분 독서를 습관화합니다. 출퇴근 시간이나 점심시간을 활용해 책을 읽습니다. 15분이라는 짧은 시간이라도 꾸준히 쌓이면 한 달에 책 한 권을 충분히 읽을 수 있습니다.

아침에 일어나 커피를 마시며 10분만 시간을 내어 경제지 헤드라인이나 기술 뉴스레터를 훑어봅니다. 세상의 흐름을 놓치지 않는 감각을 유지하는 데 도움이 됩니다.

관찰 일기 쓰기는 매일 5분씩 '오늘 발견한 불편함'이나 '흥미로운 아이디어'를 기록합니다. 이는 당신의 관찰력을 키우고, WDT의 첫 단계인 '공감' 능력을 향상하는 중요한 훈련입니다.

2) 주간 루틴으로 '깊이 있는' 탐구 시간 갖기

주말 중 1~2시간을 할애해 일주일 동안 관심 가졌던 주제, 예를 들면 AI 기술, 특정 기업의 비즈니스 모델을 깊이 조사합니다. 관련 논문이나 리포트를 찾아 읽고, 당신의 아이디어와 연결해 보는 시간을 가지는 것이 좋습니다.

마인드맵 그리기를 할 수 있는데 일주일 동안 수집한 정보와 아이디어를 마인드맵으로 정리하는 것입니다. 서로 다른 정보들을 연결하고 새로운 관점을 발견하는 데 큰 도움이 됩니다.

관련 커뮤니티 활동을 합니다. 온라인 커뮤니티나 관련 모임에 참여해 다른 사람들의 의견을 들어봅니다. 새로운 정보를 얻는 것뿐만 아니라, 당신의 아이디어를 객관적으로 평가받을 수 있는 기회가 됩니다.

3) 월별 루틴인 '큰 그림'을 점검하고 계획하기

월간 회고는 한 달 동안의 학습 성과와 목표 달성 여부를 점검합니다. 다음 질문에 답하며 스스로를 평가해 보는 시간을 갖는 것이 좋습니다.

"이번 달에 배운 가장 중요한 지식은 무엇인가?"
"세운 목표는 잘 달성되었는가? 실패했다면 그 이유는 무엇인가?"
"다음 달에는 어떤 분야를 집중적으로 공부할 것인가?"

전문가와의 만남을 통해 한 달에 한 번씩 해당 분야 전문가의 강연을 듣거나, 멘토와 만나 이야기를 나누는 시간을 가져봅니다. 이는 당신의 시야를 넓히고, 새로운 영감을 얻는 데 큰 도움이 됩니다.

재정 상태 점검을 합니다. 한 달 동안의 소득과 지출을 점검하고, 재정 목표에 맞춰 계획을 수정합니다. 재정 관리 또한 지속적인 학습의 중요한 부분입니다.

이러한 루틴을 통해 당신은 지식과 정보를 끊임없이 업데이트하고, 이를 부의 여정에 연결시키는 '학습 습관'을 형성하게 될 것입니다.

실행 습관이 부의 여정에서 결정적인 이유

이제 여러분들은 부자가 될 수 있는 시스템, 도구, 로드맵을 모두 갖추게 되었습니다. 여기서 가장 중요한 마지막 퍼즐 조각은 바로 실행 습관입니다. 아무리 좋은 지도와 도구를 가지고 있어도, 직접 길을 걷지 않으면 목적지에 도달할 수 없는 것과 같습니다. 실행 습관은 '걷는 행위'를 가능하게 하는 원동력입니다. 모든 성취는 실행하지 않으면 이룰 수 없습니다. 행동하지 않고 결과를 얻을 수는 없습니다.

1) 이론을 현실로 바꾸는 유일한 방법

우리가 배운 모든 지식, 즉 자기 인식, 대안 탐색, 수익 설계는 머릿속에만 있으면 아무 가치가 없습니다. 실행 습관은 '생각'을 '현실의 결과'로 바꾸는 유일한 다리입니다.

예를 들면, 수많은 사람이 '1인 가구 집밥 키트'라는 아이디어를 떠올릴 수 있습니다. 하지만 이 아이디어를 현실로 만든 것은, 직접 재료를 소분하고 배달하는 '실행'을 한 사람뿐입니다. 실행이 없었다면 아이디어는 그저 좋은 상상으로 끝났을 것입니다.

2) 실패를 성공으로 바꾸는 피드백 루프의 핵심

부의 여정은 한 번의 성공으로 완성되지 않습니다. 오히려 수많은 실패와 시행착오를 통해 배우고 성장하는 과정입니다. 실행 습관은 '실패 – 학습 – 개선'의 순환 고리를 가능하게 합니다.

실제로 상품의 '프로토타입'을 만들어 시장에 내놓는 것 자체가 첫 번째 실행입니다.

다음은 이 실행을 통해 고객의 솔직한 반응이라는 귀중한 피드백을 얻게 됩니다. 피드백을 바탕으로 수익 모델 캔버스를 수정하고, 더 나은 아이디어로 개선해 나갑니다. 이러한 피드백 루프는 실행이 없이는 절대 시작될 수 없습니다.

3) '꾸준함'이라는 무형의 자산을 만든다

부자가 되는 여정은 단기적인 프로젝트가 아니라, 평생에 걸친 마라톤입니다. 실행 습관은 꾸준함이라는 무형의 자산을 쌓아줍니다.

예를 들어 매일 15분씩 독서하고, 매주 1시간씩 새로운 아이디어를 탐색하는 작은 습관들이 쌓이면, 당신의 지식과 역량은 기하급수적으로 성장합니다. 꾸준함은 당신의 경쟁자들이 쉽게 따라올 수 없는 강력한 무기가 됩니다.

실행 습관은 단순히 해야 할 일 목록을 지우는 행위가 아닙니다. 그것은 당신이 가진 모든 지식과 도구를 실제로 작동하게 만들고, 실패를 두려워하지 않는 '성장 마인드셋'을 내면화하며, 지속적인 부를 창출하는 삶의 태도입니다. 이제 지도와 도구를 내려놓고, 첫걸음을 내딛는 것만이 남았습니다.

2. 부의 성과 달성하기

H 습관Habit 단계는 부를 창조하는 일상적 행동을 거쳐서 부의 성과를 올리게 됩니다.

앞서 C 설계Canvas 단계에서 정교하게 설계한 부의 창출 캔버스 또는 수익 모델 캔버스는 당신의 재정적 목표를 달성하기 위한 지도와 같습니다. 하지만 지도가 아무리 훌륭해도 직접 걷지 않으면 목적지에 도달할 수 없듯이, 이 캔버스 역시 꾸준히 실행하고 습관화해야만 비로소 현실의 부로 이어집니다.

이것이 바로 습관 단계의 핵심입니다. 이 단계는 거창한 계획을 세우는 것이 아니라, 계획을 아주 작고 반복 가능한 행동 습관으로 만들어 일상에 뿌리내리는 과정입니다. 부를 쌓는 일은 한 번의 큰 성공으로 이루어지는 것이 아니라, 매일의 꾸준하고 작은 노력들이 쌓여 만들어지는 거대한 결과입니다.

예를 들어, 캔버스에 '새로운 상품 아이디어 구상'이라는 목표가 있다면, 이를 '매일 아침 출근길에 10분 동안 시장 트렌드 뉴스 읽기'와 같은 구체적인 행동으로 만듭니다. '새로운 고객층 확보'라는 목표는 '매일 SNS에 유익한 정보 담긴 게시물 1개 올리기'와 같이 실행 가능한 습관으로 바꿀 수 있습니다.

작은 습관들이 당신의 일상에 자연스럽게 녹아들 때, 부의 캔버스는 더 이상 종이 위의 그림이 아닌 살아 숨 쉬는 현실이 됩니다. 부는 운이 아닌 습관의 산물이며, 습관을 형성하는 것이 부자 매뉴얼의 가장 강력한 비법입니다.

작은 습관이 만드는 거대한 성공의 선순환

매일 꾸준히 반복하는 루틴들은 단순한 행동을 넘어 작은 성공 경험을 선물합니다. 작은 성공들은 성취감과 자신감을 불어넣어 목표를 향한 의지를 더욱 단단하게 만들어줍니다. 마치 눈덩이를 굴리듯, 하나의 작은 성공은 다음 성공을 위한 발판이 되고, 성공 경험이 쌓이면서 모멘텀이 발생합니다.

이 모멘텀은 당신의 실행력을 가속화시키는 강력한 에너지원이 됩니다. 이제 당신은 목표를 향해 나아가는 일이 더는 힘든 의무가 아닌, 자연스럽고 즐거운 과정으로 인식하게 됩니다. 행동에 가속도가 붙고, 더욱 몰입하게 되면서 당신의 집중력은 극대화됩니다.

이처럼 작은 루틴 행동 → 작은 성공 경험 → 모멘텀 발생 → 집중력 증대라는 선순환의 고리가 형성됩니다. 이 선순환은 당신의 노력이 헛되지 않았음을 증명하며, 당신을 계속해서 앞으로 나아가게 하는 원동력이 됩니다. 당신은 처음의 거대한 목표에 압도되지 않고, 매일의 작은 승리들을 통해 자연스럽게 최종 목표에 도달하는 놀라운 경험을 하게 될 것입니다.

실행 열정 부스터(booster)

당신의 부의 창출 캔버스, WDC를 꾸준히 실행하며 작은 성공들을 쌓아가는 과정에서, 때로는 동기 부여가 흔들릴 때가 있습니다. 이럴 때 당신의 열정에 다시 불을 지피는 강력한 부스터는 책의 앞부분에서 다룬 삶의 목적을 다시금 상기하는 것입니다.

돈을 버는 행위 자체는 지치고 무의미하게 느껴질 수 있지만, 그 돈이 당신의 삶의 목적과 연결될 때 이야기는 완전히 달라집니다. 당신이 지금 하고 있는 이 모든 실행이 궁극적으로 어떤 삶을 만들어낼지, 어떤 의미를 가져다줄지를 떠올려봅니다.

당신의 수익 모델은 단지 돈을 버는 수단이 아니라, 사랑하는 사람들과 더 많은 시간을 보내기 위한 자유를 확보하는 과정일 수 있습니다.

당신의 비즈니스 성장은 단순히 통장 잔고를 늘리는 것이 아니라, 사회에 긍정적인 영향을 미치고 재능을 세상과 나누는 행위일 수 있습니다. 당신의 꾸준한 투자는 미래에 대한 불안을 해소하고, 당신이 진정으로 원하는 삶을 선택할 수 있는 안정감을 제공해 줄 것입니다.

삶의 목적과 부의 창출 캔버스의 실행을 연결하는 순간, 당신의 노력은 단순한 노동이 아닌 가치 있는 여정이 됩니다. 힘들고 지칠 때마다 잠시 멈춰 서서 목적지를 다시 확인하세요. 그 순간 당신의 내면에서 솟아나는 열정이, 모든 실행에 강력한 추진력을 더해줄 것입니다.

'왜' 이 일을 하는지 명확히 할 때, 당신은 어떤 난관도 극복할 힘을 얻게 됩니다. 좋아하고, 잘하고, 하고 싶은 일, 갖고 있는 강점 등에서 가치를 만들 수 있는 아이디어를 도출하여 수익 모델을 만든 것을 실행할 때 열정이 솟는 것을 발견했습니다.

자신의 강점을 활용하여 가치를 만들고 이를 수익 모델로 연결하여 실행할 때 열정이 솟는 현상은 심리학적으로 내재적 동기 Intrinsic Motivation와 플로우 Flow 이론으로 설명할 수 있습니다. 간단하게 설명을 하자면 다음과 같습니다.

1) 내재적 동기 Intrinsic Motivation

대부분의 사람들은 돈이라는 외적 보상을 위해 일하지만, 좋아하고 잘하는 일에서 가치를 창출할 때, 외부의 보상 없이도 스스로 행동하게 만드는 내재적 동기를 활성화시킵니다. 심리학자 에드워드 데시 Edward L. Deci와 리차드 라이언 Richard M. Ryan의 자기결정성 이론 Self-Determination Theory에 따르면, 인간에게는 세 가지 기본적인 심리적 욕구가 있습니다.

첫째는 자율성 Autonomy입니다. 스스로 선택하고 통제하는 느낌을 가지려는 욕구입니다. 좋아하는 일을 수익 모델로 만들면, 자신의 의지로 행동하게 되므로 자율성 욕구가 충족됩니다.

둘째는 유능감 Competence입니다. 자신이 유능하고 효과적이라고 느끼려는 욕구입니다. 잘하는 일을 통해 성과를 내고 수익을 창출하는 과정은 유능감을 증진시켜 더욱 의욕적으로 만듭니다.

셋째는 관계성 Relatedness입니다. 타인과 의미 있는 관계를 맺고 소속감을 느끼려는 욕구입니다. 자신의 강점을 활용해 만든 가치가 타인에게 도움을 주고 수익으로 연결될 때, 이는 사회적 관계 속에서 자신의 가치를 확인하게 해줍니다.

이 세 가지 욕구가 충족될 때, 외적인 보상 없이도 내면에서 우러나오는 강한 동기가 형성되고, 이는 실행에 대한 열정으로 이어집니다.

2) 플로우 Flow 이론

이미 잘 알려진 심리학자 미하이 칙센트미하이 Mihaly Csikszentmihalyi의 플로우 Flow 이론은 개인이 활동에 완전히 몰입하여 시간의 흐름이나 자의식까지 잊어버리는 최적의 경험 상태를 의미합니다. 좋아하는 일을 할 때 자연스럽게 플로우 상태에 진입하기 쉽습니다.

플로우는 과제의 난이도가 자신의 능력과 적절히 균형을 이룰 때 발생합니다. 자신이 잘하는 일을 바탕으로 수익 모델을 만들면 너무 쉽지도, 너무 어렵지도 않은 '몰입의 영역'에 머무르게 됩니다.

자기목적적 경험이라는 용어를 알면 도움이 됩니다. 플로우 상태에서의 경험은 그 자체로 즐겁고 의미를 갖습니다. 즉, 수익 창출 자체가 목적이 아니라 좋아하는 일을 통해 가치를 만들어내는 행위 자체가 즐거움과 만족감을 주기 때문에 열정이 지속될 수 있습니다.

좋아하는 일과 강점을 활용하여 수익 모델을 만들고 실행하는 것은, 내재적 동기의 핵심 요소인 자율성, 유능감, 관계성 욕구를 충족시키고 몰입을 통한 즐거움을 선사하기 때문에 외적인 압박 없이도 스스로 열정을 불태울 수 있게 되는 것입니다.

사례를 보면 좀 더 실감할 수 있습니다.

수익 모델 성공 사례

김성호는 오랫동안 직장 생활을 하면서도 자신만의 지식으로 추가적인 수입을 창출하고 싶어 했습니다. 설계 Canvas 단계에서 '데이터 분석'에 대한 전문성을 살려 온라인 강의를 판매하는 수익 모델을 설계했습니다. 그러나 바쁜 일상 때문에 실행을 계속 미루고 있었습니다. 습관 Habit 단계를 적용하면서 다음과 같은 변화를 만들었습니다.

1) 목표를 '행동'으로 전환하기

김성호는 처음부터 '강의 완강'이라는 큰 목표에 압도되었습니다. 이를 극복하기 위해 목표를 작은 행동으로 쪼갰습니다. '스몰 스텝' Small Step 방식인 것입니다.

기존 목표는 한 달 안에 10시간짜리 온라인 강의 만들기였습니다. 습관을 적용 후에는 매일 퇴근 후 15분 동안 강의 커리큘럼을 작성합니다. 주 1회 주말 오전 시간을 활용해 강의 슬라이드 5장을 만듭니다. 월 1회 한 달에 한 번, 지금까지 만든 자료를 동료에게 보여주며 피드백을 받습니다. 이렇게 목표를 쪼개자 부담감이 사라졌고, 매일 작은 성취감을 느끼며 꾸준히 나아갈 수 있었습니다.

2) 실행 환경을 조성하기

김성호는 실행을 방해하는 요소를 제거하고, 실행을 돕는 환경을 만들었습니다.

물리적 환경: 강의 녹화에 필요한 카메라, 마이크, 조명 등을 항상 책상에 세팅해 두었습니다. 이렇게 하니 '준비하는 시간'이 줄어들어 퇴근 후 바로 작업에 착수할 수 있었습니다.

디지털 환경: 스마트폰의 소셜 미디어 알람을 끄고, 컴퓨터에는 웹사이트 차단 프로그램을 설치해 강의 작업 시간에만 실행되도록 설정했습니다.

사회적 환경: "세 달 안에 온라인 강의를 론칭하겠다"라고 주변 동료와 가족에게 공개적으로 선언했습니다. 이 공적인 약속은 그에게 책임감을 부여했고, 실행 동기를 더욱 강화했습니다.

3) '멘탈 훈련' Mental Training을 통한 동기부여

힘든 순간이 올 때마다 김성호는 다음과 같은 멘탈 훈련을 통해 자신을 다잡았습니다. 매일 아침 거울을 보며 "나는 데이터 분석 지식을 쉽고 재미있게 전달하는 최고의 강사다"라고 자기 확언을 했습니다.

이미지 트레이닝을 했습니다. 강의가 완성되어 첫 수강생이 생기고, "덕분에 데이터 분석이 쉬워졌습니다"라는 긍정적인 후기를 받는 장면을 생생하게 상상했습니다.

피드백 루프는 주간 목표를 달성하지 못했을 때, "왜 실패했지?"라고 자책하기보다 "무엇이 부족했을까? 다음 주에는 어떻게 보완할까?"라고 질문하며 개선점을 찾았습니다.

4) 실행 결과 기준 정하기

김성호는 노력의 결과를 객관적으로 측정하며 동기를 유지했습니다.

비재무적 기준으로 진행률은 한 달 동안 완성한 강의 슬라이드 수 50장과 동료 피드백을 통해 보완된 강의 내용을 확보하였습니다. 재무적 기준으로 수익은 첫 달에 10명의 수강생을 모집하여 50만 원의 수익을 올렸습니다. 현금 흐름은 강의 판매 수익을 수시로 입출금이 가능한 CMA Cash Management Account 계좌에 따로 모아 관리했습니다.

이처럼 그는 습관 단계를 통해 '습관 고리'를 설계하고, 정신적 무장을 하며, 객관적인 지표로 성과를 측정했습니다. 그 결과, 처음에는 막연했던 온라인 강의 수익 모델이 점차 현실적인 결과물로 나타나게 되었고 이는 더 큰 실행의 동기로 이어졌습니다.

실천을 안 하면 부자도 될 수 없다

많은 사람들이 부자가 되고 싶어 하지만, 실제로 행동으로 옮기지 못하는 이유는 복합적입니다. 인간의 심리적, 환경적 요인들이 복합적으로 작용하기 때문입니다. 주요 원인들을 몇 가지 강조합니다.

1) 심리적 장벽인 두려움과 불확실성

사람들이 행동하지 못하는 가장 큰 이유는 심리적 장벽 때문입니다.

새로운 시도는 언제나 실패의 위험을 안고 있습니다. 실패했을 때의 좌절감, 시간과 돈 낭비에 대한 걱정이 행동을 멈추게 합니다. 특히 완벽주의 성향이 강한 사람들은 완벽한 준비가 되지 않았다는 이유로 시작조차 하지 못하는 경우가 많습니다.

성공에 대한 두려움은 아이러니하게도 성공도 두려움의 원인이 됩니다. 성공한 후 쏟아질 책임감, 주변의 기대, 그리고 그 성공을 유지해야 한다는 부담감이 사람들을 주저하게 만듭니다.

인간은 본능적으로 익숙하고 안전한 것을 추구합니다. 현재의 삶이 아무리 만족스럽지 않더라도, 불확실한 미래를 위해 익숙한 환경을 바꾸는 것은 상당한 용기가 필요한 일입니다.

2) 환경적 장벽, 압도적인 정보와 복잡성

현대 사회의 환경 자체가 행동을 방해하는 요인이 되기도 합니다.

부자가 되는 방법, 재테크 노하우 등 정보는 넘쳐납니다. 너무 많은 정보는 오히려 '무엇부터 시작해야 할지' 모르게 만들어 사람들을 압도합니다. 결국 정보만 소비하다가 아무것도 하지 못하게 됩니다.

'1년 안에 1억 모으기', '10년 안에 은퇴하기'와 같은 거창한 목표는 동기를 부여하기도 하지만, 너무 거대해서 어디서부터 시작해야 할지 막막하게 만듭니다. 결국 포기하게 만드는 주요 원인이 됩니다.

3) 습관의 부재는 실행을 위한 시스템 부족

행동력은 의지력만으로 유지되지 않습니다. 꾸준히 실천할 수 있는 시스템과 습관이 없으면 금방 지치게 됩니다. RICH 시스템은 바로 이 점을 개선하는 도구입니다.

의지력은 무한하지 않습니다. 매일 '오늘은 꼭 해야지'라고 다짐하지만, 피곤하거나 스트레스 받는 날에는 쉽게 무너집니다. 의지력에만 의존해서는 장기적인 실행이 불가능합니다.

실행 습관의 부재는 행동을 유도하는 환경을 만들거나, 작은 성공을 쌓아가는 방법을 모릅니다. 결국 한번 실패하면 다시 일어서기 힘들어집니다. 마치 처음부터 완벽한 몸을 만들겠다고 생각하고 헬스장에 가서 무리하다가 하루 만에 포기하는 것과 같습니다.

부자가 되기 위한 행동을 하지 못하는 것은 실패에 대한 두려움, 정보 과부하, 그리고 꾸준함을 유지할 수 있는 습관 시스템의 부재가 가장 큰 이유라고 볼 수 있습니다. 이 장벽들을 극복하기 위한 심리적 훈련과 구체적인 습관 설계가 필요합니다.

끈기(Grit)의 중요성

그릿Grit은 성공에 필수적인 요소로, 목표 달성을 위해 끈기와 열정을 가지고 꾸준히 노력하는 마음가짐을 의미합니다. 흔히 재능보다 그릿이 더 중요하다고 말합니다. 그릿은 타고나는 것이 아니라 훈련을 통해 충분히 강화할 수 있습니다. 다음은 그릿을 강화하기 위한 구체적인 방법들입니다.

1) 명확하고 의미 있는 목표 설정하기

그릿의 핵심은 장기 목표를 달성하기 위한 끈기와 열정입니다. 자신이 진정으로 원하는 것이 무엇인지, 왜 그 일을 해야 하는지 명확하게 알 때 끈기가 생깁니다.

그릿의 방법은 궁극적인 목표 찾기입니다. '무엇을 하고 싶은가?'가 아니라, '왜 이 일을 해야 하는가?'에 집중합니다. 예를 들어, '부자가 되고 싶다'는 목표보다 '경제적 자유를 얻어 사랑하는 가족과 더 많은 시간을 보내고 싶다'는 목표가 훨씬 강력한 동기가 됩니다.

목표를 계층화하기를 합니다. 큰 목표를 정했다면, 이를 작은 단계로 쪼갭니다. '매달 100만 원의 추가 수익'이라는 목표를 위해 '매일 1시간 글쓰기'와 같은 행동 목표를 설정하는 식입니다. 작은 성공이 쌓이면 큰 목표에 대한 믿음이 강해집니다.

2) 성장형 사고방식Growth Mindset 훈련하기

그릿은 실패를 두려워하지 않는 마음에서 비롯됩니다. 성장형 사고방

식은 노력으로 자신의 능력을 발전시킬 수 있다고 믿는 태도를 말합니다.

방법으로는 '아직'Yet이라는 단어 사용하기입니다. "나는 아직 부족해"라고 말하는 대신 "나는 아직 잘하지 못하지만, 곧 잘할 수 있을 거야"라고 생각합니다. 이는 실패를 끝이 아닌 과정으로 보게 만듭니다.

실패를 배움의 기회로 여깁니다. 실패했을 때 자신을 비난하는 대신, "이 실패에서 무엇을 배웠는가?"라고 질문합니다. 피드백을 통해 다음번에는 더 나은 결과를 만들 수 있습니다.

3) 회복 탄력성Resilience 기르기

그릿은 포기하지 않고 다시 일어설 수 있는 힘, 즉 회복 탄력성과 직결됩니다.

방법은 낙관적 현실주의자 되기입니다. 모든 일이 잘될 거라고 막연하게 믿는 대신, 현실을 직시하되 '해결할 수 있다'고 믿는 태도를 가져야 합니다. 어려운 상황을 객관적으로 분석하고, 가능한 해결책을 찾아 실행합니다.

스트레스 관리 습관 만들기는 운동, 명상, 취미 생활 등 자신만의 스트레스 해소법을 찾아 꾸준히 실천하는 것입니다. 이는 부정적인 감정에 휩쓸리지 않고 목표에 집중하는 힘을 길러줍니다.

4) 의식적인 연습Deliberate Practice하기

그릿은 막연한 노력이 아닌, 의식적이고 집중적인 연습을 통해 강화됩니다.

방법은 피드백 받기입니다. 혼자서만 노력하지 말고, 멘토나 전문가에게 피드백을 요청합니다. 객관적인 피드백을 통해 자신의 약점을 파악하고, 이를 개선하는 데 집중할 수 있습니다.

집중력 훈련은 하루 중 1~2시간이라도 방해받지 않는 시간을 정해 특정 목표에만 집중하는 훈련을 합니다. 이는 목표 달성에 필요한 전문성을 빠르게 높여줍니다.

그릿은 단기간에 만들어지지 않습니다. 매일의 작은 노력이 모여 단단한 끈기로 발전합니다.

3. 존재방식, 사고방식, 행동방식 변혁

존재방식, 사고방식, 행동방식을 변혁하는 것은 결국 스스로를 새롭게 정의하고 삶의 방향을 바꾸는 일입니다. 이 세 가지를 상호 연결된 하나의 시스템으로 보고, 각각에 맞는 전략을 적용하면 효과적으로 변화를 이끌어낼 수 있습니다.

1) 존재방식Being 변혁

'나는 누구인가' 재정의하는 것입니다.

존재방식은 스스로를 어떻게 인식하고 있는지에 대한 근본적인 정체성입니다. 이것을 바꾸지 않으면 아무리 행동해도 다시 제자리로 돌아오기 쉽습니다.

자기 인식 재설계를 합니다. 현재의 나를 객관적으로 바라보고, '나는 어떤 사람인가?'라는 질문에 솔직하게 답해봅니다. 예를 들어, '나는 늘 실패하는 사람'이라는 믿음이 있다면, 이를 '나는 꾸준히 배우고 성장하는 사람'으로 바꿔봅니다.

가치관 재정립은 삶에서 가장 중요하게 여기는 가치가 무엇인지 다시 생각해 봅니다. 돈, 명예, 사랑, 성장 등 핵심 가치를 명확히 하면, 그에 맞는 사고와 행동이 자연스럽게 따라옵니다.

2) 사고방식Thinking 변혁

뇌의 '운영체제' 바꾸기입니다. 사고방식은 우리가 세상을 보고 판단하는 방식입니다. 존재방식을 뒷받침하는 핵심적인 엔진 역할을 합니다.

성장형 사고방식Growth Mindset 훈련을 합니다. 자신의 능력은 고정된 것이 아니라 노력으로 얼마든지 발전시킬 수 있다고 믿는 훈련을 합니다. 실패를 '끝'이 아닌 '배움의 과정'으로 재해석하고, '아직'Yet이라는 단어를 자주 사용합니다.

또 자동적 부정 사고Automatic Negative Thoughts, ANTs를 차단합니다. 무의식적으로 떠오르는 부정적인 생각들, "나는 할 수 없어", "나에게는 운이 없어" 등을 인식하고, 이를 긍정적이고 현실적인 생각으로 바꿔나가는 연습을 합니다.

3) 행동방식Doing 변혁

습관 시스템 구축하기입니다. 아무리 좋은 존재방식과 사고방식을 가졌더라도, 이를 행동으로 옮기지 않으면 아무런 변화도 일어나지 않습니다. 행동방식은 위의 두 가지를 현실로 만드는 구체적인 실천입니다.

환경 설계를 합니다. 의지력에만 의존하지 않고, 원하는 행동을 쉽게 만들고 원하지 않는 행동을 어렵게 만드는 환경을 만듭니다. 예를 들어, 매일 책을 읽고 싶다면 책을 항상 눈에 띄는 곳에 두는 것이 좋습니다.

습관 고리 Habit Loop 만들기를 합니다. '신호 Cue – 행동 Routine – 보상 Reward'의 세 가지 요소로 습관을 형성합니다. 예를 들어, '아침에 커피를 내리는 순간 신호' → '오늘의 목표 3가지 정하기 행동' → '커피 마시며 성취감 느끼기 보상'와 같이 루틴을 만듭니다.

작게 시작하기 Small Step를 합니다. 거창한 목표 대신, 2분 안에 끝낼 수 있는 아주 작은 행동부터 시작합니다. 작은 성공 경험이 쌓이면 자신감이 커지고, 더 큰 목표에 도전할 수 있는 힘이 생깁니다.

이 세 가지는 서로 밀접하게 연결되어 있습니다. 새로운 존재방식을 설정하고, 새로운 사고방식으로 뒷받침하며, 새로운 행동방식을 통해 매일 실천하는 것. 이것이 바로 삶을 근본적으로 변혁할 수 있는 강력한 방법입니다.

겸손한 과대평가

스스로를 과소평가하는 사람들에게 '할 수 있다'는 믿음을 심어주는 것은, '잘 될 거야'라는 긍정적인 말로만 되지 않습니다. 자신의 잠재력을 믿으면서도 현실적인 노력을 병행하는 '겸손한 과대평가'를 위한 효과적인 방법들을 제안합니다.

1) 근거 기반의 긍정적 자기 확신 심기

막연한 '할 수 있다'는 생각은 쉽게 무너집니다. 성공의 가능성을 현실적인 근거를 바탕으로 만들어가야 합니다.

성공 경험 기록하기를 합니다. 과거에 작더라도 성공했던 경험들을 구체적으로 기록합니다. '새로운 프로젝트를 성공적으로 이끌었던 경험', '자격증을 땄던 경험' 등을 되새기며, '나는 이미 성공을 만들어낸 경험이 있는 사람'이라는 사실을 인식합니다.

강점 목록 만들기를 합니다. 자신이 잘하는 것, 좋아하는 것, 남들에게 인정받았던 것들을 목록으로 작성합니다. 이 강점들이 당신의 가장 큰 자산이자, 앞으로의 성공을 위한 출발점이라는 것을 깨닫게 됩니다.

롤 모델 분석하기를 합니다. 자신이 닮고 싶은 롤 모델이 있다면, 그들이 어떻게 성공했는지 과정을 분석합니다. 그들의 성공이 특별한 재능 때문이 아니라, 끊임없는 노력과 특정 습관 때문이었다는 것을 발견하게 됩니다. '나도 저렇게 하면 성공할 수 있다'는 현실적인 희망을 심어줍니다.

2) 성장형 사고방식 Growth Mindset으로 프레임 전환하기

자신의 능력은 고정된 것이 아니라, 노력과 학습을 통해 얼마든지 발전시킬 수 있다는 믿음을 가져야 합니다.

실패 재해석하기를 합니다. 실패를 '실력 부족'이 아닌 '배움의 기회'로 재해석합니다. '나는 실패했다'는 생각 대신, "나는 이번 실패를 통해 중요한 것을 배웠다"라고 말합니다. 이 사고방식은 실패에 대한 두려움을 줄여주고, 계속 도전할 용기를 줍니다.

'아직'이라는 단어 사용하기를 합니다. "나는 아직 그것을 잘하지 못한다"라고 말하는 습관을 만듭니다. '아직'이라는 단어는 현재의 부족함을 인정하면서도, 미래에는 충분히 해낼 수 있다는 희망을 내포합니다.

3) 작은 성공을 위한 시스템 만들기

자신에 대한 믿음은 결국 행동을 통해 증명됩니다. 거창한 목표 대신, 작은 성공을 반복적으로 경험할 수 있는 시스템을 만듭니다.

2분 규칙을 실천해 봅니다. 어떤 목표든 2분 안에 시작할 수 있는 가장 작은 행동부터 시작하세요. '책 쓰기'라는 큰 목표 대신 '책의 제목 짓기'부터 시작하는 식입니다.

습관 고리 설계를 합니다. '신호 - 행동 - 보상'의 습관 고리를 만드세요. 예를 들어, '아침에 커피 내리기_{신호}' → '재무 현황 확인하기_{행동}' → '커피 마시며 뿌듯함 느끼기_{보상}'와 같이 설정합니다. 이렇게 작은 성공이 매일 쌓이면 자신에 대한 믿음은 자연스럽게 커집니다.

이러한 방법들을 통해 얻게 되는 '겸손한 과대평가'는 무모한 자신감이 아닙니다. 자신의 강점을 알고, 실패를 두려워하지 않으며, 작은 성공을 꾸준히 만들어내는 건강한 자기 확신입니다.

이미지를 상상하면 현실이 된다

이미지 트레이닝을 통해 부자가 된 자신의 모습을 생생하게 상상하면 현실이 된다는 주장은 긍정적인 상상을 넘어, 뇌과학과 심리학적 원리에 근거하고 있습니다. 이러한 방법이 효과적인 이유는 다음과 같습니다.

1) 뇌는 현실과 상상을 구분하지 못한다

뇌는 실제로 경험하는 것과 상상하는 것을 구분하는 데 어려움을 겪습니다. 예를 들어, 레몬을 상상하기만 해도 입안에 침이 고이는 것처럼, 뇌는 상상에 현실처럼 반응합니다. 부자가 된 자신의 모습을 구체적으로 시각화하면, 뇌는 그 경험을 실제로 겪은 것처럼 인식하여 관련된 신경 회로를 강화합니다. 이 과정은 '그물 활성계' 또는 '망상체 활성화계 Reticular Activating System, RAS'라는 뇌의 필터링 시스템을 활성화합니다. RAS가 부와 관련된 기회, 정보, 사람들을 '중요한 것'으로 인식하게 되어, 주변에서 부를 창출할 수 있는 요인들을 더 잘 포착하게 됩니다. RAS는 우리가 중요하다고 생각하는 정보나 신념 체계와 관련된 정보에 선택적으로 주의를 기울이도록 돕습니다.

2) 강력한 동기부여와 행동의 촉발

생생한 상상은 강력한 감정을 유발하고, 이 감정은 행동을 이끄는 중요한 원동력입니다.

목표를 구체화하는 것이 중요합니다. '부자가 되고 싶다'는 막연한 바람 대신, '5년 안에 순자산 10억을 달성해 내가 원하는 집에서 살고 있다'

는 구체적인 이미지를 그리면, 뇌는 그 목표를 달성하기 위한 구체적인 방법들을 찾기 시작합니다. 목표가 명확해지면 자연스럽게 실행해야 할 행동들도 명확해집니다.

실행 불안을 해소해야 합니다. 성공의 과정을 미리 시뮬레이션하면, 뇌는 '나는 이미 이 목표를 이룰 수 있는 사람'이라는 강력한 자기 효능감을 갖게 됩니다. 이는 실패에 대한 두려움을 줄이고, 실제 행동에 용기를 불어넣습니다.

3) 잠재의식의 재프로그래밍

우리의 생각과 행동은 의식적인 노력뿐만 아니라, 무의식적인 잠재의식의 영향을 크게 받습니다.

부정적 신념을 제거해야 합니다. '나는 돈을 벌 재능이 없어', '부자는 나와 거리가 먼 이야기야'와 같은 부정적인 잠재의식을 가진 사람들은 행동하기도 전에 포기하기 쉽습니다. 부자가 된 이미지를 꾸준히 상상하면, 잠재의식 속에 긍정적인 신념을 심어 부정적인 자기 인식을 점차 바꿔나갈 수 있습니다.

자연스러운 습관 형성을 합니다. 성공한 모습을 반복적으로 떠올리면, 그에 맞는 행동, 예를 들면 절약, 투자 공부, 자기계발을 하는 것이 자연스럽고 즐거운 일이 됩니다. 마치 좋아하는 스포츠 선수의 플레이를 상상하며 훈련하는 것처럼, 부자가 되기 위한 행동들을 습관으로 만드는 데 도움이 됩니다.

이미지를 상상하는 것은 뇌와 심리를 활용하여 목표 달성을 위한 동기

부여를 강화하고, 잠재의식을 재설정하며, 구체적인 행동을 촉발하는 강력한 훈련법입니다.

상상이 두뇌와 잠재의식에 주는 영향과 현실화

상상하는 행위는 단순히 머릿속으로 그림을 그리는 것을 넘어, 두뇌와 잠재의식에 깊은 영향을 미쳐 현실을 변화시키는 강력한 도구입니다. 이는 뇌과학과 심리학적 원리를 바탕으로 설명할 수 있습니다.

상상이 두뇌에 미치는 영향은 현실과 상상의 경계가 허물어진다는 것입니다. 우리 뇌는 상상과 현실을 명확히 구분하지 못하는 특성이 있습니다. 이 원리를 활용하면 상상을 통해 뇌를 재구성하고 현실적인 행동을 유도할 수 있습니다.

상상은 RAS의 활성화를 기합니다. RAS는 뇌간에 위치한 필터링 시스템으로, 어떤 정보에 집중할지 결정합니다. 우리가 부자가 된 모습을 생생하게 상상하면, RAS는 '부'와 관련된 정보를 중요하게 인식하기 시작합니다. 그 결과, 평소에는 지나쳤던 투자 기회, 사업 아이디어, 관련 인맥 등을 더 잘 포착하게 됩니다. 뇌가 이미지를 통해 목표를 인지했기 때문에, 현실 속에서 그 목표와 관련된 신호들을 찾아내는 것입니다.

반복적인 상상은 특정 신경 회로를 강화합니다. 예를 들어, 성공적인 발표를 상상하면 실제로 발표를 했을 때와 유사한 뇌 영역이 활성화됩니다. 이 과정이 반복되면 성공에 필요한 자신감, 침착함 등의 감각이 뇌에 각인되어 실제 상황에서 더 나은 성과를 낼 수 있게 됩니다. 스포츠 선수들이 경기 전 이미지 트레이닝을 하는 이유와 같습니다.

또 상상은 잠재의식에 영향을 미쳐 신념의 재프로그래밍을 합니다. 우리의 행동은 의식적인 판단뿐만 아니라, 무의식적인 잠재의식의 영향을 크게 받습니다. 상상은 잠재의식에 긍정적인 신념을 심어주는 효과적인 방법입니다.

부정적 신념 제거: 잠재의식 속에는 '나는 돈을 벌 재능이 없어' 또는 '성공은 나에게 불가능한 일이야'와 같은 부정적인 신념들이 자리 잡고 있을 수 있습니다. 이러한 신념은 행동하기 전에 미리 포기하게 만드는 원인이 됩니다. 부자가 된 이미지를 꾸준히 상상하면, 잠재의식 속에 '나는 충분히 성공할 수 있다'는 긍정적인 신념이 점차 자리 잡게 됩니다.

자연스러운 행동 유도로 잠재의식이 긍정적으로 재설정되면, 성공을 위한 행동들이 자연스럽고 즐거운 일로 느껴집니다. 돈을 아끼는 것이 고통이 아니라 목표를 향한 뿌듯한 행동으로, 투자 공부가 지루한 일이 아니라 흥미로운 탐험으로 인식되는 식입니다.

상상은 뇌와 잠재의식을 활용해 목표 달성을 위한 동기부여를 강화하고, 잠재의식을 재설정하며, 구체적인 행동을 촉발하는 과학적인 훈련법입니다. 상상으로 목표가 명확해지고, 행동의 용기가 생기며, 결국 현실을 변화시키는 힘을 얻게 됩니다. 상상의 중요성을 뇌과학적으로 이해하면 더욱 활성화할 수 있습니다.

행동력 강화를 위한 단계적 프로세스

행동력 강화를 위한 단계적 프로세스는 단순히 '열심히 해야지'라는 마음가짐을 넘어, 인간의 심리와 행동 원리를 활용하여 실행을 습관으로 만드는 체계적인 과정입니다. 다음 3단계 프로세스를 통해 행동력을 효과적으로 강화할 수 있습니다.

1단계: 심리적 장벽 허물기 마인드셋

행동을 방해하는 가장 큰 요인은 마음속의 두려움과 자기 의심입니다. 이 단계에서는 실행에 대한 긍정적인 믿음을 심어주는 데 집중합니다.

성장형 사고방식을 가집니다. 자신의 능력은 고정된 것이 아니라 노력으로 발전할 수 있다고 믿습니다. '나는 재능이 없어'라는 생각 대신 '아직은 부족하지만, 노력하면 할 수 있어'라고 생각합니다.

실패를 재해석합니다. 실패를 끝이 아닌 '배움의 기회'로 인식합니다. 실패했을 때 자신을 비난하기보다, "이 경험을 통해 무엇을 배웠는가?"라고 질문하여 다음 행동을 개선할 밑거름으로 삼습니다.

이미지 트레이닝으로 원하는 목표를 달성한 자신의 모습을 생생하게 상상합니다. 이 과정은 뇌에 성공 경험을 미리 각인시켜 실행에 대한 자신감과 용기를 불어넣습니다.

2단계: 실행 가능한 환경 설계하기 시스템

의지력만으로는 한계가 있습니다. 주변 환경을 실행을 돕는 방향으로 바꾸는 것이 핵심입니다.

거창한 목표를 '2분 안에 할 수 있는' 아주 작은 행동으로 쪼갭니다. 예를 들어, '책 쓰기'라는 목표를 '오늘 책상에 앉아 2분 동안 목차 구상하기'로 바꾸어 시작의 부담을 줄입니다.

물리적 환경을 조성합니다. 원하는 행동을 쉽게 할 수 있도록 환경을 만듭니다. 운동하고 싶다면 운동복과 운동화를 눈에 잘 띄는 곳에 두는 것처럼, 부의 창출을 위한 자료들을 책상 위에 정리해 두어 바로 행동할 수 있게 합니다.

반복적인 행동을 루틴으로 만듭니다. '매주 월요일 아침 경제 뉴스 읽기'와 같이 특정 요일과 시간을 정하거나, 수익 중 일부를 자동으로 저축되게 설정하여 의식적인 노력을 줄입니다.

3단계: 행동 반복 및 강화하기 습관

작은 행동을 반복하여 습관으로 만들고, 이를 통해 행동력을 더욱 단단하게 굳힙니다.

'신호 – 행동 – 보상'의 세 가지 요소로 습관 고리를 만듭니다. '아침에 일어나 커피를 내리는 순간 신호' → '오늘의 할 일 3가지 정하기 행동' → '커피 마시며 뿌듯함 느끼기 보상'와 같이 설정합니다.

진행 상황 기록하기로 매일의 실행 내용을 간단하게 기록합니다. 이는 자신의 노력을 시각적으로 확인하게 해주어 동기 부여를 유지하는 데 큰 도움이 됩니다.

피드백 루프 구축하기로 정기적으로 매주, 매달 자신의 진행 상황을 점검하고, 무엇이 잘 되었는지, 무엇을 개선해야 할지 분석합니다. 이 과정을 통해 행동을 지속적으로 발전시킬 수 있습니다.

4단계: 실행 습관 형성하기 Habit

당신은 이미 부자가 되기 위한 가장 중요한 3단계를 성공적으로 통과했습니다. 인식 Recognize 단계에서 부에 대한 새로운 인식을 얻었고, 발상 Ideate 단계에서 잠재력을 발견했으며, 설계 Canvas 단계에서 구체적인 수익 모델을 설계했습니다.

실행 Habit 단계는 처음부터 크게 행동하지 않아도 됩니다. 앞에서 다룬 WDC를 작은 행동으로 시작하는 것이 루틴, 반복을 통해 습관이 되는 것입니다.

4. 부를 만드는 실행 습관

아무리 훌륭한 아이디어도 행동으로 옮기지 않으면 그저 머릿속 상상에 불과합니다. 이 단계는 의지력에만 의존하는 것이 아니라, 당신의 실행을 돕는 구체적인 시스템을 구축하고 습관화하는 데 중점을 둡니다.

1) 작은 성공 경험 쌓기 Small Step

거창한 목표 대신, 누구나 쉽게 달성할 수 있는 작은 목표를 설정하고 매일 성공하는 경험을 쌓습니다. '매일 1시간 투자 공부하기'는 부담스러울 수 있지만, '매일 아침 경제 뉴스 헤드라인 3개 읽기'는 쉽게 시작할 수 있습니다. 작은 습관이 꾸준히 실천되면, 어느새 더 큰 목표에 도전하는 자신을 발견하게 될 겁니다.

2) 자신만의 시스템 만들기 System

성공적인 습관 형성을 위해서는 시스템이 중요합니다. '열심히 해야지'라고 다짐하기보다, 특정 행동을 유도하는 환경을 만듭니다. 투자 금액을 미리 정해놓고 자동이체를 걸어두거나, 매주 특정 요일에 재무 상태를 확인하는 시간을 정해두는 겁니다. 자신만의 시스템을 만들면 의지력에만 의존하지 않고도 꾸준히 실행할 수 있습니다.

3) 실패를 기회로 삼는 피드백 루프 Feedback Loop

습관을 형성하는 과정에서 실패는 당연히 찾아옵니다. 계획대로 되지 않았다고 해서 포기하는 것이 아니라, '왜 실패했는지'를 분석하고 다음 실행에 반영하는 것이 중요합니다.

예를 들어, '지난주에는 예산 관리가 잘되지 않았네. 외식 횟수가 너무 많았어. 이번 주에는 배달음식을 한 번만 시키고 남은 돈은 저축하자'와 같이 구체적인 피드백을 통해 다음 행동을 수정해 나갑니다. 실패를 두려워하지 않고, 꾸준히 개선해 나가는 태도가 부를 만드는 습관을 완성합니다.

마지막 한 걸음은 마인드셋 훈련을 하는 것입니다. 성공적인 실행을 위해서는 단단한 멘탈이 필수적입니다. 흔들리지 않는 마음가짐으로 꾸준히 나아가야 합니다.

그 다음은 자기 확언을 하는 것입니다. 매일 아침 "나는 내가 만든 수익모델을 실행할 충분한 능력과 용기가 있다"라고 외칩니다.

그리고 이미지 트레이닝을 합니다. 원하는 목표를 달성한 자신의 모습을 생생하게 상상합니다. 뇌는 현실과 상상을 구분하지 못하기 때문에, 이 훈련을 통해 실행에 대한 자신감을 얻을 수 있습니다.

이제 당신은 부를 창출하기 위한 모든 준비를 마쳤습니다. 기억하십시오. 부의 시작은 거창한 아이디어가 아니라, 오늘 하루 꾸준히 실천하는 작은 습관에서 비롯됩니다. 당신의 잠재력을 믿고, 오늘부터 한 걸음씩 나아갑니다.

이처럼 웰스 디자인 씽킹은 제1원리 씽킹, 데이 원 씽킹, 그리고 디자인 씽킹을 바탕으로 개발되어 RICH 시스템으로 구체적이고 체계적인 실행 과정을 거쳤습니다. 부의 창출을 위해 '왜 부자가 되고 싶은가'에 이어 '어떻게 부자가 될 것인가'를 집중적으로 다루었습니다.

우리는 부의 창출을 위한 매뉴얼, 로드맵, 가이드, 솔루션 등을 염두에 두고 있었습니다. 보다 실제적인 도움이 될 수 있어야 한다는 생각을 했기 때문입니다.

마지막으로 반드시 기억해야 할 철학은 '모든 사람은 무한한 부의 창출 잠재력을 가지고 있다'는 것입니다. 이 책이 당신 안에 있는 부의 잠재력을 이끌어내는 역할을 할 것입니다.

리치 씽킹

내 안에 잠든
부의 씨앗을 발견하라

8장

RICH 시스템 체화하기
- RICH 씽킹

RICH 시스템의 체화를 위해 다양한 방법으로 RICH를 다루어 봅니다. RICH를 생활 속에서 습관으로 만들면 모든 문제 해결에 적용될 수 있음을 알 수 있을 것입니다.
그래서 생활 속의 'RICH 씽킹'이라고 명명합니다.

1. 4단계 RICH 시스템 리뷰

웰스 디자인 씽킹Wealth Design Thinking, WDT은 부의 문제를 해결하는 데 있어 매우 혁신적인 접근법입니다. 제1원리 씽킹, 데이 원 씽킹, 그리고 디자인 씽킹의 핵심 원리를 부의 창출 과정에 적용하여, 단순한 재테크를 넘어 삶의 풍요로움을 설계하는 강력한 방법론이 탄생한 것입니다. 구체적인 실행 모델은 바로 RICH 시스템입니다.

다시 한번 살펴봅니다.

1단계 R 인식Recognize: '나'와 '세상'의 문제를 발견하라

웰스 디자인 씽킹의 첫 단계는 자신에 대한 깊은 이해와 인식입니다. 자기 인식으로 당신의 핵심 가치관, 강점, 그리고 부에 대한 감정적 관계를 깊이 들여다봅니다.

시장 관찰로 당신이 가진 강점으로 해결해 줄 수 있는 세상의 불편함

Pain Point이 무엇인지 관찰합니다.

목표는 돈을 왜 벌고 싶은지, 즉 '돈의 목적'을 명확히 정의합니다. 문제 정의하기는 '진짜 문제'를 찾아냅니다. 인식과 공감을 통해 얻은 정보들을 바탕으로 해결해야 할 '진짜 문제'를 명확하게 정의합니다. 이 문제는 '돈을 더 많이 벌고 싶다'는 막연한 욕구를 넘어, '내가 가진 재능으로 1인 가구의 집밥 문제를 해결하는 사업을 하고 싶다'와 같이 구체적이어야 합니다.

부의 북극성은 당신의 가치관, 강점, 시장의 니즈가 만나는 지점에서 '진짜 문제'를 정의합니다.

핵심 가설은 이 문제에 대한 당신의 해결책 아이디어가 실제로 가치 있는지 검증할 핵심 가설을 세웁니다.

2단계 | 발상 Ideate: '새로운 가능성'을 탐색하라

정의된 문제를 해결할 수 있는 다양하고 혁신적인 아이디어를 만듭니다. 이 단계에서는 비판적인 사고를 잠시 멈추고, 자유롭게 상상력을 발휘해야 합니다. 창의적 사고 기법은 '역발상', '강제 결합' 등 창의적인 사고 기법을 활용하여 평범한 아이디어가 아닌, 시장의 룰을 바꿀 수 있는 독창적인 아이디어를 발굴합니다.

수익 모델 구상은 이 아이디어가 어떻게 현실적인 수익으로 연결될 수 있을지 다양한 수익 모델을 구상합니다.

3단계 C 설계Canvas: '실행 가능한 형태'로 만들어라

아이디어는 머릿속에만 있으면 가치가 없습니다. 당신의 아이디어를 가장 단순하고 빠르게 만들 수 있는 '실행 가능한 형태'로 구현합니다. 수익 모델 캔버스Wealth Design Canvas, WDC는 당신의 아이디어를 A4 용지 한 장에 담아 핵심을 시각화합니다.

최소 기능 제품MVP은 정식 제품을 만들기 전에, 핵심 가치만 담아 소수의 고객에게 검증할 수 있는 제품이나 서비스를 만듭니다.

4단계 H 습관Habit: '피드백'으로 완성하라

3단계에서 작성된 WDC를 실행하고 습관화하는 단계입니다. 매일, 매주, 매달 실행하는 루틴이 결과를 창출하게 됩니다. 실행 중에 필요하다면 WDC를 수정해도 됩니다. 이때 중요한 것은 고객의 피드백을 받는 것입니다. 이러한 RICH 시스템은 부의 문제를 단기적인 재테크 기술로 보는 것이 아니라, 당신의 삶과 가치를 연결하는 장기적인 설계 과정으로 바라보게 해줍니다.

우리는 특별한 내용을 다루려고 합니다. 스토리와 사례 분석을 통해 RICH 시스템의 적용을 익숙하게 하기 위함입니다.

2. RICH 전사 스토리

스토리를 통해 4단계 RICH 시스템을 익히고 체화합니다.

먼저 이야기를 소개하겠습니다. 등장인물들은 미래를 준비 중인 불특정 사람, 사람의 마음에 부정적인 영향을 미치고 가난을 전파하는 데몬Demon과 긍정적인 부의 솔루션을 주는 RICH 전사입니다. 이들은 자신이 옳다고 주장하는, 관점이 서로 다른 인물들입니다.

> 사람들을 부정적이고 가난하게 만드는 빈곤의 데몬Demon을 무찌르는 RICH 전사의 이야기

빈곤의 데몬을 물리치는 RICH의 이야기

어둠 속에서 속삭이는 존재가 있습니다.

"넌 안 될 거야. 남들은 다 운이 좋았던 거야."

"그건 너와 상관없는 일이야. 그냥 하던 대로 해."

이것은 바로 사람들의 마음속에 살며 꿈을 갉아먹고, 의지를 꺾는 빈곤의 데몬Demon입니다. 그는 사람들의 눈을 가리고, 가능성을 보지 못하게 하며, 결국 가난이라는 굴레에 갇히게 만듭니다.

바로 그때, 빛과 함께 한 영웅이 나타납니다. 그의 이름은 RICH. 그는 칼이나 마법 대신, 빈곤의 유혹자를 무찌를 수 있는 4가지 강력한 무기를 들고 있습니다.

1단계 전투: R 인식Recognize – 진실을 보는 눈

빈곤의 데몬은 사람들이 가진 것을 보지 못하게 만듭니다. "너는 아무것도 없어!"라고 외치며 허탈함에 빠뜨립니다.

RICH는 청년에게 '인식의 렌즈'를 건넵니다.

"당신은 아무것도 없는 것이 아닙니다. 당신의 경험, 지식, 시간, 가진 모든 것이 곧 당신의 가장 강력한 자산입니다. 데몬이 가린 눈을 뜨고 당신의 진정한 부를 인식하세요!"

인식의 렌즈를 쓴 순간, 청년은 자신의 재능과 잠재력을 발견하고, 빈곤의 데몬의 첫 번째 마법을 깨뜨립니다.

2단계 전투: I 발상Ideate – 무한의 아이디어 검

빈곤의 데몬은 "세상에는 길이 없어!"라고 소리치며 사람의 생각을 멈

춥니다. 아이디어가 있어도 "말도 안 돼"라는 한마디로 좌절하게 만들죠.

RICH는 '무한의 아이디어 검'을 건넵니다.

"세상에는 수많은 길이 있어요. 이 검을 휘두르세요. '어떻게 돈을 벌까?'라는 질문에 100가지, 1000가지 답을 찾아내세요. 검을 휘두를 때마다 아이디어가 쏟아져 나올 것입니다."

청년은 무한의 아이디어 검을 휘둘러 빈곤의 데몬이 만들어낸 한계의 벽을 부수고, 새로운 길들을 만들어냅니다.

3단계 전투: C 설계 Canvas - 성공의 방패

빈곤의 데몬은 "분명 실패할 거야!"라고 속삭이며 두려움을 심어줍니다. 막연한 아이디어는 성공으로 이어지지 않는다는 것을 잘 알고 있기 때문입니다.

부의 솔루션인 RICH는 '성공의 방패'를 펼쳐 보여줍니다.

"두려워하지 마세요. 당신의 아이디어를 이 방패 위에 그려보세요. 어떤 고객에게 어떤 가치를 줄 것인지, 어떻게 돈을 벌 것인지, 필요한 자원은 무엇인지 명확하게 설계하세요. 두려움은 모호함에서 오지만, 명확한 계획은 당신의 가장 강력한 방패가 될 것입니다."

청년은 이 방패 위에 자신의 계획을 구체적으로 새겨 넣고, 빈곤의 데몬이 보내는 실패의 화살을 모두 막아냅니다.

4단계 전투: H 습관 Habit – 꾸준함의 사슬

빈곤의 데몬은 최후의 발악으로 "잠깐 쉬어도 괜찮아. 내일부터 하자"라고 속삭입니다. 아무리 좋은 계획도 꾸준히 실천하지 않으면 무용지물이 된다는 것을 알기 때문입니다.

RICH는 '꾸준함의 사슬'을 건넵니다.

"매일 작은 행동 하나씩을 이 사슬에 걸어두세요. 매일 30분씩 독서하기, 매일 고객에게 연락하기, 매일 한 문장씩 글쓰기. 이 사슬의 고리가 하나씩 늘어날수록 당신의 의지는 더 단단해지고, 결국 빈곤의 악마를 꼼짝 못 하게 묶어버릴 것입니다."

청년은 매일 꾸준함의 사슬을 만들고, 결국 빈곤의 악마는 더 이상 아무런 힘도 쓰지 못하게 됩니다. 이제 주인공은 자유롭게 자신의 부를 창출하고, 인생을 스스로 설계할 수 있는 진정한 RICH 전사가 된 것입니다.

광야에서 대결하는 빈곤의 데몬 vs 부의 솔루션 RICH

고요함마저 날카롭게 베는 바람이 불어오는 광야, 붉은 황토 먼지가 휘몰아치는 그곳에 두 존재가 마주섰다. 메마른 땅은 마치 희망이 말라붙은 현대 사회의 단면 같았고, 저성장의 그늘과 끝없는 경쟁이 드리운 우리 시대의 고뇌를 그대로 반영하는 듯했다.

한쪽에는 거대한 그림자를 드리운 '빈곤의 데몬'이 서 있었다. 그의 몸은 절망과 나태, 그리고 '어차피 안 될 거야'라는 수많은 좌절의 속삭임으로 이루어진 듯 검고 음침했다. 그의 눈은 탐욕과 두려움으로 번뜩이며, 고통받는 이들의 에너지를 빨아들이려 했다. 데몬은 비웃듯이 낮게 으르렁거렸다. "봐라, 이 메마른 땅을. 기회는 없다. 노력해 봤자 소용없어. 어차피 넌 영원히 이 광야를 헤맬 뿐이다!"

그의 맞은편에는 한 줄기 빛처럼 선명한 존재, 부의 솔루션 RICH 전사가 서 있었다. 그는 화려한 갑옷 대신, 지혜와 통찰로 가득 찬 듯한 단단한 눈빛을 가지고 있었다. 그의 어깨에는 인식의 렌즈, 허리에는 무한의 아이디어 검, 왼팔에는 성공의 방패, 그리고 오른손에는 꾸준함의 사슬이 휘감겨 있었다. 그의 얼굴은 고단한 여정에도 불구하고, 흔들림 없는 확신으로 빛나고 있었다.

빈곤의 데몬이 먼저 움직였다. 그의 거대한 손에서 '절망의 안개'가 뿜어져 나왔다. "모든 것을 잃을 거야! 실패할까 두렵지 않나? 주변을 봐라, 모두가 무너지고 있지 않은가!" 안개는 RICH 전사의 시야를 가리고, 그의 마음속에 과거의 실패와 미래의 불안감을 주입하려 했다.

하지만 RICH 전사는 동요하지 않았다. 그는 '인식의 렌즈Recognize'를 꺼내 눈에 대었다. 흐릿했던 안개가 순간적으로 걷히고, 그는 악마의 마법 뒤에 숨겨진 진실을 똑똑히 보았다. "두려움은 내 안의 잠재력을 보지 못하게 하는 허상일 뿐!" 그는 렌즈로 자신의 내면을 비추었고, 데몬이 가리려 했던 자신만의 숨겨진 강점과 자원들을 명확히 인식했다. 안개는 걷혔고, RICH 전사의 눈은 더욱 빛났다.

데몬은 분노했다. "감히! 이제는 '모방의 굴레'를 보여주마!" 그는 거대한 손을 휘둘러 수많은 환영을 만들어냈다. 모두가 똑같은 길을 걷고, 똑같은 방식으로 실패하는 환영들이 RICH 전사를 둘러쌌다. "봐라! 다들 이렇게 하다가 무너졌어! 너라고 다를 줄 아느냐!"

RICH 전사는 씨익 웃었다. 그리고 '무한의 아이디어 검' Ideate을 뽑아 들었다. "진정한 길은 모방에서 나오지 않는다. 새로운 길은 상상에서 시작된다!" 그는 검을 사정없이 휘둘렀다. 검이 지나갈 때마다 환영들은 산산이 부서지고, 그 자리에는 전에는 볼 수 없었던 수백, 수천 가지의 새로운 가능성의 길이 펼쳐졌다. "저성장? 경쟁? 그런 것은 새로운 아이디어를 위한 연료일 뿐!" 검에서 뿜어져 나오는 빛은 악마의 그림자를 뒤흔들었다.

궁지에 몰린 데몬은 최후의 수단을 썼다. 그의 심장부가 붉게 빛나더니, '혼돈의 폭풍'을 만들어냈다. 이 폭풍은 사람들의 계획을 뒤섞고, 목표를 흐리게 하며, 결국 '그냥 되는 대로 살자'는 무기력함을 불어넣는 마법이었다. "네까짓 게 뭘 할 수 있단 말이냐! 그저 막연한 꿈만 꿀 뿐, 결코 현실이 되지 못할 것이다!"

RICH 전사는 침착하게 '성공의 방패' Canvas를 높이 들었다. 방패 위에는 마치 정교한 설계도처럼 그의 꿈과 목표, 그리고 그것을 이루기 위한 구체적인 단계들이 선명하게 새겨져 있었다. "혼돈은 명확한 설계도를 이길 수 없다!" 그는 방패로 폭풍을 막아내면서, 자신의 계획을 한 치의 오차도 없이 머릿속으로 다시 한번 확인했다. 데몬의 폭풍은 방패에 부딪히며 힘없이 사그라들었다.

모든 마법이 통하지 않자, 빈곤의 데몬은 마지막 비장의 무기, '나태의 족쇄'를 던졌다. 이것은 가장 교활한 마법으로, 성공 직전의 사람들에게 '조금만 쉬어라', '내일부터 하자'는 달콤한 속삭임으로 그들의 의지를 꺾는 마법이었다. 족쇄는 RICH 전사의 발목을 붙잡으려 했다.

RICH 전사는 결연한 표정으로 '꾸준함의 사슬' Habit을 움켜쥐었다. 그는 족쇄가 발목에 닿기도 전에, 사슬을 들어 빈곤의 데몬의 심장을 향해 힘껏 던졌다. "너의 마지막 마법은 나에게 통하지 않는다. 작은 한 걸음, 작은 행동 하나하나가 모여 결국 너를 묶어버릴 것이다!" 사슬은 데몬의 몸을 휘감았고, 악마는 비명을 지르며 움직임을 멈췄다. 사슬의 고리 하나하나가 RICH 전사의 꾸준한 노력과 작은 성공들로 이루어진 듯 빛났다.

빈곤의 데몬은 더 이상 아무런 힘도 쓰지 못하고, 꾸준함의 사슬에 묶인 채 서서히 광야의 먼지 속으로 사라져갔다.

황량했던 광야에 비로소 따뜻한 햇살이 내리쬐기 시작했다. RICH 전사는 사슬을 힘껏 당겨 악마가 남긴 그림자를 완전히 지워버렸다. 그 자리에, 이제는 누구든 자신의 잠재력을 인식하고, 새로운 아이디어를 발상하며, 구체적인 계획을 설계하고, 그것을 꾸준한 습관으로 만들어갈 수 있는 희망의 길이 열렸다.

RICH 전사는 알았다. 진정한 부는 외부의 상황이 아니라, 내면의 의지와 체계적인 시스템에서 비롯된다는 것을.

마지막 대결 후 밝혀지는 RICH의 정체

빈곤의 데몬이 완전히 사라지고, 광야에 따스한 햇살이 가득했다. RICH 전사는 마침내 투구를 벗고, 자신의 얼굴을 드러냈다. 그의 얼굴은 예리하고 강인하면서도, 묘한 깊이를 담고 있었다.

그는 조용히 입을 열었다.

"나는 그저 단순한 전사가 아닙니다. 나는 바빌론 부자들의 지혜를 계승한 자, 그리고 그 지혜를 현대에 맞게 재해석한 존재입니다. 내 이름, RICH는 나의 정체성을 담고 있습니다."

"R은 'Recognize', '인식'입니다."

"바빌론의 부자들은 자신에게 주어진 '시간'과 '노동력'이 가장 귀중한 자산임을 가장 먼저 인식했습니다. 빚에 허덕이던 아카드가 스스로의 한계를 냉정하게 파악하고, 자신의 노동력이 곧 부의 씨앗임을 깨달았던 것처럼요. 나는 당신이 가진 눈에 보이지 않는 무한한 자원, 즉 잠재력을 인식하도록 돕습니다."

"I는 'Ideate', '발상'입니다."

"바빌론의 지혜는 닫힌 생각에서 벗어나 새로운 아이디어를 창출하는 것에 있습니다. '벌어들인 돈의 10분의 1을 저축하라'는 단순한 법칙은, 그저 돈을 모으는 것 이상의 아이디어를 가능하게 했습니다. 즉, 돈이 다시 돈을 버는 구조를 상상하게 만들었죠. 나는 당신이 막연한 꿈을 넘어, 현실을 바꿀 수 있는 구체적인 아이디어를 발상하도록 돕습니다."

"C는 'Canvas', '설계'입니다."
"바빌론 사람들은 '돈을 어떻게 운용할 것인가'에 관한 명확한 설계도를 가지고 있었습니다. 금화 하나를 잃지 않기 위해 철저한 계획을 세웠고, 그 계획대로 실행했습니다. 당신의 계획도 마찬가지입니다. 나는 당신의 아이디어가 결코 공중분해 되지 않도록 고객과 시장, 그리고 수익 모델을 한눈에 볼 수 있는 명확한 청사진을 설계하도록 돕습니다."

"H는 'Habit', '습관'입니다."
"가장 위대한 부는 한 번의 행운으로 만들어지지 않습니다. 바빌론의 부자들이 매일 '7가지 지혜'를 실천했던 것처럼, 부는 꾸준한 습관의 결과입니다. 매일 저축하고, 매일 지혜로운 사람에게 조언을 구하고, 매일 자신을 발전시키는 작은 행동들이 모여 결국 당신을 부유하게 만듭니다. 나는 당신이 그 꾸준한 습관을 몸에 익히도록 돕습니다."

밝혀지는 RICH의 궁극적인 정체

그는 조용히 입을 열었다.

"나는 그저 바빌론 부자들의 지혜를 계승한 자에 그치지 않습니다. 바빌론의 지혜는 나의 근간이지만, 나는 수천 년의 시간을 넘어 현대의 가장 위대한 지혜를 흡수하여 재탄생한 존재입니다."

"나는 바로, '웰스 디자인 씽킹' Wealth Design Thinking 의 행동 대원입니다."

"나는 '제1원리 씽킹'의 날카로운 칼날로 탄생했습니다. 문제를 근본부터 파고들어 진실을 찾는 일론 머스크의 사고방식처럼, 나는 당신이 가진 눈에 보이지 않는 무한한 자원, 즉 잠재력을 '인식' R 하도록 돕습니다."

"나는 스탠퍼드 '디자인 씽킹'의 발상하기를 적용합니다. 나는 당신이 고정관념을 버리고 새로운 아이디어를 '발상' I 하도록 이끕니다. 다양한 가치를 만들 수 있는 브레인스토밍을 하면서 가장 가능성 있는 수익 아이디어를 선택하도록 돕습니다."

"그리고 나는 스탠퍼드 '디자인 씽킹'의 체계적인 설계도를 몸에 지니고 있습니다. 복잡한 문제를 고객의 관점에서 분석하고, 아이디어를 구체적인 결과물로 만드는 프로세스처럼, 나는 당신의 꿈이 현실이 될 수 있는 유일한 청사진을 '설계' C 하도록 돕습니다."

"마지막으로 나는 아마존의 제프 베이조스의 철학인 '데이 원 씽킹'으로 매일 첫날같이 실천합니다. 매일이 혁신으로 태어나는 새로운 날입니다. 항상 고객을 최우선으로 합니다. 나는 당신이 '습관' H 을 만들고 루틴으로 할 수 있는 것이 무엇인지를 도와줍니다."

"바빌론의 지혜와 세 거인의 지혜가 만나, 나는 결국 'RICH'가 되었습니다."

그의 마지막 말이 공기를 타고 울렸다.

"나는 당신에게 단 한 푼의 돈도 주지 않습니다. 그저 당신 안에 잠들어 있던 잠재력을 일깨우고, 위대한 부자들이 그러했듯 당신에게 삶을 스스로 설계하고 부를 창출하는 방법을 알려줄 뿐입니다. 이제 당신이 이 지혜를 가지고, 당신의 길을 걸어가야 합니다."

RICH 전사는 광야 속으로 천천히 걸어 들어갔다. 그가 지나간 자리에는 더 이상 메마른 황토가 아닌, 단단한 바위 위에 새겨진 네 개의 글자가 빛나고 있었다. "RICH"

3. K-pop RICH Maker

'K-pop RICH Maker' 개념을 스토리텔링으로 풀어봅니다. 이 개념은 단순히 부를 축적하는 것을 넘어, K-pop 아이돌이 되기 위해 거쳐야 하는 엄격하고 체계적인 과정을 '자신만의 삶과 부를 만드는 과정'에 비유하는 것입니다.

스토리의 구조

(1) 주인공: 막연한 성공을 꿈꾸지만, 어디서부터 시작해야 할지 모르는 평범한 사람

(2) 배경: 치열한 경쟁 사회, 불확실한 미래

(3) 갈등: 주인공이 겪는 좌절, 막막함

(4) 해결책: 'K-pop RICH Maker'라는 새로운 멘토 또는 시스템을

만남

(5) 메시지: '성공'은 타고나는 것이 아니라, 체계적인 시스템과 꾸준한 노력으로 만들어지는 것

K-pop RICH Maker의 막연한 성공을 위한 오디션

1) 막막한 연습생 시절: R 인식 Recognize

수많은 사람들이 성공을 꿈꿉니다. 마치 연습생이 무대 위 화려한 아이돌을 꿈꾸는 것처럼요. 하지만 대부분은 '어떻게' 해야 할지 모릅니다. 무엇을 잘하고, 무엇이 부족한지 스스로를 냉정하게 평가하지 못합니다.

'K-pop RICH Maker'의 첫 번째 단계는 바로 자기 자신을 냉정하게 인식하는 것입니다. 지금 당신의 재능은 무엇인가요? 돈, 시간, 에너지라는 자원은 어디에 낭비되고 있나요? K-pop 오디션에서 '재능'과 '잠재력'을 평가하듯, 당신의 현재 위치를 정확히 진단하는 것이 성공의 첫걸음입니다.

2) 데뷔조를 위한 트레이닝: I 발상 Ideate

자신을 정확히 인식했다면, 이제 무대에 오를 아이디어를 만들어야 합니다. K-pop 연습생들이 보컬, 댄스, 랩 등 다양한 트레이닝을 받으며 자신에게 맞는 콘셉트를 찾아가듯, 당신도 다양한 아이디어를 내야 합니다.

"내가 가진 재능으로 어떤 가치를 만들 수 있을까?"

"어떤 문제를 해결해 줄 수 있을까?"

"어떻게 하면 경쟁자와 다르게 보일 수 있을까?"

'K-pop RICH Maker'는 당신의 재능과 관심사를 바탕으로 수백, 수천 개의 아이디어를 끄집어내는 브레인스토밍 과정을 거칩니다. 정해진 답은 없습니다. 오직 당신만의 색깔을 가진 '콘셉트'를 찾아내는 것이 목표입니다.

3) 쇼케이스 무대 준비: C 설계 Canvas

반짝이는 아이디어만으로는 데뷔할 수 없습니다. 연습생들이 무대 동선, 의상, 조명까지 하나하나 구체화하며 완벽한 쇼케이스를 준비하듯, 당신의 아이디어도 구체적인 실행 계획으로 다듬어야 합니다.

'K-pop RICH Maker'는 당신의 아이디어를 사업 계획서처럼 한눈에 볼 수 있는 WDC로 만듭니다. 이 단계에서 당신은 타깃 고객은 누구인지, 필요한 자원은 무엇인지, 예상되는 수익은 얼마인지 등을 명확하게 정의합니다. 마치 데뷔 쇼케이스의 콘티를 짜는 것처럼요. 막연한 아이디어를 현실로 만들기 위한 가장 중요한 단계입니다.

4) 롱런을 위한 활동: H 습관 Habit

아이돌의 성공은 '데뷔'에서 끝나는 것이 아닙니다. 꾸준한 앨범 활동, 팬들과의 소통, 자기 관리가 있어야 '롱런'할 수 있죠. 당신의 성공도 마찬가지입니다.

'K-pop RICH Maker'의 마지막 단계는 앞서 세운 계획을 매일의 습관으로 만드는 것입니다. 아이돌이 매일 연습실에서 구슬땀을 흘리듯, 당신의 목표 달성을 위한 작은 행동들을 일상에 녹여내야 합니다. 계획을 습관으로 만들지 않으면, 그저 한 번의 반짝이는 쇼케이스로 끝나버릴지도 모릅니다.

스토리의 결론

'K-pop RICH Maker'는 단순히 돈을 버는 방법을 알려주는 것이 아닙니다. 마치 연습생이 데뷔하여 최고의 아티스트가 되기까지의 모든 과정을 체계적으로 관리하듯, 당신의 인생을 '부'라는 이름의 최고의 작품으로 만들어낼 수 있도록 돕는 시스템입니다.

이제 당신의 오디션은 시작되었습니다. 당신은 어떤 가치를 가진 아이돌이 되고 싶나요?

4. 취업, 무자본 창업, 돈 벌기에 RICH 적용

RICH 시스템을 취업 준비, 돈이 안 드는 창업, 돈을 버는 일에 적용하는 방법을 알려드립니다. 이 시스템은 막연한 노력이 아니라, 자신만의 가치를 발견하고 실행 가능한 계획으로 만드는 데 매우 효과적입니다.

취업 준비에 RICH 시스템 적용하기

취업 준비는 단순히 스펙을 쌓는 것이 아니라, '나'라는 상품을 원하는 회사에 판매하는 과정입니다.

R 인식 Recognize: 나 자신과 시장을 인식하기

먼저 문제를 인식합니다. '내가 어떤 회사에 가고 싶은가?'가 아니라, '나는 어떤 역량과 강점을 가지고 있는가?'를 먼저 파악하는 것입니다.

기회를 인식합니다. 지원하려는 산업과 기업의 현재 이슈는 무엇인지, 어떤 인재를 필요로 하는지 조사하여 나만의 강점이 통할 기회를 찾아봅니다.

I 발상 Ideate: 나만의 강점 아이디어 내기

내 강점을 돋보이게 할 포트폴리오나 프로젝트 아이디어를 낼 수 있습니다. 예를 들어, 마케팅 직무라면 'SNS 채널 운영 경험' 대신, '특정 브랜드의 문제점을 분석하고 나만의 마케팅 전략을 제시하는 기획서'를 만드는 아이디어를 낼 수 있습니다.

C 설계 Canvas: 나를 판매할 전략 구체화하기

한 장의 '취업 계획서'를 만들어 보세요. 목표 기업, 나의 강점, 보완할 약점, 예상 면접 질문과 답변, 그리고 나만의 차별화된 프로젝트를 시각화하여 정리하면 전략이 명확해집니다.

H 습관 Habit: 작은 습관 만들기

매일 30분씩 지원하는 기업의 최신 뉴스 기사 읽기, 일주일에 한 번 현직자 인터뷰 요청하기, 자기소개서 한 문단씩 수정하기 등 작은 습관을 꾸준히 실천하여 최종 합격에 이르는 힘을 기를 수 있습니다.

돈이 안 드는 창업에 RICH 시스템 적용하기

돈이 없어도 시작할 수 있는 창업은 자신의 재능이나 지식, 경험을 활용하는 데서 출발합니다.

R 인식 Recognize: 문제점과 나의 재능 인식하기

문제 인식을 합니다. '무엇을 팔까?'가 아니라, '사람들이 어떤 문제를 겪고 있는가?'에 집중합니다. 예를 들어, '직장인들이 점심시간에 메뉴를 고르기 어려워한다'는 문제를 발견할 수 있습니다.

나의 재능을 인식합니다. '나는 글쓰기를 좋아한다', '나는 맛집을 잘 안다'와 같은 나의 강점을 인식합니다.

I 발상 Ideate: 해결책 아이디어 내기

'맛집 정보만 나열하는 블로그'가 아니라, '점심시간 메뉴 추천 서비스'라는 아이디어를 낼 수 있습니다. 직장인을 위한 '빠르게 먹을 수 있는 맛집 리스트', '혼밥족을 위한 맛집 지도' 등 다양한 아이디어를 구체화해 봅니다.

C 설계 Canvas: 사업 모델 구체화하기

타깃 고객은 누구인지, 어떤 가치를 제공할 것인지, 어떻게 수익을 낼 것인지, 예를 들면 제휴 광고, 유료 구독 등을 한 페이지로 정리합니다. 이는 초기 사업의 청사진이 됩니다.

H 습관 Habit: 꾸준히 콘텐츠 만들기

처음에는 수익을 기대하기보다, 매일 1~2개의 콘텐츠를 꾸준히 발행하는 것을 목표로 합니다. 예를 들어, 인스타그램에 매일 '오늘의 점심 메뉴'를 올리거나, 블로그에 주 3회 맛집 후기를 작성하는 등 작은 행동을 반복하면 팔로워와 신뢰가 쌓이고, 이는 곧 수익으로 이어집니다.

돈을 버는 일(부업, 사이드 프로젝트)에 RICH 시스템 적용하기

일상적인 업무 외에 추가적인 수익을 창출하는 일도 RICH 시스템으로 체계화할 수 있습니다.

R 인식 Recognize: 내 시간과 능력을 인식하기

시간 인식: 내가 하루에 부업에 투자할 수 있는 시간은 얼마나 되는지 냉정하게 파악합니다.

능력 인식: '나는 글쓰기에 능숙하다', '나는 엑셀을 잘 다룬다' 등 내가 가진 능력을 명확히 인식합니다.

I 발상 Ideate: 수익 모델 아이디어 내기

내 능력을 활용할 수 있는 다양한 수익 모델을 떠올려 보세요. 엑셀을 잘 다룬다면 '데이터 정리 대행', 'PPT 템플릿 제작 판매', '엑셀 함수 강의' 등 다양한 부업 아이디어를 낼 수 있습니다.

C 설계 Canvas: 목표와 계획 구체화하기

'한 달에 50만 원 벌기'라는 목표를 세웠다면, 어떤 방법으로, 언제까지, 얼마의 수익을 낼 것인지 구체적으로 계획합니다.

H 습관Habit: 실행을 습관화하기

매일 30분씩 투자해 한 개의 엑셀 템플릿을 만들거나, 주말에 2시간씩 강의 자료를 만드는 등 목표 달성을 위한 루틴을 만들어 봅니다. 습관이 되면 일이 즐거움으로 바뀌고, 수익은 자연스럽게 따라옵니다.

RICH 시스템은 거창한 목표를 세우는 것보다, 현재의 나 자신을 정확히 인식하고 실행 가능한 계획을 세워 꾸준히 실천하는 것에 초점을 맞춥니다. 이는 당신의 삶을 원하는 방향으로 이끌어줄 강력한 도구가 될 것입니다.

5. RICH 시스템으로 분석하는 부자들의 사례

'부자 RICH 분석법'을 만드는 것은 매우 유용합니다. 단순히 부자들의 결과를 모방하는 것을 넘어, 그들이 어떤 사고방식과 행동방식을 통해 부를 창출하고 유지했는지를 RICH 시스템의 4단계로 분석하면, 그들만의 고유한 성공 공식을 찾아내고 이를 자신의 삶에 적용할 수 있는 통찰을 얻을 수 있습니다.

부자 RICH 분석법은 '결과'가 아닌 '과정'을 훔치는 것입니다.

1단계 R 인식Recognize: 그들의 '문제 인식'은 무엇이었을까?

이 단계는 부자들이 무엇을 보고, 어떤 문제를 발견했는지를 파헤치는 과정입니다. 대부분의 사람들은 눈앞의 현상만 보지만, 부자들은 그 현상 뒤에 숨겨진 기회를 포착합니다. 관찰 포인트를 찾아봅니다.

고객의 불만을 듣습니다. 그들은 어떤 고객의 불편함이나 불만을 해결했는가? 제프 베이조스는 오프라인 서점의 불편함을 인식했습니다.

시장의 빈틈을 봅니다. 모두가 외면하는 시장의 틈새는 무엇이었나? 에어비앤비 창업자는 호텔이 아닌 일반 가정집의 빈방을 숙소로 쓰는 기회를 인식했습니다.

미래의 변화를 봅니다. 앞으로 세상이 어떻게 바뀔 것인지 예측하고, 그 변화에 맞는 기회를 포착했는가? 일론 머스크는 화석 연료 시대의 종말과 우주 시대의 도래를 예측했습니다.

2단계 I 발상 Ideate: 그들의 '해결책 아이디어'는 무엇이었을까?

부자들은 문제를 인식한 후, 남들과는 다른 차원의 해결책을 상상합니다. '기존 방식의 개선'이 아닌, '새로운 방식의 창조'에 초점을 맞춥니다.

관찰 포인트는 다음과 같습니다.

비현실적인 상상은 처음에는 '말도 안 된다'고 여겨졌던 아이디어는 무엇인가? 넷플릭스는 초기에 DVD를 우편으로 배달한다는 아이디어를 생각했습니다.

"왜 이것을 해야 하는가?"라는 근본적인 질문을 통해 기존의 틀을 깬 아이디어는 무엇인가?

복합적인 아이디어는 어떤 분야의 아이디어를 융합하여 새로운 가치를 창출했는가? 스티브 잡스는 기술과 예술의 융합을 생각했습니다.

3단계 C 설계 Canvas: 그들의 '성공 계획'은 어떻게 설계되었을까?

훌륭한 아이디어도 구체적인 실행 계획이 없으면 공상에 불과합니다.

이 단계는 부자들이 아이디어를 현실로 만들기 위해 어떤 사업 모델을 설계했는지 분석합니다.

관찰 포인트는 다음과 같습니다.

그들은 어떻게 돈을 벌었는가? 예를 들면 유튜브는 무료 콘텐츠를 제공하고 광고 수익을 얻는 모델을 만듭니다.

자본, 인력, 기술 등 어떤 자원을 활용했는가? 돈이 없었다면 어떻게 자원을 확보했는가?

그들의 제품이나 서비스가 고객에게 제공하는 핵심적인 가치는 무엇인가? 쿠팡은 '로켓배송'이라는 압도적인 속도를 내세웁니다.

4단계 H 습관Habit: 그들은 '어떤 습관'을 반복했을까?

성공은 한 번의 큰 성공으로 완성되지 않습니다. 부자들은 자신만의 성공을 반복하고 확장하는 습관을 가지고 있습니다. 이 습관이 그들을 '일시적인 성공'이 아닌 '지속적인 부'로 이끕니다.

관찰 포인트는 다음과 같습니다.

매일 독서, 운동, 명상 등 어떤 자기계발을 지속했는가? 워런 버핏은 매일 5~6시간 독서를 합니다.

아이디어를 즉시 실행하는 습관을 가졌는가? '나중에'가 아닌 '지금 당장' 하는 습관은 무엇이었나?

고객 피드백을 어떤 방식으로 수집하며, 이를 제품에 반영하는 것이 습관화되었는가? 아마존은 고객 리뷰를 경영에 적극적으로 활용합니다.

이 부자 RICH 분석법을 통해 당신이 존경하는 부자들의 사례를 분석해 보면 많은 지혜를 얻게 됩니다. 그들의 재산 규모가 아니라, 그들이 세상을 바라보는 관점, 문제를 해결하는 방식, 그리고 그것을 습관화하는 과정을 발견하게 될 것입니다. 이것이 바로 당신의 '부의 창출'에 가장 큰 통찰을 줄 것입니다.

6. RICH를 내재화하는 쉬운 방법

'R 인식', 'I 발상', 'C 설계', 'H 습관'을 각각 설명해 봅니다.

RICH 시스템의 4단계를 쉽고 명확하게 설명해 본다면, 각 단계의 핵심을 일상 속 비유를 통해 내재화하는 데 초점을 맞춥니다.

R 인식 Recognize

"나는 지금 어디에 서 있는가?"

핵심은 문제를 해결하거나 새로운 것을 시작하기 전에, 현재 자신의 위치를 정확히 파악하는 것입니다.

쉬운 설명은 여행을 떠나기 전에 현재 위치를 확인하는 것과 같습니다. GPS를 켜고 내가 어디에 있는지, 가려는 곳까지 얼마나 걸리는지, 어떤 길이 있는지 파악해야 할 것입니다. 돈, 시간, 재능, 에너지 등 나에게 있는 자원을 냉정하게 인식하는 단계입니다. 남들이 좋다고 하는 길을 무작정 따라가는 대신, 내가 가진 것을 먼저 알아보고, 내가 해결하고 싶은 문제가 무엇인지 발견하는 것입니다.

I 발상 Ideate

"어디로 갈 수 있을까?"

핵심은 현재의 위치를 파악했다면, 가능한 모든 길과 아이디어를 떠올리는 것입니다.

쉬운 설명은 여행 목적지를 정하고 다양한 경로를 검색하는 것과 같습니다. 비행기로 갈지, 기차로 갈지, 걸어갈지, 어떤 경유지를 거칠지 자유롭게 상상해 보는 것입니다. 옳고 그름을 판단하기 전에, 최대한 많은 가능성을 열어두고 아이디어를 발산하는 단계입니다. 내가 가진 자원과 해결하고 싶은 문제를 연결해 새로운 해결책들을 자유롭게 상상해 봅니다.

C 설계 Canvas

"어떤 경로로 갈 것인가?"

핵심은 떠올린 여러 아이디어 중에서 가장 효율적인 경로를 선택하고, 구체적인 계획을 세우는 것입니다.

쉬운 설명은 가장 마음에 드는 여행 경로를 골라 계획표를 짜는 것과 같습니다. 언제 출발할지, 어디에서 묵을지, 예산은 얼마인지, 어떤 준비물을 챙길지 등 구체적인 일정을 짜는 단계입니다. 성공에 필요한 자원은 무엇인지, 목표는 언제까지 달성할 것인지 등을 명확히 정의하고, 실행 가능한 하나의 청사진으로 만드는 것입니다.

H 습관 Habit

"매일 한 걸음씩 걷는 것."

핵심은 세워둔 계획을 지속적으로 실행하고, 몸에 배게 만드는 것입니다.

쉬운 설명은 여행 계획을 실행하며 매일 한 걸음씩 꾸준히 걷는 것과 같습니다. 계획을 짜는 것만으로는 목적지에 도착할 수 없습니다. 목표를 달성하기 위한 작은 행동들을 매일, 꾸준히 반복하는 것입니다. 이 과정은 처음에는 어렵지만, 점차 익숙해지면서 자연스러운 습관이 됩니다. 그 습관들이 모여 결국 원하는 목표에 도달하게 되는 것입니다.

7. 돈을 버는 RICH 분석

RICH 시스템을 '부'와 '돈'을 창출하는 데 초점을 맞춰서 더 명확하게 설명합니다.

R 인식 Recognize

"내 통장에 숨겨진 돈을 찾아라."

핵심은 돈을 벌기 전에, 내가 가진 현재의 자원을 정확히 파악하는 것이 첫걸음입니다.

쉬운 설명은 냉장고 문을 열어봅니다. 겉보기에는 아무것도 없지만, 구석에 숨겨진 재료가 있을 수도 있을 것입니다. 이것처럼, 내 통장에 잠들어 있는 '무형의 자산'을 찾아내는 단계입니다. 내가 어떤 재능을 가졌는지, 어떤 지식을 쌓았는지, 어떤 경험을 했는지, 심지어 어떤 취미가 있는지 냉정하게 들여다봅니다. 이 모든 것이 곧 돈으로 바뀔 수 있는 재료가 됩니다.

I 발상 Ideate

"돈으로 바꿀 100가지 아이디어를 상상하라."

핵심은 내가 가진 자원을 어떻게 돈으로 바꿀지 다양한 아이디어를 내는 것입니다.

쉬운 설명은 냉장고 속 재료로 만들 수 있는 요리를 상상하는 것과 같습니다. '계란과 파'라는 재료로 계란말이를 만들 수도 있고, 파전을 만들 수도 있고, 볶음밥을 만들 수도 있지 않을까요? 이것처럼, 내가 가진 재능과 지식으로 어떤 서비스를 제공할지, 어떤 물건을 만들지, 어떤 부업을 할지 아이디어를 자유롭게 떠올립니다. 처음에는 말도 안 되는 아이디어라도 괜찮습니다. 아이디어를 많이 낼수록 성공의 가능성도 커집니다.

C 설계 Canvas

"수익으로 이어질 하나의 사업을 설계하라."

핵심은 떠올린 수많은 아이디어 중, 가장 현실적인 하나를 선택해 구체적인 사업 모델을 만드는 것입니다.

쉬운 설명은 수많은 요리 중 가장 잘할 수 있고, 사람들에게 인기가 많을 것 같은 '시그니처 메뉴'를 정하는 것과 같습니다. 이제 '이 요리를 언제, 어디서, 누구에게 팔지' 구체적인 계획을 세우는 단계입니다. 어떤 고객을 타깃으로 할지, 경쟁자는 누구인지, 그리고 가장 중요한 '어떻게 돈을 벌 것인지'를 한 장의 그림으로 명확하게 그려봅니다. 이 설계도가 없으면 길을 잃기 쉽습니다.

H 습관 Habit

"매일 돈을 만드는 루틴을 반복하라."

핵심은 세운 계획을 몸에 익을 때까지 꾸준히 실행하고 반복하는 것입니다.

쉬운 설명은 매일 아침 출근 준비를 하듯, 돈 버는 일을 습관으로 만드는 것입니다. 처음에는 어렵고 귀찮을 수 있지만, 매일 30분씩 투자해 블로그 글을 쓰거나, 1시간씩 제품을 만드는 등 목표 달성을 위한 작은 행동을 반복합니다. 이 습관들이 쌓여 눈덩이처럼 불어나고, 결국에는 당신의 수익을 책임지는 든든한 '자동화 시스템'이 될 것입니다.

부 록

1. 종합 사례

방탄소년단(BTS)

한국의 K-pop 아이돌 그룹 방탄소년단이 부를 창출한 과정에 4단계 RICH 시스템을 Recognize, Ideate, Canvas, Habit 단계별로 구분하여 분석합니다.

방탄소년단(BTS)의 성공은 음악적 재능을 넘어, 부의 창출 4단계 모델이 적용되는 전략적 결과물로 분석할 수 있습니다.

1) R 인식Recognize 단계: 시장과 팬덤의 문제점 파악

BTS는 데뷔 초기, 기존 아이돌 시장의 한계를 명확히 인식했습니다.

획일화된 아이돌 시장: 대형 기획사의 아이돌 육성 시스템 속에서 비슷한 콘셉트와 음악이 범람하고 있었습니다.

수동적인 팬덤 문화: 팬들은 단순히 소비하는 주체였고, 아이돌은 신비주의를 유지하는 우상이었습니다. 팬과 소통할 수 있는 채널은 제한적이었습니다.

사회적 메시지의 부재: 사랑 노래에 치중된 가사 대신, 젊은 세대의 고민과 아픔을 솔직하게 대변하는 콘텐츠에 대한 갈증이 있었습니다.

BTS는 이러한 문제점들을 정확히 포착하고, '진정성 있는 음악'과 '팬과의 소통'이라는 자신들만의 강점을 활용할 수 있는 기회를 발견했습니다.

2) I 발상 Ideate 단계: 새로운 가치 제안과 수익 모델 설계

위에서 인식한 문제들을 해결하기 위해 혁신적인 아이디어를 구상했습니다.

성장 서사 기반의 앨범: 〈학교 3부작〉, 〈화양연화〉, 〈Love Yourself〉 등 앨범마다 일관된 세계관과 서사를 담아 팬들에게 깊은 공감과 몰입을 유도했습니다.

적극적인 소셜 미디어 활용: 트위터, 유튜브, 브이라이브 V LIVE 등 다양한 SNS 채널을 통해 멤버들이 직접 일상과 생각을 공유하며 팬들과 실시간으로 소통했습니다. 이를 통해 팬들은 단순한 소비자가 아닌, BTS의 성장을 함께하는 동반자라는 느낌을 받게 되었습니다.

팬덤을 위한 플랫폼 구축: 팬 커뮤니티 플랫폼인 위버스 Weverse를 구축하여 팬들에게 독점 콘텐츠, 굿즈 구매, 아티스트와의 소통 창구를 제공했습니다.

3) C 설계 Canvas 단계: 수익 모델 구체화

아이디어를 바탕으로 구체적인 수익 모델을 설계했습니다.

핵심 자원: 멤버들의 뛰어난 음악적 재능과 퍼포먼스, 그리고 멤버들

이 직접 작사, 작곡에 참여하는 '진정성'입니다.

핵심 활동: 음반 제작, 월드 투어, 광고 및 협업, 소셜 미디어 콘텐츠 제작 등입니다.

고객 가치 제안: '자신들의 이야기'를 담은 음악으로 젊은 세대의 고민을 위로하고, 다양한 콘텐츠를 통해 팬들과의 친밀감을 극대화했습니다.

수익원:
- 음반과 음원 판매: 앨범 서사와 높은 퀄리티의 음악으로 팬덤의 구매력을 극대화했습니다.
- 콘서트와 투어: 팬덤의 강력한 지지를 바탕으로 전 세계 스타디움 투어를 성공시키며 막대한 수익을 창출했습니다.
- IP지적 재산 활용: 캐릭터BT21, 게임, 웹툰 등 다양한 분야로 IP를 확장하고, 굿즈MD 사업을 활성화하여 추가적인 수익을 만들었습니다.
- 광고와 협업: 전 세계적인 인기를 바탕으로 다양한 브랜드와 광고 및 컬래버레이션을 진행했습니다.

4) H 습관Habit 단계: 끊임없는 실행과 선순환

BTS의 성공은 이 모든 계획을 꾸준히 실행하는 습관에서 비롯되었습니다.

꾸준한 콘텐츠 발행: 매일 〈방탄밤BANGTAN BOMB〉이나 〈달려라 방탄 Run BTS!〉과 같은 콘텐츠를 공개하며 팬들과의 접점을 잃지 않았습니다. 꾸준한 소통은 팬덤을 더욱 결속시켰습니다.

앨범 제작 루틴: 매 앨범마다 진정성 있는 메시지와 높은 완성도를 유지하는 습관은 팬들에게 신뢰를 주었고, 다음 앨범에 대한 기대로 이어졌습니다.

작은 성공의 모멘텀: 소셜 미디어에서 팬들과 소통하며 얻는 즉각적인 피드백과 작은 성공(예: 좋아요, 리트윗)은 멤버들에게 동기 부여가 되었고, 더 큰 열정으로 이어지는 모멘텀을 만들었습니다.

이러한 꾸준한 습관들이 쌓여 작은 성공 경험이 반복되었고, 다시 열정으로 이어지는 강력한 선순환을 만들어냈습니다. 결국 BTS는 아이돌 그룹을 넘어, 전 세계적인 브랜드이자 하나의 문화 현상으로 자리 잡게 되었습니다.

2. RICH 씽킹 자가 진단(Rich Quotient, RQ)

당신의 RQ는 얼마일까요? 다음의 진단지는 IQ나 EQ처럼 부의 잠재력과 실행 역량을 가늠하기 위한 진단도구입니다. 여러 차례 시뮬레이션과 사전 테스트를 거쳐 구성했습니다.

진단 방법
20개 문항을 읽고 각 항목에 점수를 표시한 뒤 합산합니다.

응답 척도(5점 '리커트 척도' Likert Scale)
1점 = 전혀 그렇지 않다
2점 = 그렇지 않은 편이다
3점 = 보통이다
4점 = 그렇다
5점 = 매우 그렇다

1단계 R 인식 Recognize
현재 상황, 가치, 자원을 얼마나 잘 인식하는지를 측정합니다.

(1) 나는 나의 강점, 재능, 좋아하는 일, 잘하는 일, 긍정적 성향을 명확히 알고 있다.

(2) 나는 현재의 재정 상황(수입, 지출, 자산, 부채)을 구체적으로 파악하고 있다.

(3) 나는 내 삶에서 진정으로 중요한 목적과 가치가 무엇인지 분명히 인식하고 있다.

(4) 나는 부와 성공을 막는 내 안의 제한적 신념을 자각하고 있다.

(5) 나는 미래의 기회를 발견하기 위해 주변 환경을 주의 깊게 관찰하고 근본을 파악한다.

2단계 I 발상 Ideate

새로운 가능성을 탐구하고 창의적 해결책을 떠올리는 능력을 측정합니다.

(6) 나는 문제 상황에서도 다양한 해결책을 떠올릴 수 있다.

(7) 나는 창의적 아이디어를 기록하고 발전시키는 습관이 있다.

(8) 나는 돈을 벌 수 있는 새로운 아이디어를 자주 떠올린다.

(9) 나는 내 열정과 강점을 활용한 새로운 수익 모델을 상상한다.

(10) 나는 기존의 틀을 깨는 사고를 의도적으로 활용한다.

3단계 C 설계 Canvas

아이디어를 구체적 실행 계획으로 전환하는 능력을 측정합니다.

(11) 나는 목표를 실행 가능한 단계로 구체화한다.

(12) 나는 아이디어를 비즈니스 모델이나 실행 전략으로 시각화한다.

(13) 나는 재무, 시간, 인적 자원을 고려해 현실적인 계획을 수립한다.

(14) 나는 위험 요인을 분석하고 대응 전략을 세운다.

(15) 나는 나만의 '부의 설계'인 실행 도구를 만들어 활용한다.

4단계 H 실행 Habit

실행을 지속 가능한 습관으로 만드는 능력을 측정합니다.

(16) 나는 매일 목표 달성을 위한 작은 행동을 실천한다.

(17) 나는 나의 행동과 결과를 정기적으로 점검하고 개선한다.

(18) 나는 부의 성장을 위한 좋은 습관(저축, 학습, 네트워킹 등)을 꾸준히 유지한다.

(19) 나는 장기 목표를 위해 단기적 유혹(과소비, 시간낭비 등)을 잘 통제한다.

(20) 나는 실패 경험을 교훈 삼아 지속적으로 도전한다.

점수해석

20문항 총점(최저 20점, 최고 100점)으로 Recognize - Ideate - Canvas - Habit의 수준을 수치화해 볼 수 있습니다. 일반적으로 90~100점은 매우 바람직한 수준으로, 각 단계의 균형이 잘 잡힌 편입니다.

당신의 가장 위대한 투자는 '당신 자신'입니다

이 책을 끝까지 읽은 당신은 이제 부를 창출하는 단순한 기술을 넘어, 당신의 삶을 풍요롭게 설계하는 방법을 알게 되었습니다. '웰스 디자인 씽킹'Wealth Design Thinking, WDT이라는 나침반을 들고, 내면을 탐색하고, 독창적인 아이디어를 발굴하며, 마침내 실행의 첫걸음을 내디뎠습니다. WDT의 실행은 'RICH 시스템'으로 구체화합니다.

이 여정의 끝에서 우리는 중요한 진실 하나를 다시 마주합니다. 바로 당신의 가장 위대한 자산은 돈이나 지식이 아니라, 끊임없이 배우고 성장하며 도전하는 당신 자신이라는 사실입니다.

돈은 당신의 가치관을 실현하기 위한 도구일 뿐입니다. 또 부의 시스템은 삶을 더 자유롭고 풍요롭게 만들기 위한 수단일 뿐입니다. 이 모든 것의 중심에는 항상 당신이 있습니다.

실행 습관은 이 여정에서 당신이 길을 잃지 않게 해줄 강력한 무기입니다. 성장 마인드셋은 실패를 두려워하지 않고, 새로운 가능성을 탐색하게 해줄 것입니다. 자기 인식은 진정으로 원하는 삶으로 나아가게 해줄 나침반이 될 것입니다.

이제 책을 덮고, 당신의 삶이라는 백지에 새로운 부의 설계도를 그려나갈 차례입니다. 오늘의 이 작은 시작이 내일을 바꾸는 거대한 변화의 시작이 될 것입니다. 가장 위대한 투자인 '당신 자신'을 믿고, 꾸준히 나아가야 합니다. 당신이 진정으로 원하는 삶은 이미 당신의 손 안에 있습니다.

부의 여정을 마치며, 새로운 시작을 향해

이제 당신은 이 책의 마지막 페이지를 덮습니다. 부를 향한 4단계 로드맵, RICH 시스템을 모두 통과하며, 내면에 어떤 잠재력이 숨겨져 있었는지 깨달았고, 그것을 현실의 부로 연결하는 구체적인 청사진을 그렸을 것입니다. 하지만 이 책을 덮는다고 해서 부의 여정이 끝나는 것은 아닙니다. 오히려 지금부터가 진짜 시작입니다.

기억하십시오. 부는 목적지가 아닌 여정입니다. 이 책을 통해 당신이 얻은 가장 큰 자산은 돈 그 자체가 아닐 것입니다. 당신은 아마 다음과 같은 것들을 얻었을 것입니다.

성장형 사고방식은 실패를 두려워하지 않고, 오히려 성장의 기회로 여기는 마음가짐입니다.

자신에 대한 확신은 당신이 가진 강점과 재능이 시장에서 통하는 가치임을 깨달은 확신입니다.

지속 가능한 습관은 매일의 작은 실천이 당신의 삶을 완전히 바꿀 수 있다는 믿음입니다.

이 모든 것들은 당신의 통장 잔고가 사라지거나 사업이 실패하더라도 결코 잃지 않는, 당신만의 가장 견고한 부입니다. 이 책이 당신에게 준 것은 단순히 돈을 버는 기술이 아니라, 어떤 환경에서도 스스로 부를 창조할 수 있는 '근본적인 힘'이기 때문입니다.

부의 여정은 계속될 것입니다. 때로는 예상치 못한 어려움에 부딪히고, 때로는 좌절의 순간을 마주할 수도 있습니다. 그때마다 이 책의 내용을 다시 떠올려 보시기 바랍니다. 당신이 가진 인적 자본을 다시 들여다보고, 새로운 대안을 탐색하며, 다시 일어설 힘을 얻으십시오. 당신은 이미 그 힘을 가진 사람입니다.

이 책이 당신의 책상이 아닌 서재에 꽂혀 있더라도, 그 내용은 당신의 삶 속에서 살아 숨 쉬는 지침이 되기를 바랍니다. 당신이 오늘 내디딘 첫걸음이 풍요롭고 의미 있는 삶으로 이어지기를 진심으로 응원합니다. 당신의 부는 외부의 조건이 아닌, 당신의 선택과 실천에 달려있습니다.

이제 새로운 페이지를 펼치고, 당신의 위대한 부의 여정을 시작하시기 바랍니다.

당신의 성공을 믿습니다.

항상 RICH 하라!

참고문헌

책에 활용한 주요 개념과 이론은 다음과 같은 책과 학자들의 연구를 바탕으로 하고 있습니다. 부에 대해 더 깊이 있는 이해를 원하신다면 아래 참고문헌들을 살펴볼 것을 추천합니다.

게리 베커 Gary S. Becker, 『인적 자본 Human Capital』: 노벨 경제학상 수상자인 게리 베커는 교육, 훈련, 건강에 대한 투자가 개인의 생산성과 미래 소득을 결정하는 중요한 자산, 즉 '인적 자본'이라는 개념을 확립했습니다. 이 책은 당신의 지식과 경험이 단순히 무형의 가치가 아닌, 현금 가치를 창출하는 근본적인 힘임을 이해하는 데 도움을 줄 것입니다.

캐럴 드웩 Carol S. Dweck, 『마인드셋 Mindset: The New Psychology of Success』: 스탠퍼드 대학교 심리학 교수인 캐럴 드웩은 '고정형 사고방식' Fixed Mindset과 '성장형 사고방식' Growth Mindset의 차이를 설명하며, 성공적인 삶을 위해서는 자신의 능력이 발전할 수 있다고 믿는 성장형 사고방식이 필수적임을 강조합니다. 이 책은 당신의 마음가짐이 부를 창조하는 가장 중요한 출발점임을 깨닫게 해줄 것입니다.

앤절라 더크워스 Angela Duckworth, 『그릿 Grit』: 재능보다 끈기 Grit가 성공의 핵심이라고 주장하는 심리학자 안젤라 더크워스의 연구를 담고 있습니다. 열정과 결합된 끈기 있는 노력이 성공을 이끌며, 실패에 굴하지 않는 회복탄력성이 장기적인 목표를 달성하는 데 얼마나 중요한지 보여줍니다.

로버트 기요사키 Robert Kiyosaki, 『부자 아빠 가난한 아빠 Rich Dad Poor Dad』: 부자들은 돈을 위해 일하지 않고, 돈이 자신을 위해 일하게 만든다고 주장하며 자산과 부채의 개념을 명확히 구분하는 책입니다. 이 책은 단순히 돈을 버는 것을 넘어, 돈을 관리하고 불리는 방법을 이해하는 '재정 문해력'의 중요성을 강조합니다.

제임스 클리어 James Clear, 『아주 작은 습관의 힘 Atomic Habits』: 작은 행동이 쌓여 큰 변화를 일으킨다는 것을 '복리 이자'와 같다고 했습니다. 매일 1%씩 성장하는 작은 습관들이 어떻게 당신의 삶과 부를 완전히 바꿔놓을 수 있는지에 대한 실용적인 가이드를 제공합니다.

로저 마틴 Roger Martin, 『디자인 씽킹 바이블 The Design of Business』: 사용자 중심의 디자인 철학을 처음으로 제시한 책입니다. 이 책을 통해 고객의 불편함에 공감하고 문제를 해결하는 디자인 씽킹의 기본 원리를 이해할 수 있습니다.

조지 S. 클래이슨George S. Clason, 『바빌론 최고의 부자The Richest Man in Babylon』: 고대 바빌론에서 전해져 내려오는 돈 관리의 지혜를 이야기 형식으로 풀어낸 책입니다. 소득의 10%를 저축하는 등 부의 기본 원칙들을 배울 수 있습니다.

말콤 글래드웰Malcolm Gladwell, 『아웃라이어Outliers』: 성공은 개인의 능력뿐만 아니라 환경, 문화, 그리고 '1만 시간의 법칙'으로 알려진 특정시간의 누적 노력에 달려 있다는 것을 다양한 사례로 증명합니다. 꾸준함의 중요성을 다시 한번 상기시켜 줍니다.

도널드 밀러Donald Miller, 『무기가 되는 스토리Building a StoryBrand』: 고객을 영웅으로 만들고, 당신의 브랜드를 조력자로 포지셔닝하는 스토리텔링 마케팅 전략을 제시합니다. 당신의 아이디어를 매력적인 스토리로 만들어 고객에게 전달하는 방법을 배울 수 있습니다.

롭 무어Rob Moore, 『레버리지Leverage』: 시간, 돈, 지식, 사람 등 다양한 자원을 활용해 작은 노력으로 큰 성과를 얻는 '레버리지'의 개념을 명확하게 설명합니다. 이 책을 통해 효율적으로 부를 쌓는 방법을 배울 수 있습니다.

팀 페리스Tim Ferriss, 『나는 4시간만 일한다The 4-Hour Workweek』: 자동화와 아웃소싱을 통해 시간을 절약하고, 경제적 자유를 얻는 방법을 제시합니다. '나만의 시스템'을 구축하여 수동적 수익을 창출하는 데 영감을 줄 것입니다.

김위찬, 르네 마보안 W. Chan Kim, Renée Mauborgne, 『블루오션 전략 Blue Ocean Strategy』: 치열한 경쟁 시장인 '레드 오션'을 벗어나, 경쟁자가 없는 새로운 시장인 '블루 오션'을 창출하는 방법을 제시합니다. 독창적인 아이디어를 발굴하고, 시장의 판도를 바꾸는 데 중요한 통찰력을 제공합니다.

안유석, 『제1원칙 사고: 원점에서 시작하는 일론 머스크식 문제 해결법』: 세상을 이해하고 문제에 접근하는 근본적인 사고방식, 문제의 기본 원리에서 재구성하여 풀어가는 사고방식입니다.

찰스 두히그 Charles Duhigg, 『습관의 힘 The Power of Habit』: 인간의 행동을 지배하는 '습관'의 원리를 파헤치고, 좋은 습관을 만들고 나쁜 습관을 없애는 방법을 제시합니다. 부의 여정을 위한 '실행 습관'을 형성하는 데 큰 도움이 됩니다.

조나 버거 Jonah Berger, 『컨테이저스: 전략적 입소문 Contagious: Why Things Catch On』: 사람들의 입소문을 타는 아이디어와 콘텐츠의 특징을 과학적으로 분석합니다. 당신의 아이디어를 널리 확산시키는 마케팅 전략을 세우는 데 유용한 지혜를 얻을 수 있습니다.

위 책들은 모두 당신 안에 있는 부의 잠재력을 깨우고 현실화하는 데 큰 도움을 줄 것입니다.

Wealth Design Thinking: 'RICH 시스템' 프로그램 운영

한국 라이프디자인 연구소 주관으로 'RICH 씽킹' 과정을 운영하고 있습니다. 학생, 직장인, 일반인, 사업가, 연구원, 전문가, 교수, CEO 등 거의 모든 사람들을 대상으로 교육과 컨설팅 그리고 코칭을 합니다.

사람들은 '왜' 부를 창출하고 경제적 자유를 누려야 하는지는 잘 알지만, '어떻게' 부를 창출하는지에 대해서는 큰 어려움을 겪고 있습니다. 우리는 바로 이 '어떻게'에 집중합니다.

프로그램은 고객의 니즈에 따라 맞춤 형식으로 디자인합니다. 예를 들면 강의, 워크숍, 컨설팅, 코칭 등 다양한 형식으로 진행하며 시간도 니즈에 따라 결정합니다.

우리의 사명은 "고객이 부자가 되도록 돕는다"에 초점을 맞춥니다. 우리 사회에서 더는 돈 때문에 고통받는 사람들이 없기를 바라는 마음을 가지고 더욱 연구하고 개발하는 역할을 할 것입니다.

연락처: richthinking98@gmail.com

리치 씽킹 – 내 안에 잠든 부의 씨앗을 발견하라

© 최치영, 2025

1판 1쇄 인쇄__2025년 10월 15일
1판 1쇄 발행__2025년 10월 25일

지은이__최치영
펴낸이__홍정표
펴낸곳__글로벌콘텐츠
      등록__제25100-2008-000024호

공급처__(주)글로벌콘텐츠출판그룹
      대표_홍정표 이사_김미미 편집_백찬미 강민욱 남혜인 홍명지 권군오 기획·마케팅_이종훈 홍민지
      주소__서울특별시 강동구 풍성로 87-6
      전화__02) 488-3280 팩스__02) 488-3281
      홈페이지__http://www.gcbook.co.kr
      이메일__edit@gcbook.co.kr

값 20,000원
ISBN 979-11-5852-607-8 03320

※ 이 책은 본사와 저자의 허락 없이 내용의 일부 또는 전체의 무단 전재나 복제, 광전자 매체 수록 등을 금합니다.
※ 잘못된 책은 구입처에서 바꾸어 드립니다.